外之既不后于世界之思潮,
内之仍弗失固有之血脉,取今复古,别立新宗
— 鲁迅 —

復旦大學出版社

弄假成真

近代上海医药广告造假现象透视

张仲民 著

复旦大学出版社

自 序

2005年底，笔者为了寻找博士论文题目，在复旦大学图书馆和上海图书馆开始阅读近代报刊，翻阅了大量的报章杂志后，笔者对其中大量存在的广告产生了浓厚兴趣，尤其是对内中的医药广告和书籍广告。不过，由于当时的兴趣在书籍史和阅读史，所以后来决定选定以晚清出版的"卫生"书籍作为博士论文选题，在论文写作过程中，笔者尝试使用了报刊上刊登的大量书籍广告，同时收集了不少医药广告资料。2009年2月，博士论文《出版与文化政治：晚清的"卫生"书籍研究》（上海书店出版社2009年版）出版后，笔者对书籍广告的关注暂时告一段落，接着开始重点研究近代报刊上的医药广告。五六年延续下来，颇有可拾遗补阙之处，所以斗胆于2016年在台北秀威出版社出版了此书初版本，算是对此系列研究做的回顾与总结。但因当初匆匆出版，存在的问题颇多。数年修订下来，增补了不少内容，只是仍不能令人满意，事情就这样拖延下来。最近又集中精力利用闲暇时间做了一些补充，或可差强人意。

本书以晚清上海报刊上的医药广告造假现象为研究对象，重点围绕近代的两个著名假补药燕窝糖精和艾罗补脑汁展开，兼参考民国初期的医药广告资料,注重讨论报刊医药广告的制作过程、叙述结构和修辞特色,广告的民族主义叙述背后的商业诉求,医药广告的读者及消费者反应情况,名人代言的医药广告情况,医药广告中的借名造假现象等,并在近代中国的身体文化与消费文化打造的视角下检讨医药广告之于近代中国社会造成的作用,如其对"东亚病夫"形象与记忆塑造的影响,借此来讨论医药广告中的虚假宣传导致的社会影响问题。通过对上述问题的分析,笔者希望与既有的医药广告研究进行区隔,同时也希望借助更为丰富多元的资料收集与较为细致的解读,能够补充和纠正之前的相关研究,填补相关研究中的空白。

需要说明的是,本书初稿完成于2016年,那时的报纸数据库远没有现在多且方便(当时能用的只有《申报》数据库、上海图书馆电子期刊数据库和台湾政治大学的中国近现代思想史研究专业资料库、大成老旧期刊等),书中引用的大量报刊资料主要系笔者长期阅览报刊的结果。如果今天借助这些年新出现的数据库,可以补充的资料应该有很多,但类似这些报刊资料的同质性也比较强、可以展示的面向重复性明显,所以笔者这些年主要增补了平常阅读日记、书信、文集等文献所得的资料,并未在报刊资料方面多做扩充。

目 录

自 序 / I

导 论 晚清的广告论述 / 001
  第一节 广告的作用 / 004
  第二节 做广告的技巧 / 007
  第三节 刊登广告的原则与费用 / 009
  第四节 本书旨趣 / 015

第一章 制造虚假广告 / 023
  第一节 造假缘起 / 023
  第二节 "告白生业" / 024
  第三节 制造"保证书" / 026
  第四节 始作俑者 / 031

第二章 当糖精变为燕窝
  ——孙镜湖与近代上海的医药广告造假 / 036
  第一节 孙镜湖其人 / 036
  第二节 发迹伊始 / 037
  第三节 发明燕窝糖精 / 043

第四节　文人吹捧　/ 052

第五节　同类相残　/ 063

第六节　流毒无穷　/ 070

第三章　补脑的政治学
　　　　——黄楚九的艾罗补脑汁广告　/ 081

第一节　从心到脑　/ 081

第二节　艾罗补脑汁问世　/ 084

第三节　补脑的政治学　/ 088

第四节　花样百出的广告　/ 110

第五节　读者和消费者的回应　/ 125

第六节　成功之后　/ 139

第七节　小结　/ 144

第四章　名人与医药广告　/ 156

第一节　晚清篇　/ 156

第二节　民国篇　/ 162

第三节　"论说"中的医药广告　/ 174

第四节　结语　/ 179

第五章　移花接木：近代上海医药广告中的借名造假现象　/ 186

第一节　真假难分　/ 186

第二节　借名造假之真相　/ 191

第三节　弄巧成拙　/ 202

第四节　借名造假之普遍　/ 205

第六章　虚虚实实：虚假宣传的真实效果　/ 211
　　第一节　应对造假　/ 211
　　第二节　商业报刊与医药广告之关系　/ 221
　　第三节　虚假宣传的社会效果　/ 225

第七章　弄假成真：近代中国"东亚病夫"形象的商业建构　/ 252
　　第一节　建构论的视角　/ 252
　　第二节　商业广告中的"病夫"再生产　/ 256
　　第三节　广告建构现实　/ 269
　　第四节　结论　/ 274

第八章　余论　/ 280

参考文献　/ 287
索　引　/ 297
后　记　/ 309

导 论
晚清的广告论述

任职于商务印书馆的张元济在上海商界打拼有年,身为一名优秀的管理者和儒商,他对报刊广告的作用非常重视。如在1918年10月23日,身为商务印书馆经理的他为了更好评估上海各报的影响力,以便为后续商务印书馆刊登广告提供参考,他想出一个很有效的办法"考量各报之程度",即利用在各报上发布的该馆《日用百科全书》特价广告,让读者凭刊登此广告的报纸"剪角"购买才能特价,"无此剪角者不售",并特意在广告中对此加以声明。[1]

较之前辈张元济在实践层面对广告作用的重视,身为当时学界领袖的胡适则在学理层面非常重视报刊广告的作用和学术价值。

1928年6月3日,时在上海任职于中国公学的胡适在家中接待了来访的北大学生陈璠。陈表示他打算"研究百年中中国人民的生活",眼光敏锐的胡适遂建议陈"从《申报》全份入手,注重广告,注重戏剧广告,注重经济商情,可以得一个大概"[2]。由此可见,在清末上海有过主编《敬业旬报》经历的胡适对于《申报》及其广告重要性的认识。

确实,如胡适的思路和倡导,近代以来,不断有学者关注报刊对近代中国的影响和作用，进而对近代中国报刊广告进行专题研究。多年积累下来，既有的报刊广告研究成果可谓蔚为大观，不胜枚举。[3] 1934年，沪江大学甚至还有学生以广告作为本科学位论文的研究对象。[4]凡此均足表明之前学者对于商业广告和广告研究的重视情况。到了1980年代，广告研究重新获得重视，势头延续至今。

一般认为，自1914年"筹办巴拿马赛会出品协会事务所"编译出版《广告法》一书后[5]，中国学界即有人开始不断关注商业广告研究，包括此时尚未在史学上扬名的青年吕思勉，1917年时即曾在家乡的报刊上发表有讨论商业广告问题的短文二十则，批评当时的虚假广告现象，并提出做商业广告的一些技巧、原则和方法。[6]此后民国学界出版的相关论文和专著，数量之多，更是不可胜数。[7]这些广告研究成果为后来者提供了不少方便与思路，但盘点下来，可以发现它们比较侧重于对广告技术发展、广告内容、商业广告的重要性，以及对广告出现和发展背后的经济动因、社会变革进行考察。而包括民国时期的诸广告研究在内，既有成果对于晚清报刊上的商业广告（告白）论述[8]，发掘并不足够，除个别学者略有提及外[9]，其余学者甚或完全没有注意，这些著述皆从民国时期展开，这不能不说是近代中国广告学史上的重要遗忘和缺失。

其实，据笔者所见，晚清报刊上已有许多重视商业广告的理论表述（参看《晚清报刊上的广告论述篇目》）[10]，尽管这些专题的表达有不少是翻译作品，在一定程度上缺乏原创性，但依然可以展现晚清人对于广告及广告功能的认识和重视程度，以及当时人对于来自欧美和日本的广告学理论的热衷程度与介绍深度。特别值得注意的是，清末有文章还直接揭示出"广告"二字，系"日本新名词也"，"中国旧谓之告白"，接下来此文还认为广告多少与国家富强及文明程度成正比,进而又叙述了广告学在中国之"滥觞"情况,列举了一些古代例证。[11]可惜的是,晚清报刊上发表过的这些关于广告的表述资料,并未引起此后相关学者的注意与重视。[12]故此,在切入下文所要讨论的近代上海医药广告研究之前,我们还是非常有必要先去抉隐发微,回顾一下晚清的广告论述(参见表一),看看时人是如何看待商业广告尤其是报刊广告的,以下先从三个方面来概述晚清这些广告论述的主要内容。[13]

表一 晚清报刊上的广告论述篇目

篇 名	作者、译者	出 处
《招刊告白引》		《申报》1872年5月7日
《告白生业》	丁福保	《中外日报》1899年7月12、13日
《告白学专家》		《选报》第34期,1902年11月10日
《劝商界刊登告白启》		《长沙日报》1905年4月19日
《论告白与商业之关系》		《长沙日报》1905年8月27日
《美商塞勃列子论广告之价值》	杨志洵	《商务官报》丙午第28期,1907年1月18日
《欧美实业家利用广告之法》	杨志洵	《商务官报》戊申第19期,1908年8月21日
《论商业广告》	章乃炜	《商务官报》己酉第20期,1909年8月20日
《商业广告之用途》	章乃炜译	《商务官报》己酉第29期,1909年11月17日(译英国《伦敦报》)
《说广告》	心一	《神州日报》1907年6月4、5日
《论商业广告之效力》		《神州日报》1908年2月20、21、23日
《说广告之效力》	寄	《神州日报》1908年3月24日
《本馆改良广告之启事》		《神州日报》1910年8月5日
《广告丛谈》	胜因、瘦	《神州日报》1910年8月19、20、21、22、23、24、25、27、28、31日
《论作告白文法》		《时报》1907年10月6日、10月7日
《(说)报纸是商业广告机关》		《顺天时报》1908年3月18、19日
《广告之必要》		《农工商报》第41期,1908年7月28日

续表

篇　名	作者、译者	出　处
《广告之适切》		《农工商报》第 41 期，1908 年 7 月 28 日
《登载广告之功效》		《舆论时事报》1909 年 7 月 27 日
《撰述广告之价值》		《舆论时事报》1909 年 7 月 27 日
《欧美商家扩充商业之卓见》		《华商联合会报》第 18 期，"海内外纪闻"，第 7—8 页，宣统元年九月三十（1909 年 11 月 12 日）
《为商人演说登广告之益处》	剑公	《晋阳公报》1910 年 2 月 28 日
《日本广告物取缔法》		《法政杂志》第 1 年第 6 期，1911 年 8 月 19 日
《告白之价值》		《东方杂志》第 7 卷第 7 号
《文苑撷新》		《时事新报》1911 年 5 月 26 日

第一节　广告的作用

或许因为是由外商投资创办的报纸，《申报》从创办伊始就非常注意刊登广告，并曾专门刊出论说《招刊告白引》[14]，向当时的中国读者宣传广告之于招贴的优势，以及在新闻纸上刊登广告的好处与必要性，并辅以西人经验来增加说服力。对通商大埠上海来说，做广告一事尤为必要，"其于贸易一道，尤为当今之切务，所一日不可无者也！"华人新报崛起后，在其上刊登广告会对以后的贸易大有影响，就算是对于士人自身来说也非常具有意义。只是当下由于报纸还不太流行，中国人还没有充分意识到广告的作用，申报馆自谓愿做启蒙的先锋："本馆今为法以流通之，廉其价、博其闻、广其传，俾僻壤遐方，咸知有新闻纸之用，而相观摩焉。惟愿世人念利益之无穷，计与时而宜行之，不特告白一端也。"不过，像《上海新报》、早年

《申报》等中文报纸,在当时并不畅销,广告收费也不高,在其上发布过广告的商家多是洋行,"以视年来广告之发达、刊资之增昂,已有天壤之别矣"[15]。如时人言:大概要到甲午以后,中国商家才逐渐知道登广告的好处,"广告之风乃日盛,然至今犹不过书铺、药房及各种新营之事业耳!至于旧有之商店,能谙广告之效力者甚少"[16]。

20世纪初,类似前引《申报》文,《长沙日报》"论说"栏发表的《论告白与商业之关系》一文,也详细阐述了广告与商业的关系等问题。[17]该文起首即言:"报章之登告白,不独商业为然也,而惟商业则关系为尤切。商人之所同其希望者,速卖而已,速买而已。"而宣传商品主要有两个途径:一是借助"仿单",一是借助"告白"。相较起来,仿单的张贴地点有限,读者有限,所以善于经商的人皆知悉,"与其致力于仿单,不如致力于告白",欧美各国各有专门报纸,以刊登各种专门广告,"至其告白之详审美备,则非特标其货名与创造是货之人、出售是货之地,及其价值若何、功用若何而已也,必兼志其商标、叙述其原委,叙述不已,从而绘图,绘图不已,从而登铜版五彩之图,以引动观者之感情,而生其愿购之思想。匪直此也,恐阅告白者数见不鲜,则或一旬一易、一月一易。即其商标货样之绘为图者,其形式之大小详略、颜色之浓淡新奇,亦莫不从而屡易。其拥有大资本者,则又不止仅登一家之报,且必兼登他家之报;不止仅登一国之报,且必兼登他国之报。务使妇孺悉睹,遐迩皆知而后已"。故此,刊登广告要刊在影响大、销量多的报纸上。广告多少与商务兴衰有密切关系,"告白者,实商界之筌蹄、货品之针芥。欲求兴商,非是不可"。中国商家在做广告方面有待大力改进,广告好坏与否,对商品销量影响非常大,很多中国商品销量不好,不如同类外国商品出名,就是因为不在报纸上登广告,造成的弊端非常之大。[18]

诸如上述对报刊广告与商业关系及对广告作用的讨论,许多广告理论文章均会有所涉及,对广告价值的强调都是它们的重中之重,有讨论甚至认为:"广告之价值与报中之论说、新闻亦相类,亦足以损益报纸之销路也。"[19] "今当商战时代,广告为商人第二生命。"[20] 像《长沙日报》甫创刊,也马上刊发了《劝商界刊登告白启》[21],认为广告为"商界之代表、交易之介绍也"。在报纸上刊登商品,可以提高商品声誉,招徕生意,欧美各国不管大小事情,均登广告,"故商业之发达,百货之流通,远驾我中国而上"。而中国商埠首推上海,"上海大小报纸多至,而无一报不满登告白者,得乎风气之先也"。其次要属广东、天津等地,现在长沙风气不那么开通,商人不尽知道刊登广告的好处与作用——所费小而所获大。最后此启事号召"省内省外行厂铺户有愿登本报告白者",速来接洽,该报给予优惠,自出报起半月,免费赠送广告,以后也"格外从廉,以期推广"。还有论述认为广告能吸引顾客,可以使商品销售出去,让本不打算购买该货品的人产生购买欲望,"广告之佳者,实具有不可思议之魔力也"。[22] 还有文章明确点出做广告的目的在于两点:"一,惹起世人之注意而知某处、某商店有一新品物出现;二,将出品物印于世人脑海,使人不忘,以便贩路扩张。"[23] 更有论述具体指出做广告的三点好处:"一曰揩拄公平价格,二曰保持优美品质,三曰增长出售额数。"[24] 还有文章认为多登广告可以防止商品被冒牌,还可以方便顾客选择商品,亦能使自己的货物锦上添花。[25]

第二节 做广告的技巧

广告的效果如此之大，但为达到目的，又必须讲求做广告的有效方法，即所谓"广告之术"。有人专门指出，"至今日生存竞争愈激烈，故利用告白之方法亦愈发展"[26]，因此，就有讨论认为，广告要达到良好效果，"广告之术愈广愈妙"[27]。为此，该文列举了一些做广告的好选择：第一选择是在货币上，第二选择是在邮票上。[28]可惜的是，两者都受到政府严格管理，不被允许乱登，它们只能作为理想中的广告媒介。除此之外，最适合刊登广告的就是报刊新闻纸了，因为它符合以下四种条件：首先，"须入目最众者"；其次，"须流通最速者"；第三，"费用最廉者"；第四，"须功力最大者"。还有主张认为下等人的用品广告不能登在上等人的报刊上，反之亦然。而且，广告应该有图画、有颜色，广告字体应有大小，刊登广告的版面也须讲究，这样更容易吸引人而达到预期效果。[29]

亦有从技术角度对登广告的方法进行的讨论，"凡作广告之法，利在离奇变化，引人入胜"，并提倡借鉴欧美的经验。[30]如《时报》上有人编译文章介绍写作广告文的技巧，特意介绍了"美国某大学教授"的意见，认为对于普通人来说，做告白文时要注意八点："其文必须明了平易，务避艰深晦涩"；"其文必须简洁确适，务避浮夸繁琐"；"其文必须能惹人目，令人一见不得不读"；"其文必须辞气强健，令人一读意随而往"；"告白不可使人有不快之感"；"告白不可揭人之短、扬己之长"；"宜利用时事"；"宜利用批评及活动变换之法，即以各新闻社及买主等之好评为告白，是为批评体告白；再则所出之告白，时时变换其辞意，是为活动体告白。皆最能惹动人目，而举动人意，故宜利用之"[31]。可对于专业学者来说，"更有其精深者"，就是"告白文宜用命令语气"，这样可以让易服从的"庸众之人"，震慑于权威，受到感染，"不分理由而遵从其意"。当然，要做到这一点："不可不顾文之程度"，如果广告文立论太高，不近人情，过犹不及，反会让顾客或读者不以为然，甚或转向反对之；"不可不顾人之程度"，自身没有信用、地位和人格的商家使用此体，效果也会适得其反。同样，对上流社会和下流社会的广告也应有所区别，"不可呆板"，使人察觉是在命令他，而应掌握顾客心理，时时变换说辞，"虽实际为命令，而其表示之方法，则常有种种之变化"，能让人不觉其为命令。[32]

要充分发挥广告的效力，还要重视广告的文体表达，对文字要仔细琢磨更改。[33]然而到底什么是有效的广告手法和广告文体呢？有文章列出四项：

> 一欲其令人一见即触心目，不宜泛滥繁衍也。二欲其异样翻新，四处布达，不宜蹈常袭故也。三欲其使人耳目熟习，并能触发其人倾向之心，不宜略涉晦滞也。四欲其言简意赅，尽人都解，诚实质直，毫不相欺，不宜口肆簧流，参用权诈也。凡此四法，皆广告中急先之务，广告所以有声价者赖乎此，商家所恃为行销货物之先导者，尤赖乎此。[34]

还有讨论讲到要重视广告的文字叙述和字体大小间杂，内容同外观一致，这样的广告就容易在短时间内引起读者兴趣与注意力。[35]还有文章提出登广告要简明扼要,切忌冗长,否则成效将会不彰。[36]黄遵宪也认为当时《时务报》的广告,"至连篇累牍,殊觉不便",提醒汪康年"告白最以简明为宜,不可多用虚文,以淆视听"[37]。有论述还进一步区分出广告的五种体例:贩卖、招聘、申明、报告、辩论,不同体例的广告诉求是不一样的。[38]

为了帮助商家更好做广告,一些报刊像《神州日报》还专门设有"广告主笔",招揽任用专业广告人才:"本报自今以后,益愿刷新广告之篇幅,□□广告之面目,以助凡百商业之发达,且为广告开一新纪元。俾登本报广告者,获有莫大之后望,冀以靖献于社会,而为商业放一异彩。"为此,该报"现特加聘主笔二人,一为日本商业专门毕业生,娴于改良广告之术者,一为本国著名画师,富有意匠,能用惨淡经营之思致,使广告应需之图画,无不新颖者。此外并有刻雕师数人,以备专制铜木铅版,为广告助兴之资"[39]。对于希望在《神州日报》做广告或希望改良广告的客户,可与该馆广告主笔接洽、商谈,"可代为创意遣词,规定格局,庶几于广告中最要之标题、修词、布置、地位等事,皆得尽美尽善之良果"。

第三节　刊登广告的原则与费用

关于刊登广告的原则,颇有论述涉及。如一篇译自"英国伦敦报"的文章《商业广告之用途》就提出,"以货物登广告者,当以戒欺务实为本",必须保证广告商品的品质,不能欺诈,否则后患无穷。[40]亦有人同样指出,广告再如何好,也没商品品质与广告相符合重要。[41]因之,做广告要讲求信用,但在经济交往繁密的时代,仅依赖信用，不发布广告，商业不会自行发达。[42]

"出告白者，费财甚多。"[43]广告的费用问题亦是关注对象，章乃炜在文章中就讨论了此问题。[44]还有论述提醒到，做广告的费用要同广告后的获利情况进行对比、核算，看到底有无亏损。[45]还有文章点出外国新闻杂志对于广告收入的依赖情况[46]，也有人介绍外国商家做广告的费用问题等[47]。

有讨论进一步提出，在刊登广告时，要选择好报章杂志，不能只选择价格低廉或有害的报刊，否则得不偿失。[48]那到底选择哪些新闻杂志做广告呢？"无非察他发行的多寡数目"，另外，更要看其"组织如何"。该文还提出，要想明确广告效力，还要通过实践验证，先把三种广告刊登在不同的新闻杂志上，看有什么不一样的结果，然后挑选效果最好的，或者根据广告大量刊布之后，商品的销售情况有没有大的提高，这样也能发掘广告的潜力。[49]

以上仅仅列举了若干标题中含有"广告"或"告白"的理论资料，其他涉及广告功用的论述还有不少，如《皇朝经世文统编》中收录的《论日报大有关于商务》一文，其中也有不少相关内容。该文比较了招贴和报刊广告的优劣："招纸不能常贴，而告白则可以常刊；招纸不能遍贴，而告白则可以遍传。故与其贴招纸，不如登告白。"该文还专门点出香港、上海的日报多，广告也发达，其余各地应模仿之。[50]像传教士主导的《格致新报》馆特意在《告白刊例》中声明自己招登广告的原则："刊资必须先付，无论何人，同循一律。凡坏人名节及演戏占卜稗官小说等告白，均不登列。"[51]只是这些见解并没有超出前引的广告论述，限于篇幅，此处不赘述。

综合前引这些广告理论资料，可知其要点集中于三个方面：广告的作用、广告写作的方法和技巧、刊登报刊广告的原则与费用。现在看来,这些自然都是现代广告学中关键的内容,只不过一些讨论过于理想化与简单化,它们亦不无重复成分,且多包含有译述色彩,个别论述亦存在为报刊背书之嫌。

值得注意的是,现代的广告学一般会把招贴、仿单等都视为广告形式,但上引论述明显是主要就报刊平面广告立论,甚至个别论述把招贴、仿单视为同广告相对立的形式,而不是广告形式之一,片面贬低招贴、仿单的广告效用。[52]这是需要提醒读者的。

对于晚清的商家来说,他们经常采用的广告形式主要有两种,一种是街面上四处发放张贴的传单广告,另外一种就是上文重点讨论的报刊广告,两种形式的广告内容基本一样。相较起来,报刊广告的制作则比较精细,成本更高,包含的花样更多,持续时间更久,影响力更大,也更为商人重视。传单广告即时性较强,成本不高,制作得也较为低劣,有时广告词还会出现语句不通、自相矛盾的情况。[53]就近代中国广告种类的影响来言,如研究者之言,"当以报纸广告为研究的核心",因为报纸在近代中国的销路最广、影响最大,"如果能够制作报纸广告,其余的各种广告的制作,也就可以举一反三,迎刃而解"[54]。

对于近代中国媒体最为发达的上海来讲,报纸广告也最有影响力、最为商家和研究者重视,这也是当时一般人的认知,如一本《上海指南》类的书中所揭示的:

于上海地方登营业广告,以报纸之效力最大最速,且手续亦简,只须撰文好字排好式样,于下午八时之前送至认定之报馆广告部,翌日即可登出。如属常登者,可特约广告公司或揽客代为送登,或交保证金于报馆,直接送登,临时不必交费,于限定日期结算。本栏系将登广告应知情形详细说明,至于刊费,各报大致相同,惟或者有折扣,或者无折扣,或者折扣甚廉,不可执一而论。[55]

就报刊本身来讲,报刊上的广告数量不多,就意味着影响力小,反之亦然,"盖人若知销路短少,则告白必不能多"[56]。因为对于商家来讲,"登广告者多觅销路最广之新闻纸登之,因其效力最大也。故销路广者广告多,销路狭者广告少"[57]。

为了吸引商家来登广告,报刊一般都会宣称本报发行量大,各地都有销售,广告又收费低廉,甚或有打折优惠,商家登广告于其上非常合算。如上海《万国商业月报》的《招登告白广告》中即言:

> 至各埠、本埠之商号,欲登告白者,均祈函示,或面来接洽,其价无不从廉。盖本报销数畅旺,不但名城巨镇遍有发售,即穷乡僻壤亦莫不达到,洵可称为登告白最佳之地位也。凡有意欲登告白者,幸勿交臂失之。[58]

再如晚清上海的外文报纸《文汇报》,其招登广告的启事亦大致类似,只是强调其读者对象为外国在华人士,希望招徕的广告客户是想同外国人做生意的商家:

> 《文汇报》主人敬告华商暨开店者,凡有刊登本报告白,最

为有益。因本报之销中国,较之各西报,为数既多,且系晚报,除分送各洋行外,亦送各西人住宅。不但西人晚间公暇阅报,较之日间,格外详细。且既送住宅之中,凡各西人内眷,亦得阅看无疑。向来西人购买家用器具什物,皆由内眷主持,此所以刊登本报告白最为有益之一也。至告白取价公平,如系华文,并可嘱人翻译。[59]

还有报刊直接把广告收费的具体情况公布出来,像《同文沪报·消闲录》即是如此:

地位既好,见者自多。刊刻此项告白,必有利益第一。日每字一分五厘,以后每日每字一分,一百字起码,多则以五字递加,木戳照算。惟各宝号鉴之。[60]

再如上海的《须弥日报》也在《广告价目》中刊出自己的收费标准:"第一日每字四厘,第二日至第六日每字三厘,第七日以后每字二厘,长行一百字起码,短行五十字起码。封面加倍,长登面议。"[61]

对于商业报刊来说,19世纪末的一些士人已经敏感意识到:"告白为报馆利源所在"[62],"《申》《沪》《新闻》诸报,皆靠告白,无此项恐怖敷开销也"[63]。可以看出,这时商业发达的上海各大报如《申报》《沪报》《新闻报》等的正常运作已经严重依赖于客户的广告费收入,正如之后姚公鹤所谓:"报馆于售报之外,其大宗收入,本以广告为首……故报馆营业之盈绌,实以广告之多少为衡。"[64]徐铸成后来甚至说:"广告收入"是"报馆的生命线","广告客户就成为报馆的'衣食父母'"65。

假若没有商家来登广告,报刊主事者就必须要去拉外来广告,营造广告满纸的形象。像初创刊的《神州日报》,为了吸引广告客户,先打出"送阅三天,送登告白七天"的广告66,这样的优惠就比较容易吸引潜在的广告客户。再如初创刊的上海《时报》,发行量少,来登广告者也少,但为表明《时报》的影响力,幕后主脑梁启超不得不让它大量刊登广智书局、新民丛报支店出版的杂志和书籍之类广告,甚至胡乱拉一些"龙象告白",来滥竽充数,应付广告版面。当《时报》的销量迅速攀升到七千余份,在上海的销量仅次于《新闻报》后,各商家的广告纷至沓来,梁启超再无须为《时报》缺少广告刊登发愁。67

以上情形均足表明晚清中国人对于广告的作用和效果已经非常重视,很多人都认为传统的传单、招贴等广告形式,其重要性已经逐渐比不上报刊广告了。无怪乎懂行的晚清商家会取法乎上、推陈出新,将报刊广告做得风生水起。更有商家甚至大肆采用虚假广告进行欺骗宣传,用报刊广告进行投机炒作。凡此种种,在在说明晚清商业广告界之乱象。

这种广告行业中广泛存在的欺诈造假情况,也曾引起不少时论的注意和批评。如有时人就挖苦:"新闻则不录党案,惧字样之触忌也;广告则任意滥登,罗金钱之妙法也。"68《时报》主笔陈景韩(即"冷")也在短评中批评报刊上登载的某些广告,实际是昭示着上海商业的萧条与乱象:"甲曰赏格一千元,乙曰赏格一千元;甲曰某某挟款私逃,乙曰某某骗银自遁;甲曰伙计,乙曰庄客。呜呼!此乃商业日衰之结果也!呜呼!此乃商业之所以日衰而不能振也。有此人心,有此商业。"⁶⁹这种情况,我们通过诸如《市声》《商界现形记》《发财秘诀》《商界鬼蜮记》等清末新小说,对此也可窥豹一斑。

第四节　本书旨趣

最能体现这种广告乱象的,也最能展示时人的广告技巧和水准的,在笔者看来,当属最深谙广告术的那些上海医生与药商了,其广告手法花样百出,甚至无所不用其极,造成的影响很大,导致整个医药行业内欺诈造假之风盛行,几乎是完全靠广告宣传来欺蒙读者和消费者,形成时人所谓的"告白生业"局面:"凡虚伪之物,专恃告白以哄骗人者,谓之告白生业。其尤甚者,则惟医、药两种。"⁷⁰

单就近代中国的医药广告研究来说,虽然成果众多,但既有研究比较侧重对医药广告内容的阐发,以及对医药广告出现和发展背后的经济动因、社会变革、医疗观念等方面的考察,还有学者关注广告制作的语言,及其跨国和跨语际的实践情况,为包括笔者在内的后来者提供了不少方便与启发。只是由于材料局限和关注的侧重点,这些研究对于近代中国报刊上刊登的医药广告出炉情况、广告的读者、药品消费者的具体回应情形,以及时人对于医药广告的看法等层面的问题,重视度则有所不足。

故此,本书拟以近代上海报刊医药广告的造假现象为中心进行探讨,较之于过去的相关研究,这里着重考察当时药商与医生的报刊广告是如何被建构出来的?广告诉求的主要特色如何?此种广告文化的起源为何?广告中达官显贵的匾额与消费者的保证书是如何被生产出来的？文人和医药广告的关系怎样？时人对于这些广告的看法和反应情况如何？医药广告之于消费者的实际效果与象征作用何在？借此，希望能对之前的研究有所修正、补充。

需要特别说明的是，本书中所要讨论的药品与药品广告，主要都是西药或假冒西药的广告，医生广告则是中西医均有，但以西医为主。这主要是因为较之西药（包括仿冒西药）、西医广告，中药、中医在近代上海报刊上的广告要少很多[71]，且其广告词相对简单呆板，广告内容也缺乏变化与特色，相反大量西医西药以其"现代性"特质，存在更多的发声管道与更强有力的支持者，又系社会的时髦偏好，其广告不但数量巨大，且内容丰富很多、变化很多，留下的周边资料也较多，较之其对手方，具有更多可以深入分析的基础与空间。

不过，现存与上述问题有关的资料仍比较零碎，多散见于一些时人或近人的笔记、小说中，以及当时的报刊报道与评论中。因而，笔者就以近年来先后搜集到的相关资料为基础，参照比对，索隐钩沉，希望借此揭示当时近代上海医药广告尤其是药品广告的造假情况及其社会影响。

需要补充的是，本书在讨论中会较多地使用小说资料，读者或许要质疑其可靠性。的确，小说中的叙述不一定指向过去历史的"真实"，可是它们至少蕴含着某些"历史意见"（the history of opinions），对于想更多了解某个时期内的"信仰结构"（belief structures）的史家来言，恰当地使用小说材料，无疑将会获得助力。[72]正如过去一位中国学者所言："小说乃心理构造，最足以表现作者之人生观。每一时期之小说，若聚而观之，且可以觇当代之群众心理，同时亦可以觇当代社会之为变为常为乱。"[73]舒新城甚至说，小说戏曲类材料"为治正史者所不重视,但其价值最大,盖所表现者最为真实也"[74]。因之,倘若我们从实证而非文化研究和文学审美角度评判,清末民初这些"社会小说"的最大价值可能就是它们"充分反映了当时政治社会情况"[75]。有时论也指出当时诸多新著小说皆有所实指与暗示:

> 小说之作,多半寓言,即有寄托,亦仁者见仁、智者见智之类耳。今人于忧盛明危之理、惊心动魄之文,往者作小说观,独于小说乃探本穷源由辙之显,是真所谓读书得间者矣。[76]

当时很多人都把小说当作对现实的影射与"真历史"来读。例如,清末即有人把报刊连载的讽刺小说《商界鬼蜮记》视作药商造假的"真历史"[77]。少年吴宓也曾认为《孽海花》,"实历史小说也,中国三十年来之真确历史也","书中所叙事实斑斑可考,即所有人物亦无虚造者"[78]。民初的小说读者和出版家张静庐有类似的经验之谈:"如果你对于这个作家的生活清楚些,老实说在他写出来的一部小说中间,都可以找出每个影射者的真姓名和每一段故事的真史实来。"[79]徐珂也认为"小说家多好以自身所经过之历史为著述之资料",小说实具有作者的自传性质。[80]包天笑后来也曾回忆说晚清小说家吴趼人写小说的主要材料,即来源于报刊上报道的故事和日常见闻的汇编:

> 我在月月小说社,认识了吴沃尧,他写《二十年目睹之怪现状》,我曾请教过他。(他给我看一本簿子,其中贴满了报纸上所载的新闻故事,也有笔录友朋所说的,他说这都是材料,把它贯串起来就成了)[81]

此外，这些小说中往往还包含其他类型资料里没有或几乎很少显示的信息，如药品与广告造假的细节描写、药商或医生的个人生活史叙述、虚假医药广告的社会影响等，不能因其属于小说文类就被研究者摒弃。只是在使用这些材料时，需要注意与其他文类的材料进行互证，才不致强作解人和偏听偏信。[82]

注　释

1　参看商务印书馆编：《张元济全集·日记》，商务印书馆2008年版，第426页。
2　参看胡适1928年6月3日日记，见季羡林主编：《胡适全集》（第31卷），安徽教育出版社2003年版，第126页。
3　如戈公振：《中国报学史》，生活·读书·新知三联书店1955年版，第212—229页；平襟亚、陈子谦：《上海广告史话》,《上海地方史资料》(3)，上海社会科学院出版社1984年版，第132—142页；黄克武：《从申报医药广告看民初上海的医疗文化与社会生活》,《"中研院" 近代史研究所集刊》第17期下，1988年12月，第141—194页；朱英：《近代中国广告的产生发展及其影响》,《近代史研究》2000年第4期，第87—115页；张哲嘉：《〈妇女杂志〉中的药品广告图像》，罗维前（Vivienne Lo）、王淑民编：《形象中医：中医历史图像研究》，人民卫生出版社2007年版，第111—116页；吴方正：《二十世纪初中国医疗广告图像与身体描绘》,《艺术学研究》第4期(2009年4月)，第87—151页；孙秀蕙、陈仪芬：《被框架的女性意象：上海月份牌广告画的图像符号分析》,《广告学研究》第34集，2010年7月，第25—63页；黄克武：《广告与跨国文化翻译：20世纪初期〈申报〉医药广告的再思考》，见王宏志主编：《翻译史研究》2012年号，复旦大学出版社2012年版，第130—154页；彭林祥：《中国新文学广告研究》，秀威科技公司，2012年版； Wendy Siuyi Wong, "Establishing the Modern Advertising Languages: Patent Medicine Newspaper Advertisements in Hong Kong, 1945-1969," *Journal of Design History*, 13.3（2000）, pp. 213-226; Sherman Cochran, *Chinese Medicine Men: Consumer Culture in China and Southeast Asia*, Cambridge, Mass.: Harvard University Press, 2006; Juanjuan Peng, "Selling a Healthy Lifestyle in Late Qing Tianjin: Commercial Advertisements for Weisheng Products in the *DaGongBao*, 1902-

1911," *International Journal of Asian Studies*, 9. 2（2012），pp. 211-230；专著除前引几种外，主要还有：刘家林：《新编中外广告通史》，暨南大学出版社 2004 年版；苏士梅：《中国近现代商业广告史》，河南大学出版社 2006 年版；王儒年：《欲望的想象：1920—1930 年代〈申报〉广告的文化史研究》，上海人民出版社 2007 年版；孙会：《〈大公报〉广告与近代社会》，中国传媒大学出版社 2011 年版；陈湘涵：《近代中国的征婚广告》，"国史"馆 2011 年版；其余的论文或著作还有很多，不一一列举。

4 参看吴铁三：《中国旧式广告之探讨》，收入上海档案馆编：《上海近代广告业档案史料》，上海辞书出版社 2012 年版，第 252—354 页。

5 该书其他出版信息不详，估计是在 1914 年出版，上海图书馆藏。

6 转见李永圻、张耕华：《吕思勉先生年谱长编》（上册），上海古籍出版社 2012 年版，第 187—191 页。

7 民国时期中国学者编译和撰写的广告专著，不下几十种，这还不包括期刊上发表的诸多以广告为论述主题的专业论文，以及专门的广告杂志。遗憾的是，这些著述多不为既有的绝大多数广告史研究者所注意。关于民国时期的广告专书情况，可参看祝帅：《中国广告学术史论》，北京大学出版社 2013 年版，第 54—55 页；杜艳艳：《中国近代广告史研究》，厦门大学出版社 2013 年版，第 7—8 页。

8 关于"广告"和"告白"的使用，笔者曾根据爱如生制作的《申报》全文数据库与台湾政治大学"中国近代思想史专业资料库"进行了检索，发现两个词在指涉商业广告之义时，"广告"同"告白"的意思并无明显差异（下文论述时如无特别需要，均以"广告"指代"告白"），而且从 1870 年代开始，都在为人广泛所用，如 1878 年 11 月 23 日《申报》上即有津枝洋行刊登的《广告》了，延续到民初，这两个词都在报刊上依然不断出现，甚至还有两者同时存在于一文中或同一期报刊上，很难量化出其出现的频率、流行的程度及时间段庚。因此，并不存在个别研究者所言的"广告"一词最早由梁启超使用，以及它在 1906 年后逐渐代替了"告白"的情况，而且一些所谓"广告"一词最早出现及其何时取代"告白"之类的考证，基本都存在问题。参看刘家林：《新编中外广告通史》，第 2—4 页；祝帅：《中国广告学术史论》，第 26—32 页；由国庆：《民国广告与民国名人》，山东画报出版社 2014 年版，第 45—46 页；等等。

9 参看张仲民：《出版与文化政治：晚清的"卫生"书籍研究》，上海书店出版社 2009 年版，第 317—318 页；杜艳艳：《中国近代广告史研究》，第 8 页。

10 裘可桴（裘廷梁）在《可桴文存》里曾有一白话短文《广告文考》，对广告文体在中国的起源举了几个例证。但该文立足点在"考古"，而非从商业角度评述广告价值，更不是对商业广告功用的研究，但它很可能是写于清末。参看上海图书馆藏裘可桴：《可桴文存》，无锡裘翼经堂藏版，1946 年铅印本，第 110—111 页。

11 《文苑撷新》，《时事新报》1911 年 5 月 26 日。

12 蒋建国曾把 1862 年 6 月 2 日《上海新报》上刊出的《本馆告白》一文，作为阐释"广告的价值和作用"的理论资料来引述，但观该文内容，它主要都是在谈"此报"即《上海新报》的作用和影响，而非指该报上刊载的广告。参看蒋建国：《消费意象与都市空间——广州报刊广告研究》，台北花木兰出版社 2013 年版，第 52 页。

13 《上海近代广告业档案史料》一书虽收集了民国三四十年代上海广告业的不少档案资料，可惜它对于晚清的广告理论资料几乎没有收录，仅前几页几封函件中涉及租界当局对一些报刊发布"下流广告"（主要是春药广告）的看法，故该书对本研究并没有多少帮助。

14 《申报》1872年5月7日。
15 陈伯熙编著:《上海轶事大观》,上海书店出版社2000年版,第269页。戈公振也说,最初报纸上"偶有广告,亦只轮船进出、拍卖货物,及寻人之类耳。然犹西人之广告居多。"戈公振:《中国报学史》,第213页。
16 瘦:《广告丛谈》(其五),《神州日报》1910年8月23日。
17 《论告白与商业之关系》,《长沙日报》1905年8月27日。
18 瘦:《广告丛谈》(其五),《神州日报》1910年8月23日;《广告丛谈》,《神州日报》1910年8月24日;参看剑公:《为商人演说登广告的益处》,《晋阳公报》1910年2月28日。
19 心一:《说广告》(续),《神州日报》1907年6月5日。后来,戈公振亦认为"广告之内容","与新闻同其价值"。戈公振:《中国报学史》,第212页。
20 《广告丛谈》,《神州日报》1910年8月20日。
21 《长沙日报》1905年4月19日。
22 心一:《说广告》,《神州日报》1907年6月4日。
23 瘦:《广告丛谈》(其三),《神州日报》1910年8月21日。
24 章乃炜:《论商业广告》,《商务官报》己酉第20期,宣统纪元七月初五日(1909年8月20日)。
25 参看《广告丛谈》(其四),《神州日报》1910年8月22日;《广告丛谈》,《神州日报》1910年8月28日;剑公:《为商人演说登广告的益处》,《晋阳公报》1910年2月28日。
26 《论作告白文法》,《时报》1907年10月6日。
27 《广告之适切》,《农工商报》第41期,1908年7月28日,第30—34页。
28 后来真有上海药商擅自将药名印在流通中的钞票上,"以代广告"。参看冷:《新法广告》,《时报》1910年6月6日。
29 心一:《说广告》,《神州日报》1907年6月4日。
30 杨志洵:《欧美实业家利用广告之法》,《商务官报》戊申第19期,1908年8月21日。
31 《论作告白文法》,《时报》1907年10月6日。
32 《论作告白文法》,《时报》1907年10月6日、10月7日。
33 《论商业广告之效力》(续前),《神州日报》1908年2月23日。
34 章乃炜:《论商业广告》,《商务官报》己酉第20期,1909年8月20日,第1页。
35 寄:《说广告之效力》,《神州日报》1908年3月24日。
36 《商业广告之用途》,《商务官报》己酉第29期,1909年11月17日,第21页。
37 黄遵宪函,《汪康年师友书札》(第3册),上海古籍出版社1987年版,第2338页。
38 《广告丛谈》,《神州日报》1910年8月31日。
39 《本馆改良广告之启事》,《神州日报》1910年8月5日。
40 《商务官报》己酉第29期,1909年11月17日,第21页。
41 章乃炜:《论商业广告》,《商务官报》己酉第20期,1909年8月20日,第1页。
42 瘦:《广告谈从》,《神州日报》1910年8月27日。
43 《论作告白文法》,《时报》1907年10月6日。
44 章乃炜:《论商业广告》,《商务官报》己酉第20期,1909年8月20日,第1页。
45 《论商业广告之效力》(续),《神州日报》1908年2月21日。
46 《论作告白文法》,《时报》1907年10月6日。

47 心一:《说广告》(续),《神州日报》1907年6月5日。
48 《论商业广告之效力》,《神州日报》1908年2月20日;参看《广告丛谈》,《神州日报》1910年8月25日。
49 《论商业广告之效力》(续),《神州日报》1908年2月21日。
50 《论日报大有关于商务》,收入邵之棠辑:《皇朝经世文统编》(卷十五),上海宝善斋光绪辛丑年秋月石印本,第5页。另据笔者查核,该文原刊自《新闻报》1894年4月14日。
51 《告白刊例》,《汇报》第80号(1899年5月31日),收入桑兵主编:《近代报刊汇览·汇报》(第2册),广东教育出版社2012年影印本,第642页。
52 《(说)报纸是商业广告机关》,《顺天时报》1908年3月18、19日。
53 碧:《大小店铺沿街发传单之热闹》,《图画日报》第95号,上海古籍出版社1999年影印本。
54 陆梅僧:《广告》,商务印书馆1947年版,第3—4页。
55 王后哲:《上海宝鉴》,世界书局1925年版,第六编,第5页。
56 《论本埠华字各报》,《中外日报》1901年12月7日。
57 徐宝璜:《新闻纸之广告》,《北京大学月刊》第1卷第3号,1919年3月,第105页。
58 《本报征求论说及招登告白广告》,《万国商业月报》1909年第16期,第61页。
59 《登告白者览》,《新闻报》1903年4月3日。
60 《招登消闲录前幅告白》,《同文沪报》光绪二十九年十一月二十五日(1904年1月12日)。
61 《须弥日报》1908年8月26日。
62 卢靖函(二),《汪康年师友书札》(第3册),第2986页。
63 汪嵩年函,上海图书馆编:《汪康年师友书札》(第4册),上海古籍出版社1989年版,第3878页。
64 姚公鹤:《上海闲话》,第136页。
65 徐铸成:《报海旧闻》,四川人民出版社1981年版,第180页。
66 "《神州日报》社广告",《新闻报》1907年3月24日。
67 梁启超致梁启勋书(1905年3月21日),收入《南长街54号梁氏档案》(上册),中华书局2012年版,第445页。
68 《正告我国民》(续第12号),《须弥日报》1908年9月10日。
69 冷:《读告白有感》,《时报》1909年6月20日。
70 参看《告白生业》,《中外日报》1899年7月12、13日。该文应该出自丁福保之手,被稍许修订后收入丁福保:《医话丛存》(1910),该书被收入沈洪瑞、梁秀清编:《中国历代名医医话大观》(下册),山西科学技术出版社1996年版,第1535页。
71 近代中医和中药铺在报刊上的广告数量虽然较之西医、西药房不如,但在现实中,很多地方的人们其实不太相信西医的,如包天笑所言20世纪初叶苏州的情况,苏州的上流社会人家即使有人生病,也不愿将家人送到西医院让西医医治,而只相信中医。再根据1930年代初西医庞京周的统计,当时约三百万人口的上海仅有卫生局医师执照的西医生共616人,另有外籍西医生265人,中医则有5 477人。而根据1949年10月—1950年中央人民政府卫生部的统计,中医和中药铺数量要远远大于西医与西药房,即便是在最为西化的近代上海也是如此。参看包天笑:《钏影楼回忆录》(上册),山西古籍出版社、山西教育出版社1999年版,第349页;庞京周:《上海市近十年来医药鸟瞰》,中国科学公司1933年版,第15、17页;中央人民政府卫生部编印:《全国卫生情况参考资料》,1950年版,第118页、附表第1页。

72 James Smith Allen, "History and the Novel: Mentallité in Modern Popular Fiction," *History and Theory*, 22: 3 (Oct. 1983), p. 234. 关于文学材料在欧美文化史研究中的一些具体使用情况, 可参看 Sarah Maza, "Stories in History: Cultural Narratives in Recent Works in European History," *The American Historical Review*, 101: 5 (Dec. 1996), pp. 1493-1515。但作者在文章中也指出: 对文学批评家来说, 历史学家在使用文学文本时经常看起来非常幼稚和简单; 同样对于历史学家来说, 文学研究者提出的历史论断又表现得过于武断与粗糙。这是因为彼此所受的学科训练和研究方法不太一样, 哪怕双方的研究内容正在变得接近。

73 梁启勳:《曼殊室随笔·杂论》, 收入林庆彰主编:《民国文集丛刊》(第一编), 台北文听阁图书有限公司 2008 年版, 第 512 页。

74 舒新城:《舒新城自述》, 安徽文艺出版社 2013 年版, 第 345 页。

75 阿英:《晚清小说史》, 人民文学出版社 1980 年版, 第 4 页。

76 《上海之评论》,《神州日报》1910 年 2 月 4 日。

77 父近:《尊屁篇》,《竞业旬报》(上海), 第 31 期(戊申年十月朔日), 第 6 页。当时曾读过《尊屁篇》的钱玄同在十年之后还记得该文, 只是这时候钱玄同已经忘记其具体内容了:"我记得十年前上海某旬报中有一篇文章, 题目叫作《尊屁篇》, 文章的内容, 我是忘记了……" 钱玄同:《今之所谓"评剧家"》, 收入《钱玄同文集》(第 1 卷), 中国人民大学出版社 1999 年版, 第 216 页。

78 吴宓日记 1910 年旧历十二月十三日, 见吴学昭整理:《吴宓日记》(第 1 册), 生活·读书·新知三联书店 1998 年版, 第 8 页。

79 张静庐:《在出版界二十年》, 江苏教育出版社 2005 年版, 第 30—31 页。

80 参看徐珂:《清稗类钞》(第 8 册), 中华书局 1986 年版, 第 3765 页。

81 包天笑:《钏影楼回忆录》(上册), 第 458 页。

82 当年胡适也曾提醒道:"本来这种用活人做材料的小说是很不容易做的, 做得好也不过成一种闲话的资料(gossip), 做的不好便成了造谣言的乱弹。" 真正有志写小说的人"宜向真材料中去努力, 不宜用这种不可靠的传说材料"。胡适:《致〈京报〉社(1928 年 4 月 25 日)》, 季羡林主编:《胡适全集》(第 23 卷), 第 496 页。

第一章
制造虚假广告

第一节 造假缘起

上海开埠之初,许多当地居民并不愿意购买西药成药,也不愿意寻求西医治病,因为对其不太了解,"外国之药,其名既异,其性复殊,且研末炼水,更无从而知其形。故中国人明知其药之良,而不敢服,诚恐服之有误,而无术以救正之。故西医虽良,中国不敢延请者,职是故也"[1]。

之后的情况慢慢发生改变,随着洋货在中国的逐渐流行[2],西医和西药在经历初入中国时的低迷后[3],亦逐渐受到上海民众欢迎,"华医所不能治者,往往与之酌商,投以药石,辄有奇验。甚至王公大臣纡尊降贵,争相延致。养生疗病,亦以西药为重"[4]。因为西药不但服用简单,而且药效显著,按照当时人的表述,较之中药,"西人则去药材之精华制成药粉、药丸、药水等,占地几微,性力较大"[5]。

而对很多人来说,求诊于西医总是不如去西药房购买成药方便,哪怕西药价格稍高,毕竟这样做还可以减少面对医生诊治时的麻烦与恐惧,省钱又省力。[6]正如后人所谓"比年以来,吾国人知中药之不足恃,而欲求诊于西医,则又难如愿以偿,于是多购外国便药。偶著成效,群相推许"[7]。有此状况,西药之需求自然行情上涨,西药房之生意自然兴旺。[8]故此,精明的上海华人药商当然要攀附洋人旗号,他们自制的一些成药、便药,多诡称系外国人发明的"西药",正如时人在小说中的讽刺:"现在世界,明明中国人自制的药,他却偏要去借重东洋、西洋的名儿哩。"[9]"那开店的必要挂块洋商牌子,卖药的必要冒个洋医名字。"[10]

然而,此类"西药",并非是经过长时间的"科学"试验和研发得来,其配方或抄或借或编,实际成分都比较简单,制造起来也非常容易,但是利润空间巨大。[11]像中法药房的艾罗补脑汁,是一种磷质制剂,168cc规格的艾罗补脑汁,每瓶可以卖2元,但实际制造成本仅仅0.3—0.4元,每个工人日均能生产120瓶左右,门市利润高达400%。[12]可以想见,这类药品只要成功卖出,药商就能获得巨额利润。而为了成功卖出药品,大量的广告投放就不可避免。正如之后姚公鹤所言:"医药之销场,全在广告之传播。"[13]

第二节 "告白生业"

实际上,不管是中国药商,或是外国在华药商,他们推销药品的最重要办法,均依赖于广告宣传,"请看那一家报馆,没有药房的告白。那家药房的告白,不一条一条说得天花乱坠的。据说生意好不好,全在告白上"[14]。大药房更是如此,"卖假药,欺骗中国病家,利润极厚,非登巨幅广告不可"[15]。因之,药商的最大支出就是报刊广告费,"废物"在连载小说《商界鬼蜮记》中说及"戚氏兄弟"(暗指席裕麒、席文光堂兄弟）用二百元发明戒烟药"震旦丸"（暗指亚支奶戒烟药）时，就有对其成本和广告费比例的简单说明：

> 二百块如何不够，如今我们做起的时候，先做一千盒，五十块钱做洋铁盒，印仿单，二十五块钱做丸药，二十五块钱做应酬费，再有一百块钱，登广告，如此做法，包你发财。[16]

包天笑（1876—1973）后来在小说《上海春秋》中也有对"补脑液"（暗指艾罗补脑汁）的成本及广告费有过较为详细的描述：

> 还有什么补脑液更要骗到有职业的人，说是你这脑子用得太费了，非吃一点药补补它不可。人家听得他说得好听，也就整打来买了。总之，那种补品要是售十块钱的，他的本钱不过是一块钱，一块钱里头七角钱是广告费，二角钱是装潢费和一切开销，药品只好算一角钱，所以十块钱的药只好算一角钱的药本。[17]

吕思勉也曾针对广告"创造需要"的作用评论道，"其物本非人所必须，甚且不知有此物，因广告之鼓吹，遂觉其物必须购用是也"，他还以当时在中国非常畅销的日本药品仁丹、清快丸为例指出：

> 仁丹、清快丸试问果有何用？设无广告，谁复购之？然则购用仁丹、清快丸之人，虽谓其悉为广告所鼓动可也。然则广告之为力亦伟矣！仁丹、清快丸发行之始，其资本之大半，实费诸广告，其制药者，乃仅得少半有以也。[18]

无怪乎陆士谔曾夸张地说:"这药房不比别样生意,除了告白费之外,竟没有什么开销的。"[19] 透过以上描述,我们可知上海药商的药品成本和广告支出的大致情况。

为了让这些低成本、难说效果的药品有更好的销路,并在同其他药商的竞争中胜出,长袖善舞的上海药商就必须大做广告、挖空心思写好药品的广告词。职是之故,当时很多药商都专门聘请混迹于上海十里洋场的文人,为其撰写花样百出的广告文字。一如时人之揭露:

> 告白愈奇怪,引得人看,生意愈多。如平平常常的说几句,生意一定不行的。从前不过出个招牌罢了,现在大家比量起来,就有个争竞了。有了争竞,自然就有进步了。看他的各种告白,实是五花写门,有味得狠呢。或画或写,画的或人类,或鸟兽,或植物,或矿产;写的或篆或隶,或真或行,或草或狂草,真是无体不备。大概务必把这一家的药,说得天上有、地下无,不是英国、法国造的,就是美国、德国来的,地方愈远愈好,人名愈生愈好,才不好查根呢。[20]

大量投放报刊广告以及制造些花哨的广告词,仍然不够,药商与医生还需要有消费者和康复的病人现身说法,才能更好征信于人,于是制造消费者与病人的"保证书"就势在必行。

第三节 制造"保证书"

为了突出广告效果,上海药商就让文人费尽心机炮制各种各样的鸣谢函件即所谓来自康复消费者的保证书，特别是来自由名人具名的保证书，在报刊上连篇累牍地刊登，借此向读者展示药品及其广告已有的真实效果、社会影响，乃至受到的欢迎与赞美，从而达到吸引顾客、推销药品的目的。到了民国以后，上海的大制药商更是专门高薪雇批人去制造所谓来自消费者的保证书。[21]

为增加保证书的可靠性和逼真度，各个药商竞相争胜、花招频出。像五洲大药房在广告中声称报刊上登载的各方谢函，"均将原来信封存记，以便查阅"，借此表明来函实有其物，并非凭空编造。[22]发卖亚支奶戒烟药的席裕麒则以退为进，聪明地宣称来自各地赞扬亚支奶的保证书太多，"若尽登诸报章，则不惟报费不赀，且反恐近于招揽"，"且谢函之揄扬究不敌劝戒之切实。自今以望，诸君勿以报章告白为宗旨，要以已戒者良言为目的"[23]。

只是这些广告虽然把药品及其作用吹嘘得神乎其神，甚或百病包治，如戒烟药亚支奶的一则保证书广告所言："昔人谓有一病必有一药，然一药亦仅能治一病，而亚支奶乃统治百病，其药之神妙，有不可思议者矣！"[24]话虽如此标榜，但其对于成药自身的构成成分、配制过程与制造情况、服用后有无副作用等问题均不提，只讲其是独家秘方，或来自或风行日本、欧美等异邦，用途如何广泛，疗效如何灵验。[25]像华益大药房的"卫生补元汁"广告：

> 此汁乃本药房独得之秘方，由七国卒业文凭医学生所授，经东瀛国手暨孟河良医陈君化合察究，咸称无上妙品，能涨脑筋、能强督脉、能济坎离、能调脏腑。用特选购中东上上药料炼成此汁，服之立见功效，切勿轻视……[26]

图一 《神州日报》1908年12月8日　　图二 《时报》1909年7月28日

因之,自谓为来自德国的正宗药商"大德国普惠大药行",其在广告中即曾批评上海华人药商和华人医生这种攀附西方或日本伪造西药牟利的现象:

迩来沪上异名伪药层见迭出,射利奸徒略知一二味西药,据而制配行世,妄称某某妙药,虚炫矜夸。况每造一药,即云自运外洋原料。甚至有时竟自命医生,某药某丸伪言有通治各症之功,千方百计捏造诸般伪函,狂登报章,大言欺人,希图耸动人心,以遂其平生渔利之奸谋。试问外洋原料何以为凭?既云外洋原料,缘何用该药房商标?岂外洋制药大厂无商标耶?即此一端,足明证其伪也。[27]

此处的叙述有的放矢、一针见血,不可不谓为见道之论。只是该药房这里的标榜太过虚伪,实质是贼喊捉贼,无非是借批评别家药商造假来自抬身价,因其"自来补血药"等七种药品广告叙述亦是模棱,正属于其所批评的对象:

> 本药房自欧洲分设上海,历有十七年,自运泰西上等原料,药材、化学器具,一应俱全。自建药厂,精制各种经验家用良药,久为各界所欢迎。其自来补血药、矮慕禄固本片、培元养身玉液、克烟片、红色补片、花柳毒片、花柳油膏,功效最伟,以致有口皆碑,同声揄扬……[28]

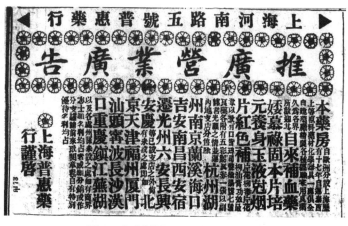

图三 《时事报》1911 年 2 月 10 日

此种模式的广告宣传,像自来血、金鸡纳霜、红血轮、补丸、仁丹、补脑汁等名目繁多的打着东西方招牌的成药,一般人无从知道其成分及制造过程,若仅仅根据报刊广告的导引就去购服之,实在有些危险。故有时人对此现象感叹道:"欧米各国药肆亦林立于内地,特其操术之巧,获利之广,不及后起日本耳!噫!吾不怪外国人行诈相欺,独怪吾国人之深信之,不一质疑也。"[29]有识者还就民众盲信西药的现象提出批评:

> 试问药料之原质及炮制之方法,人不得而知也。以不得而知之药,治变幻不穷之病,其效也,幸也!其不效也,则流弊日滋矣!……中药不能人人皆效,西药能人人皆效乎?且今古异宜,南北异效,中西风土各异,何可强乎?即使西药果良,亦只宜于西人,而不甚宜于华人,乃遽以报章之所载、证书之可凭、人言之可信,遂服之而不疑,恐慎重生命者当计不出此?[30]

后来,还有人对此进行了更严厉的指责:医药广告中"种种荒谬绝伦之宣传,令人不可臆度,而细究其原料为何,制法若何,则不置一字,间或言及一二者,则又名目奇异,所言非实,希图蒙蔽,盖非此不足以守其秘密,而遂其欺骗之初心"[31]。以当时鼎鼎大名的外商药品韦廉士红色补丸为例,该药"几乎遍满了中国的市场,各大日报都有他的广告。行销之广也可想见了",但该红色补丸在广告中从不宣示其真正的成分。而根据美国政府机构的化验表明,该药主要由硫酸铁、碳酸钾等成分构成,根本"不能补血,也不能健脑",完全不是如其在广告中说的那样可以补血、补脑,养身健体,包治百病。[32]

根本上，这些药品的真实成分到底如何、生产过程和功能究竟怎样，顾客缺乏手段与工具对之进行辨别和化验，故多不了然，全凭生产商、经销商的设计及其在广告中的精心包装和无止境的吹嘘。像陆士谔在小说中所言，药品只要"吃不坏人"，口感好，加上名称响亮让人印象深刻就行：

> 我听得吃药房饭的朋友说，药房要发财，是很容易，只要想出一样药来，这药灵验不灵验，丢开算。只要他吃不坏人，凭你元旦吃到除夕，不见好也不见坏，妇女好吃，男子好吃，老人好吃，小孩好吃，有病的人好吃，没病的人好吃，就可以行的去了。那药的名儿，总要喊的响，叫起来顺口，又要新奇，能够耸动人家的耳目。那药的滋味，总要可口，切切不可安放苦味的药料。因为苦味是人人厌恶的，香甜两样为君，佐以微酸微辣。这药便再无不行的了。[33]

民初时也有人持类似见解，认为这些秘制成药之所以广为消费者接受，就在于其外形和味道吸引人："尝之味甘，嗅之气香，视之目悦。"[34]药品及其广告太过容易作伪，多数顾客又是如此重名轻实，这就给药商提供了广阔的空间可以上下其手，低廉的造假成本带来丰厚的市场收益，甚且不必顾忌商品实际的使用价值与顾客的消费反应。

第四节 始作俑者

事实上，药商与医生在广告中大造其假，此类现象在早期《申报》医药广告中就比较普遍地存在，但那时的造假手法比较单一，只是让一些病人或顾客具名简单称颂医生医术高明或药品疗效显著，或者单纯刊登一些官员署名的颂扬匾额，如黄楚九之父黄知异和屈臣氏药房之所为。从《申报》的广告中得知，黄知异在上海开办有眼科诊所异授堂，曾不断在《申报》上发布过门诊、卖药及发卖秘方广告[35]，亦曾有署名"四明山人王璋"的病者在广告中为黄知异弘扬医名[36]。而屈臣氏药房则曾在《字林沪报》《申报》和《新闻报》等报刊上多年连篇累牍刊登诸多达官显贵所赐的匾额（参看图四）。后来，该药房亦曾登过个别"来自"消费者的谢函，并撰《志略》专文介绍有关药房的情况。[37] 老德记药房、詹诚德堂等药商等皆曾采取过类似的广告手法，只是方式更为简单。

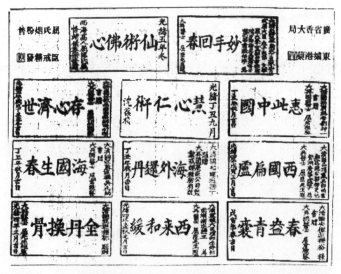

图四 《字林沪报》1882年8月11日

真正综合了晚清各药商、各医生的造假手法，而又有所创新，且产生广泛影响的，非开设京都同德堂药店的孙镜湖莫属，而能超越孙镜湖后来居上的上海药商，则非黄楚九（1872—1931）莫属。以下两章就分别围绕两人及其赖以成大名的药品燕窝糖精和艾罗补脑汁讲起。

注　释

1　《医论》，《申报》1872年5月23日。
2　《论西货近日流传甚广》，《申报》1888年1月1日。
3　后人曾有言："彼时海禁初开，国人之视西药，竟有甚于鸩毒者，相戒勿服，故在此时期之上海药房，营者买者纯属外人，国人无与焉。"这种西药有毒的观念在民初依然很有市场，像顾颉刚当时就怀有这种执念，他因为保守失眠之苦，求助于中药无效情况下，不得不"权服西药"，"想西药虽毒，亦不过与雅片一样。吸雅片者，亦恒长年，谅不至于毒死，但终不能为健康人耳"。参看胡祥翰：《上海小志》，收入《上海小志·上海乡土志·夷患备尝记》，上海古籍出版社1989年版，第45页，引文标点有更动。顾颉刚：《致叶圣陶（1918年9月17日）》，收入《顾颉刚书信集》卷一，中华书局2011年版，第36页。参看上海市医药公司、上海市工商行政管理局、上海社会科学院经济研究所编著：《上海近代西药行业史》，上海社会科学院出版社1988年版，第9—10页。
4　《论西药渐行于中土》，《申报》1888年1月29日。
5　《答问·泰西药材与中国所产同否?》，《汇报》第82号，1899年6月7日，收入桑兵主编：《近代报刊汇览·汇报》，第2册，第666页。
6　关于清末民初上海中西医的诊疗费药和价格等情况，李健祥教授认为西医、西药一般情况下都较中医、中药为高，这也是中医中药能在上海长期存在的重要原因。有关的情况可参看：李健祥：《清末民初的物价与医疗》，《中医药杂志》第24卷第1期，2013年12月，第123—128页。所以一般老百姓还是愿意求助于更便宜、更容易得到的中医、中药，或者一些简便的西式成药，如后来者的分析："大多数的人们经济情况太差，没有巨款治病，同时又因工作的时间不合理，因此一患疾病，即要求价廉而又速效的药品。"参看穆加恒：《商业广告的净化问题》,《报学杂志》第 1 卷第 10 期,1949 年 1 月 16 日,第 8 页。
7 侯官方擎:《危哉!中国人之生命》,《神州日报》1907 年 8 月 31 日。
8 需要提醒的是,在近代中国医学史的研究中,西方医疗技术高明和卫生观念优越的单线史观,并不足取。西医西药在上海的逐渐流行,不意味着它们在治疗某些疾病方面比中医中药更有优势,也不意味着中医、中药在上海就无人问津,相反一直到民初,还有很多上海人看病不愿意找西医、吃西药,除了价格较高外,另一重要原因则是西药遭到滥用,西医中又多"学术未精,经验尚浅,而心粗气暴,草率处方者",使得一些人"未得西药之利,先受西药之害"(参看倪寿龄:《论轻用西药之害》,《医学新报》第 2 期,宣统三年,第 1 页。本文所引该刊第 2 期的文章,均来自上海图书馆晚清、民国时期期刊全文数据库)。余岩(云岫)在文章中对西医也有批评。参看余岩:《箴病人·畏疑新医》,收入祖述宪编:《余云岫中医研究与批判》,安徽大学出版社 2006 年版,第 376—377 页。
9 四明遯庐:《医林外史》(系连载小说,但笔者只看到两期),《医学新报》第 1 期,宣统三年五月二十日,第 72 页。
10 废物:《商界鬼蜮记》,《中外日报》1907 年 10 月 19 日。
11 当然,就算是一些外商药房制造销售的所谓真正西药,制造成本同样不高,实际效用也难说好。如根据 1899 年澳门《知新报》上的记载,当时在香港的药店,多为英国人与德国人所开,所卖西药,制法简单,价格奇贵,"且多假者"(参看:《中西药品论略》,《知新报》第 86 册,光绪二十五年四月初一日,第 21 页)。再据《神州日报》上的评论:日本东亚公司在中国发卖的日月水等二十余种药品,"以汉文登广告,侈言效能,曰立验、曰神丹,愚人之计百出,其目的一在于营利。最足奇者,所制便药仅以中国为销场,而本国则反严禁贩卖"。参看侯官方擎:《危哉!中国人之生命》,《神州日报》1907 年 8 月 31 日。
12 参看上海市医药公司、上海市工商行政管理局、上海社会科学院经济研究所编著:《上海近代西药行业史》,第 5、233 页。
13 姚公鹤:《上海闲话》,上海古籍出版社 1989 年版,第 136 页。
14 父近:《尊屁篇》,《竞业旬报》第 31 期,第 5 页。
15 包天笑:《钏影楼回忆录》(上册),第 544 页。
16 废物:《商界鬼蜮记》(系连载小说),《中外日报》1907 年 10 月 21 日。
17 包天笑:《上海春秋》,漓江出版社 1987 年版,第 236—237 页。包天笑该书虽出版于 1925 年,但描写的主要是清末民初的上海故事,资料主要来源于包天笑从清末开始在上海二十多年的耳闻目睹。此书蒙李建祥教授提示。
18 转见李永圻、张耕华:《吕思勉先生年谱长编》(上册),第 187 页。
19 陆士谔著,章全标点:《新上海》,上海古籍出版社 1997 年版,第 76 页。
20 父近:《尊屁篇》,《竞业旬报》第 31 期,第 5 页。
21 猷先:《秘制药之证明书》,丙寅医学社编辑:《医学周刊集》(第 2 卷),丙寅医学社 1929 年版,第 264 页。
22 《异口同声》,《神州日报》1908 年 12 月 8 日;等等。
23 《广告文明》,《时报》1909 年 9 月 22 日;等等。
24 《亚支奶有统治百病之奇效》,《时报》1911 年 4 月 25 日。
25 关于德国 1870 年代前后的药品广告情形,亦存在成本低、价格高、成分与配方不公开、靠大量广告推销的状况。参看 Jmmes Woycke, " Patent Medicines in Imperial Germany,"

Canadian Bulletin of the History of Medicine, 9: 1（1992），pp. 41-56。关于明治时期日本的药品广告，同样存在成本低、价格高、过度夸大药品效能的问题。参看山本武利著，赵新利等编译：《广告的社会史》，北京大学出版社 2013 年版，第 22—60 页。从殖民地时期到 1906 年美国联邦净化食品与药品法（The Pure Food and Drug Act of 1906）颁布期间，美国的成药及其广告情形同前述德国和日本情况相似。参看 James Harvey Young, *The Toadstool Millionaires: A Social History of Patent Medicines in America Before Federal Regulation*（Princeton: Princeton University Press, 1961），Chapter 8, 11。笔者看到的是该书网络 text 版，所以无法标注页码。

26 《华益大药房广告》，《时报》1905 年 12 月 1 日等。
27 《谨防伪药》，《新闻报》1909 年 3 月 27 日；《时事报》1909 年 4 月 1 日；《舆论时事报》1909 年 5 月 15 日；等等。
28 《推广营业广告》，《时事报》1911 年 2 月 10 日等。
29 参看侯官方擎：《危哉！中国人之生命》，《神州日报》1907 年 8 月 31 日。
30 芮朴庵：《论西药之流弊》，《南京医学报》1912 年第 3 期，第 3 页，该文来自上海图书馆晚清、民国时期期刊全文数据库。
31 参看勋：《广告药之内容》，《协医通俗月刊》第 4 卷第 7 期，1927 年 11 月，第 5 页。
32 贾魁：《照妖镜》，丙寅医学社编辑：《医学周刊集》（第 1 卷），丙寅医学社 1928 年版，第 246 页。
33 陆士谔：《新上海》，第 213—214 页。
34 宓锡盘：《论中国流行之外洋射利药品》，《广济医报》第 3 卷第 2 期，1917 年 11 月，第 10 页。
35 《预问落雪》，《申报》1874 年 12 月 21 日；《异授堂眼科黄》，《申报》1875 年 6 月 1 日；《预知下雪》，《申报》1875 年 12 月 27 日；《备荒第一仙方》，《申报》1878 年 9 月 30 日；等等。
36 《感戴扬名》，《申报》1872 年 12 月 25 日。
37 《廿年断瘾售》，《字林沪报》1883 年 7 月 2 日等。

第二章
当糖精变为燕窝
——孙镜湖与近代上海的医药广告造假

第一节 孙镜湖其人

对于近代上海药商的研究，除了黄楚九等少数著名药商之外[1]，学界的关注并不多，晚清著名上海药商孙镜湖（名瑞，字镜湖）就几乎不被研究者注意。就笔者所见，只有夏晓虹教授根据《申报》《新闻报》上的个别广告及吴趼人《二十年目睹之怪现状》中的叙述，对孙镜湖及其开办的药房京都同德堂有所涉及。[2]但夏文别有关注点，侧重的是孙及其夫人彭寄云趋新逐利的一面，对于孙镜湖的药房生意则语焉不详。实际上，以药商身份出现的孙镜湖在上海商界与医药界有极高的知名度，他发明制造的"补药"燕窝糖精，依靠花样百出的广告，在晚清上海曾经风行一时，不但吸引了很多消费者，也招致很多的仿冒者和追随者。可以说，孙镜湖的广告手法影响深远，对近代上海医药广告文化的塑造影响巨大。

关于孙镜湖本人的情况，我们现在可以依靠的主要是晚清报刊上的报道与广告资料，以及一些时人笔记、日记和小说中的描述。如吴趼人在《二十年目睹之怪现状》中说他是四川人。[3]《医林外史》中则说孙镜湖有时自命为蜀人，有时又自谓为皖人，但其原籍应为安徽桐城。[4]还有时论称孙镜湖为"吴人"[5]。大概由于孙吃过多次官司，不得不经常改名和变换籍贯，不过显然其更愿意别人称他为徽州新安人。如姚永概在日记中即说孙是休宁人，"休宁孙镜湖大令来访"[6]。孙镜湖在广告中的自我署名也可证实此点——他经常自谓为安徽新安（徽州）人——"新安江干独钓客""蜜陀华阁主人"，又自诩为春秋名将孙武后裔。[7]上海知县袁树勋在1897年发给孙镜湖的保护凭证中也说孙自称"原籍新安"[8]。至于孙镜湖个人的婚姻情况，其妻系拐骗自四川一大户人家的丫头彭寄云，夏晓虹教授大作对此有较好讨论，这里就不赘述。以下我们主要根据有关的报刊资料、小说资料及其他有关材料，重点对孙镜湖及其发明的燕窝糖精进行一番索引钩沉。

第二节　发迹伊始

根据爱如生《申报》数据库检索可知，孙镜湖到上海后先开设茶叶店立足，后因为生意不好才改开药店"京都同仁堂"[9]，意在仿冒北京同仁堂[10]。正像吴趼人在小说中描述的那样，"沈经武"（上海话发音"孙镜湖"与"沈经武"相同）拐了四川大户人家的丫头到上海后，"挂上一个京都同仁堂的招牌，又在报上登了京都同仁堂的告白"[11]。"废物"也在小说《商界鬼蜮记》影射孙镜湖，即小说中的"沈金吾"（上海话发音，"孙镜湖"亦与"沈金吾"相同）道：

> 再说沈金吾本是《儒林外史》中万雪斋一流人，先奴后商，

只因拐了一个女人，带得有些银钱，便到上海开了一间药房，本来叫做京都公仁堂，后来被京都公仁堂知道了，说他冒牌，要告要罚，他就赶忙拿公仁堂改做异仁堂，方然无事。[12]

揆诸孙镜湖在《申报》上刊登的广告，我们很容易发现吴趼人在小说中的描述大致属实，只是人物真名用上海话发音代替。

在"京都同仁堂"开办之初，孙镜湖就在《申报》上登起了连续两天的广告，并抬出已经去世的左宗棠（1812—1885）的名号，以所谓"京都同仁堂鉴，左宗棠赠"的匾"仙术佛心"作为广告抬头，内容如下：发兑吉林人参枪上戒烟膏，起码二角。戒烟糖起码卅，狗皮膏二角。新到花露酒、种子酒、花露茶、明目茶，色味极佳，每瓶二角。石路口大路路西。[13]然而仔细查考，孙镜湖的左宗棠赠匾明显存在问题，1885年已经去世的左宗棠怎么可能为1890年才开药房的孙镜湖赠匾？再根据爱如生数据库检索和笔者阅读过的《字林沪报》资料，我们可以推断：孙镜湖此广告应系抄袭自屈臣氏药房之前在《字林沪报》《申报》等报纸上所作广告。相较起来，孙镜湖的广告非常简单（参看图五），而《申报》上的屈臣氏广告则有较为详细的左宗棠赠匾说明（参看图六）："'仙术佛心'，光绪五年冬，西海高人屈臣氏属，恪靖侯左宗棠题。"[14]

后来孙镜湖还曾打出曾国藩赠匾的广告，但正如孙镜湖的竞争对手詹诚德堂的揭发，京都同仁堂悬挂的曾国藩、左宗棠所赠匾额其实皆是伪造：

曾左二公之匾，虽极愚之辈，见之无不识该堂所伪造。且二公已薨于位多年，该堂开设不满二载，堂堂侯相，断不轻易赏赐一匾于人，况如此卑污之辈乎？且二匾长不满二尺，粗俗不堪，岂侯相所赏耶？[15]

再根据《新闻报》上刊登的京都同仁堂广告，除了曾国藩、左宗棠所赠匾额为伪造外，署名“阮元赠题”的“扁卢再世”牌匾明显也属伪造。因为阮元早在1849年即已去世，1890年才成立的该药房断无可能得到其“孙瑞孙老夫子雅鉴”的赠匾。[16]

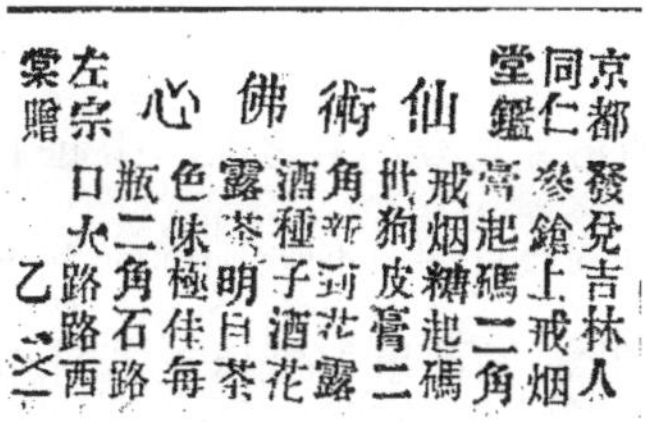
京都同仁堂鑑
仙術佛心
左宗棠贈
發兌吉林人參鎗上戒烟膏起碼二角戒烟糖起碼批狗皮膏二角新到花露酒種子酒花露茶明白茶色味極佳每瓶二角石路口大路西乙

图五 《申报》1890年1月30日

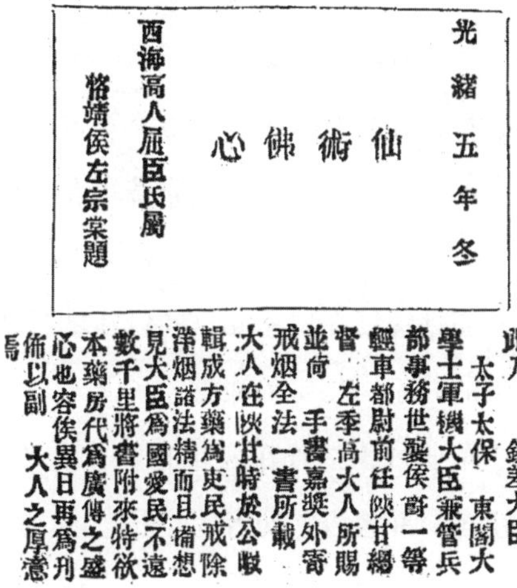
光緒五年冬
仙術佛心
西海高人屈臣氏屬
恪靖侯左宗棠題
此乃 欽差大臣 太子太保 東閣大學士軍機大臣兼管兵部事務世襲侯爵一等輕車都尉前任陝甘總督 左季高大人所賜並向 手書嘉獎外寄戒烟全法一書所載大人在陝甘時於公暇輯成方藥爲吏民戒除洋烟諸法精而且備想見大臣爲國愛民不遠數千里將書附來特欲本藥房代爲廣傳之盛心也容俟異日再爲刊佈以副 大人之厚意

图六 《申报》1883年8月12日

除了假冒北京同仁堂及达官贵人之名发布广告外，孙镜湖还假借消费者名义不断发布谢函，试图通过让顾客现身说法的方式说服潜在的消费者，并借此强调某些药品的功效。如他曾经买通时任《申报》主笔何桂笙（即“高昌寒食生”）发表过两则消费者的谢函，其中一则为《赠药鸣谢》：京师同仁堂各药，素称灵妙。孙子镜湖今设同仁堂分铺于英大马路，兼售参枝，昨以参茸茶及药酒见贻，的真由京师贩来，拜登之下，敬志数语以申谢。高昌寒食生识。[17]另外一则为《戒烟糖引言》，目的在于变相推销孙镜湖销售的一个戒烟药：

余之除烟瘾也，得效于恒济局之拌烟药，故推己及人，而有戒烟局之设。自有此药，而他家戒烟之药一扫而空。近来则又有翻新出奇如百花祠之灵宝戒烟丹。余深知其药品珍贵，取效妥速，故为之命名。近有孙子镜湖，设同仁堂于英大马路，创制为戒烟之糖。夫糖能和中，以此为引，而杂以戒烟灵药，则人之服之者自然甘之如饴，是亦苦心妙制，借以佐诸家戒烟药之所不足，与余劝人戒烟之志有深相契合者焉。制既成，请余为引言，遂书此以复之。古越高昌寒食生识。[18]

当孙镜湖在冒用北京同仁堂之名做药房生意登广告之时，引起了真正的北京同仁堂的注意，遂派人来上海调查此事。孙镜湖的竞争对手广东詹诚德堂曾在《申报》广告中公开揭发此事，借以挖苦打击孙镜湖，并警告购药者：

呜呼！人心之险恶，莫如同德堂孙某者也。此人向在杨柳楼台对面开一小茶叶店，招牌叫味余斋，因生意清淡闭歇，无可谋生，假冒京都同仁堂招牌开在新署对门，被同仁堂托官提究。孙某大惧，乃改同德堂。今其招牌中有挖补痕也，开未半年，忽称百余年老店，种种说真方卖假药，实堪痛恨，非但于市面攸关，且伪药售出，害人不浅。[19]

揭发和追究的结果对孙镜湖伤害似乎不大,他只是不予还击和反驳(或是默认批评属实),后来干脆弃用"京都同仁堂"的名义[20],转而专以"京都同德堂"之名,继续做骗人造假生意。同仁堂或许正是鉴于被孙镜湖假冒的经验,遂开始在上海开设分店[21],并在《申报》上大登广告声明自己的正宗性。可以说,吴趼人《二十年目睹之怪现状》中对此事的叙述可能有些夸大和戏剧化,但绝非凭空编造,其所本或即在此。一如旁观者丁福保的揭发和挖苦:

> 最可恶者为上海英租界大马路之某药肆,彼以开设大马路登报章,人必以为绝大药肆,殊不知伊店仅一间门面。惟所异者,其门面将伪造各大员匾额填满,又柜外用白纸书官给告示,而以玻璃罩其上。又初冒称京都某大药肆分店,后被理论,乃改今名。其药材即贩诸小药肆,甚至有南货店之物,经彼转售,即弋取重价。其每月最多之费用,惟有一种,即各报馆告白费是也。尤可异者,该店本在大马路之北,而忽然于抛球场口墙上钉有洋铁片招牌。又南京奇望街人家壁上大书京都某某堂,发售某药……伊店奸诡百出,实为可恶。[22]

然而,并不像丁福保、竞争对手广东詹诚德堂或吴趼人、"废物"等在小说中认为的那样,孙镜湖采用"京都同德堂"店名是因为"京都同仁堂"店名不能再用而被迫修改的。最迟于1890年4月9日,孙镜湖的京都同德堂就已在《申报》上刊登过《秘方燕窝粉》的广告,较之"京都同仁堂"名义的广告发布没有晚太多。这时,该店设于英租界大马路西,地址与"京都同仁堂"完全一样,同样挂有所谓"左文襄公匾额",标榜自己"向在京都,驰名久远","得太医院传授",主要发售包括春药、戒烟药等在内的一些"秘制"成药。[23]因此可以推断,在冒用京都同仁堂名义还没被追究时,孙镜湖就已想好了退路,业已开始使用"京都同德堂"的名义做生意了。而且通过《申报》数据库检索可以发现,在1890年到1892年初孙镜湖援用"京都同仁堂"名义这段时间,《申报》上以"京都同仁堂"名义发布的广告比以"京都同德堂"名义的广告少很多,几乎每月《申报》上都有大量的"京都同德堂"广告,有时甚至连续多日的报纸上都有。相较起来,"京都同仁堂"的广告则寥寥无几。

之后,孙镜湖的京都同德堂一直在《申报》乃至后起的《新闻报》上发布广告,广告中除了出售各种药品外,还发布门诊、赠药、赠送各种治病灵符的广告,刊载号称来自各处的病人谢函、提醒顾客防备假冒等内容的广告。孙镜湖还经常会将所谓来自外埠邮购者的姓名、所处地方和购药金额在报刊上刊登广告[24],本埠交易者则不登(或因为本地人名字容易被求证真假),借此暗示其药品在上海之外的知名度和受欢迎程度。[25]同时,在《申报》的报道中,亦不断会出现某些善会向孙镜湖的赠药行为表示谢意的消息。[26]自然,这也是孙镜湖所玩的一种广告策略,借慈善来为自家药品增加"出镜"机会。

当然,孙镜湖最吸引人眼球的广告还是其大量刊登达官显贵、名流文人所赠匾额。这些匾额的署名人除去已故的阮元、左宗棠、曾纪泽、潘祖荫、黄彭年等达官,还有一些仍然健在的知名文人或学者如俞樾、王韬,亦有去世的莫友芝之类(参看图七)。[27]根据前文所讲的孙镜湖悬挂假冒阮元、曾国藩、左宗棠的匾额情况,我们或可估计其余这些名人匾额大抵也属冒名,但其中俞樾与王韬的匾额应该并非假托（详后）。

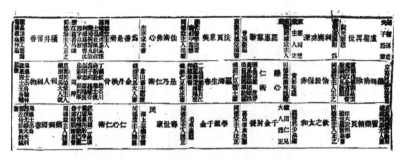

图七 《新闻报》1894 年 11 月 21 日

第三节 发明燕窝糖精

以上这些情况均足表明，孙镜湖绝非一个只图当下赚钱的江湖骗子，而是一个有着长远计划与充分准备的精明药商。他伪造自家药房的历史[28]，利用名人代言广告大张声势，又善于在媒体上包装炒作自己，且敢于冒险，不断尝试着用新奇的广告手法来吸引顾客，如收买文人或官员等撰文为之鼓吹，刊布图像广告显示京都同德堂药房的雄伟和洋气（参看图八，实际的同德堂只是一间小店），生意就越做越大，孙镜湖在上海的名声逐渐大了起来。正如《商界鬼蜮记》中的讽刺：

却说异仁堂本是一间小小药店，卖些假药，造些假方，聊为糊口计，只因沈金吾天生成是个滑骗巨子，自然要施展他那一副滑骗手段，始而是造些假药，贴些招纸，后来是遍登广告，遍立

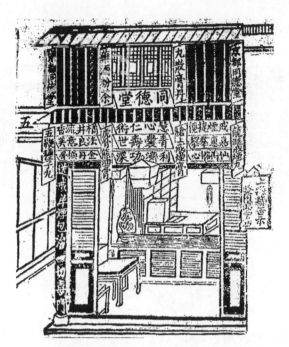

图八 《申报》1892年3月15日

招牌,果然闹得生意兴隆,门庭如市。这店面便一天一天地推广起来,资本便一天一天的充足起来,假药也一天多似一天,声名也一天大似一天。他更联络官场,牢笼商界,吮痈舐痔,拍马吹牛,无一不做,无一不闹。不上几年,沈金吾三字,几乎无人不知,无人不晓。[29]

然而最终成就孙镜湖大名的,是他在1896年开发出的一个西式"补药"——燕窝糖精。[30]

燕窝如人参一样,在明清中国社会一直是很昂贵的补品,广受富贵人家青睐。像李鸿章在1878年时就曾专门托"香港商户"奔赴

"暹罗"购买"上白燕窝",用来孝敬母亲。[31] 又如之后的清末时论所言,在当时江浙人眼里:"燕窝一物为补益品之最珍贵者,来自暹罗、吕宋、实叻等处,盛销于长江各埠。江浙两省全年进口颇达十八万金。燕窝分两种:曰毛燕,曰白燕。其价值如后:毛燕现在时价顶上八两、中四两、次二两四钱;白燕现在时价拣盏四十两,上三十两,中三十一两二钱,次十四两。"[32] 而将燕窝与冰糖"同煮连服",也是当时很普遍的服食方法。[33]

孙镜湖售卖的这个所谓燕窝糖精,是1896年9月下旬,他借招股成立的上海华兴南洋燕窝有限公司之名发布的一个新补药,其招股章程煞有介事地言:

本公司设在味莼园左近,专运暹罗、吕宋、新加坡、南洋各埠各种燕窝,并用机器精制燕窝糖精,事半功倍,洵称佳品。按燕窝一物,中西人士咸知补益身体,为日用必需之品,将来生意自然兴旺。本公司大公无私,与人同利,诚能保其利权。惟工务转运,需本浩繁,诚非一人之力所能独办。兹拟集股本一千份,每股五十元,共合本五万元,归孙镜湖经理,按年八厘行息,凭折支取,年终汇结,余开销外,所得余利作十五股分派,各股份共得拾股,经理人得五股。凡附廿股者,可以荐一人来本公司办事,以便量才器使,或充外埠买办。本公司除经理人自认五十股,目下业已招定二百股,尚有七百五十股,专招中国各省士商及旅居外国华人,所有股本存上海银行。凡仕商欲买股份者,请至本埠京都同德堂孙镜湖、或杨泰记杨子京、或金利源林慕放、或衡泰茶栈董杏仙等处,便知详细章程,远埠愿附,函寄英大马路中市一百四十九号门牌本公司账房。当由原班寄覆,自八月初十日收起,至九月三十日为止。[34]

其实这个招股章程不过是一种高自标榜和愚弄幼稚读者的手段,也是孙镜湖联络上海有权势者的策略,系其为推出燕窝糖精所做的"热身"活动,借招股之名炒作燕窝糖精的价值与吸引潜在的有钱读者的注意,因为只有向消费者灌输燕窝糖精由西方制造、花费甚巨的印象,才能增加燕窝糖精的身价,同时也便于销售畅旺。

大概到 1897 年 7 月底,这个燕窝糖精正式上市,孙镜湖开始雇人为之大肆鼓吹。他首先借一个所谓葡萄牙人"锡克思"名义发布广告,从燕窝及其分类谈起,宣传燕窝糖精的效用与价值,建构时人关于燕窝糖精的知识,其立足之基础即在于时人"补"的需求,以及强调燕窝作为贵重补品的优势与价值,由此引出自家产品燕窝糖精的重要特色——系由西方现代"机器"和"化学"方法制造的新式补药[35]:

原夫补之为辅也,所以辅其不足而成之也。故凡一事一物,须有补益。语云不无小补,甚矣,补之于人大矣哉!然未易言也,补之不得其道,非徒无益,而又害之矣!惟药亦然,参术棉芪,皆补剂也,遇不能投之时,而又属不得不补之证,轻试之,必横中,如人家之败子,妄与多金,实足以济其恶而速其祸,故官场津贴不称补剂,而称调剂。盖投剂必调,此燕窝一物所可贵也。其品精妙,其气清贵,其味平和,此药物中之饮食,即饮食中之医药,无病者即可用为饮食,常服能助人清灵之气,开胃健脾,添精补髓,生津液,美容颜。盖人参补气,羊肉补形,燕窝则补神也,有病者服之,能抚正气而受攻,药寓调于攻之中,较病后且事半而功倍。因燕窝与各种药品均无妨碍,虽外感未清,内郁未畅,不致闭门户而阻关隔。虽病至垂危,万不能辅之时,服之可望延治,纵不见功,必获小益,亦可尽孝子仁人不得已之心。然尤未易言也,其取用虽药中之饮食,究不似布帛菽粟之易购而易识,货有真伪,产有优劣,潮有轻重,毛有多寡,闽广间均有伪造之户。成扎者谓之扇燕,风动而发毛皆飞,整盏满网雪白可爱者,谓之礼燕,官场送礼装以锦匣,皆伪物也,明者轻之而不食。真伪优劣,非博物君子,莫能辨之。至于穷乡僻壤独善之士,购买匪易,摘洗维艰。此本公司清补燕窝糖精之所由创也。本公司煞费苦心,悟其新法,股集巨款,不惜工本,直入南洋暹罗等处,督办上品,以机器去其毛疵,以化学取其精华,调以真味,造成糖精,从廉定价,以广招徕。大匣四元,小匣二元。上海由京都同德堂经售,俾赐顾者辨色认味,自知功效。本公司货真价实,意图久远,决不欺人而自欺也。本公司分设上洋英大马路泰和里对门一百十七号门牌。此布。南洋华兴燕窝公司督办锡克思谨启。[36]

这样对一些科学名词似是而非的使用,颇能迷惑一部分趋新的消费者。后来,在一个休宁人署名的歌颂燕窝糖精的谀文广告中,特意将"化学"通俗化,说"化学之理本具于人生食饮之间",赞扬孙镜湖为避世乱,才"以医隐于沪,迩得太西燕窝糖精之法"[37]。这里的谀辞将"西装化"的燕窝糖精同传统的滋补观念进一步结合,希望能吸引更多似懂非懂的趋新消费者购买燕窝糖精。此种叙述手法，后来也屡屡为其他药商采用。

孙镜湖在广告中又说燕窝糖精用途广泛，携带方便，效能突出："外则以之敬上宪，内则以之奉老亲"，"其补益身躯实觉不可思议"，"即士人携带入场，客商携带就道，亦复可以随时服用，添精补神，润肺生津，开胃健脾，固肾和肝"[38]。由此，孙镜湖将燕窝糖精的主要销售对象预设为官员、学者和商人，他们皆是有经济能力可以买得起燕窝糖精的潜在消费者。

为提高知名度和便于一般消费者购买，孙镜湖还特意委托当时沪上著名游览胜地张园（味莼园）代为销售燕窝糖精，因为"沪上味莼园为中西人士乐游之地，礼拜日不约而至者，不下数万人"，"近来购者日多，承园主人俯允，悬牌寄售，俾世之养生家可以随时求之也"[39]。孙镜湖亦将燕窝糖精在上海暨外埠的分销处不断在广告中发布，提醒读者认准其商标和包装。[40]

可惜的是，有关燕窝糖精这个产品的构成成分和发明由来，我们现在并没有确切的资料可以探知其幕后情形，然而从孙镜湖以往的广告宣传表现及实际作为来讲，可以很容易推定，该补品的成本与效能肯定不会像孙镜湖宣传的那样昂贵、那样神奇。当时的旁观者及后来者对燕窝糖精的成分和发明经过曾有一些简单的记载或推测，《医界镜》《商界鬼蜮记》和《医林外史》等小说中则对之有较为详细的描述。只是上述文献中关于孙镜湖同燕窝糖精的记载与描述，皆是负面，正如时人丁福保所言：

又燕窝不过食品，今市间忽有燕窝糖精一物，不知果属何用,遂以数百文之物,索价至四元之多,于是白木耳糖精又接踵而起矣!呜呼!我中国不申伪药之禁,遂使此等人得售其奸慝,可叹也![41]

晚清几个小说中的说法与前引丁福保见解类似,皆认为燕窝糖精完全是假货,内中根本不含燕窝成分,也没有滋补作用。这些小说对孙镜湖具体的造假细节描述得非常详细和生动。

先看小说《商界鬼蜮记》中对"沈金吾"发明燕窝糖精情况的叙述:

(沈金吾)向夫人拿了十块钱,叫个伙计,到间壁赵万成南货店内,买了一百斤的次白糖,又到间壁广东茶馆内,请了一位熬花生糖的司务,在自己店内,拣了一对虫蛀假鹿茸,一一齐备,叫娘姨拣那一副熬鸦片的器具,什么紫铜锅、小风炉、竹片、黑炭等类,摆满了一天井,这才叫熬糖司务,升火熬糖。沈金吾自己站在旁边,督工指挥,生怕那熬糖司务偷他的白糖,两只眼睛的溜溜朝着他望。这时已是十月天气,穿了一件宝蓝缎子马蹄袖的银鼠袍子、天青缎子、珠皮出风、四方马褂,脚踏京靴、头戴小帽,笼着两手,在天井内踱来踱去,顾盼自雄。他夫人穿了一件元色外国花缎珠皮袄,元色湖州绉纱百折裙,头上戴了珠花,手上戴了钻戒,卷起袖口,拿着刀子,在那里将一对鹿茸,细细的切成小粒,旁边立着一个小丫头装水烟,足足闹了一天。到傍晚时候,一百斤糖,方才熬干,收膏成块,沈金吾亲自指点,命熬糖司务切成一块一块,同梨膏糖一般,每一块糖上面，洒一粒鹿茸，及至闹得清楚，已是三更时分。次日自己跑到纸扎店内，照糖的大小，做了一千个纸盒，又照盒子的大小，印了一千张仿单签条，这才到各处报馆去登广告。[42]

再接着看《医界镜》中对"胡镜荪"（即孙镜湖）发明燕窝糖精情况的叙述：

> 今年四月内，因有事到吴松江边，看见网鱼船，网起许多小白鱼，即俗名人鱼，镜荪取了两三条，到鼻内一嗅，觉得有些腥味，而肉色洁白可爱，晒干起来，可以混充官燕，当时想道：将这物充当官燕，研了粉，和入糖霜，做了圆子，必定适口。现在上海的人，那一个辨得出真假？我倒可以借这样东西，发一注大财呢，即向鱼船说道："你们网的小白鱼，通统卖与我，要多少钱一斤？"渔船家答道："四十钱一斤。"当即买了数十斤回来，在太阳下晒干，研成细末，和入糖霜，配制妥当，装好玻璃匣子，美其名曰燕窝糖精，价银大匣两元，小匣一元，初起无人知道……想来想去，只得暗地里请了许多读书人，日逐做糖精的赞词，登在报纸，或托名那一省有病的人吃了糖精，宿病皆除，或说某某虚弱的人，吃了糖精，精神强健的话，又将赞词编成一本，每买药一元，送他一本。人都信以为真，不到数月，燕窝糖精的名，几遍数省了……[43]

《医林外史》这篇小说中也有较为详细的描述，其中说到"沈徵五"突然想起一发财妙计，就是利用燕窝赚钱：

> 燕窝一物，是富贵人家常服之品，我们何不将计就计，把燕窝两字顶在头上，买了几斤白糖，熬成糖块，就此铺张扬厉登起报来，不怕他们不来上当。[44]

按照此创意，"沈徵五"不顾妻子的劝诫，开始付诸实施：

> 沈徵五自从那日起就买了几篓白糖，如法炮制，又恐没有燕窝味儿，就拿鱼腥榨了汁水，掺在糖内。当时题了招牌，叫南洋中兴燕窝糖精公司，又买了许多玻璃盒，印刷许多仿单，装潢得美丽无匹、精致绝伦。另外又请人做些诗词小品，订为一册，题曰《燕窝糖糛小谱》，逐日把谱内的大作去登报表扬。一面又把滑头糖糛去送几家报馆。这报馆得人礼物，自然要替他消灾两句。当时就有《看花日报》（或暗指李宝嘉创办的《游戏报》，引者注）主笔替他揄扬起来……[45]

或许是受到上述说法的影响，后来也有人指出，这个所谓燕窝糖精，其实全无燕窝，"实则糖精而附以杂品，借燕窝之名以欺人耳"[46]。之后，亦有人认为：

> 燕窝糖精为二十年前上海风行之一种食品，号称用暹罗燕窝炼制，为滋补圣剂，实则系漆糖掺以香料，混合而成耳！卖价奇昂，制售者获利倍蓰。然其内幕，当时知者甚鲜，一般文士尤乐为之揄扬。[47]

有自谓知道内情的人还说,孙镜湖的燕窝糖精就是萝卜与冰糖的混合,成本极低,获利丰厚,但其实本无疗效和滋补作用。[48]

以上这些材料中的描述虽有一些出入,然而也有诸多共性,皆指出燕窝糖精其实并无燕窝成分,主要由糖精构成,燕窝糖精之所以大卖,是因为孙镜湖拿捏准消费者心理,善做广告。

在此后大量报刊广告轰炸下,燕窝糖精在上海迅速走红,用孙镜湖在广告中的描述是:"数月以来业已风行海内,争购者不绝于途,赏鉴家互相传颂,序记铭词书不胜书,并蒙测海、湘帆两官轮回楚购呈大府,其功效简便迅速,想邀四方所深信也。"[49]当然,前引表达只是孙镜湖的夸张之言,意在哗众取宠,然而无可否认的是,燕窝糖精获得了很大的成功,吸引了众多不明就里的消费者上当受骗,让孙镜湖"获利厚而易"[50]。或如《医界镜》中所言:"人都信以为真,不到数月,燕窝糖精的名,几遍数省了。数年来,被他赚去洋钱,不下数万元。"[51]孙镜湖由此也成为时人眼中的上海三大滑头之一。[52]

第四节 文人吹捧

在孙镜湖的诸多广告花招中,大量的文人吹捧燕窝糖精的谀辞颇让人印象深刻。那么孙镜湖到底收买了哪些文人呢?这些文人又是如何为孙镜湖及其燕窝糖精吹法螺的呢?以下我们就根据现有资料简要列举几个著名文人的谀辞。

作为晚清上海的资深报人,沈毓桂翻译了大量西学著述,也撰写了大量报刊时论,影响时人匪浅,在上海文人圈富有声望。当然,此人最辉煌的经历是辅助林乐知编辑《万国公报》,并一度担任该报的华文主笔长达十余年，为该报撰写大量鼓吹维新改革的论说。所以当燕窝糖精推出不久，精明的孙镜湖马上找到沈毓桂，请其为文揄扬。年近九十高龄的沈毓桂也不负所托，赤膊上阵，充分发挥文人的丰富想象力，从个人的历史谈起，巧舌如簧，生造其西方来源及"化学"制法，再将平生功业同燕窝糖精建立密切联系，由此凸显燕窝糖精对于个人健康之价值，进而暗示读者都应该购买燕窝糖精滋补身体：

仆年垂九旬，颓然尚在，屡辞笔政，独养天和，每值午榻留云、丁帘对月，与二三知己，酌酒谭诗，兴复不浅。虽素借读书养气之功，亦未始非服饵滋生之力。畴昔西友每馈燕窝糖精，服之精神为之一振，惜重洋数万里，欲购维艰。客岁南洋华兴公司精制燕窝糖精，分局海上，得以就近购服。考其制法，取地道燕窝，以机器去其毛疵，以化学撷其精华，调以真味，制成糖精，功效非常，能开胃健脾，填精补髓，生津液，美容颜，随时酌服，立见应验。尝之有味，服之有益，实非寻常药饵所可及其万一也！岂不欲人人跻于仁寿之域哉？忆昔美国进士林君乐知，创著《万国公报》，仆实掌华文迨二十载。又立中西书院于沪上，亦已十有四年，聘仆入院，尊为掌教，必孜孜焉栽培后进，夙夜匪懈，不惮劳瘁。然一生心血，日渐耗散，故饮食起居，慎之又慎。幸承华兴公司惠我糖精，助我精力，尚不致疲乏，皆得力于此。拙著《鲍阴庐诗文合稿》《云簣吟馆尺牍》，以及《养正编》，已梓行于世矣，尚有数种因乏刊资，未能即付手民。噫！仆壮不如人，自惭烛武；老犹作客，敢比冯唐，每以鬻文卖字为活，寒暑无间，著作日富，精神日愈，然犹耳目聪明，手足便捷,实由日服糖精之效。总之,药补不如食补,此正药饵中可作饮食,饮食中可作药饵者。况得其精华,制法美备,无懈可击,人人共晓,不待郡人赞词而已可流行于海内矣!惟是屡承嘉惠,实感盛情,爰书数语以志之。光绪二十三年,岁在丁酉秋九月,南溪赘叟沈毓桂寿康甫识于沪城寓斋,时年九十。[53]

有意思的是,南洋华兴公司的燕窝糖精才刚刚问世,沈毓桂却在赞词中特意暗示燕窝糖精早被推出,且华兴公司早已赠送过他。如此罔顾事实,不惜编制大量谎言为燕窝糖精背书,沈毓桂目的何在?虽然我们对沈毓桂被孙镜湖收买的背后情形并不清楚,然而透过其"尚有数种因乏刊资,未能即付手民""每以鬻文卖字为活"的自白,我们或可大胆猜测,之所以沈毓桂愿意具名为燕窝糖精公然唱赞歌,可能是由于孙镜湖答应出钱帮其刊刻"未能即付手民"的著作吧?

而在《采风报》上的沈毓桂该文还被孙镜湖附加有按语,先录有盛宣怀之父盛康读沈毓桂该则广告的感受:"养生之物备矣!多矣!莫知所从焉!今读史编,洞若观火。试之,诚非虚誉!八四老人盛康拜。"[54]接下来按语又叙述孙镜湖与诸多上海商界、学界人物如郑观应、王韬等的结交情况,乃至孙镜湖夫妇也借参与梁启超等人在上海创办的中国女学堂活动,以及通过一些诗文交流,认识了更多趋新人士的事情。按语最后又叙述了荟萃各个名人品题燕窝糖精作品的《燕窝糖精谱》出版情况。真真假假、虚虚实实,不由得读者不信。

当时的学界领袖俞樾亦曾被孙镜湖利用收买。他之前就曾为孙镜湖的京都同德堂赠送过牌匾"存心救世",到之后燕窝糖精售卖时,俞樾又现身说法,不但题诗相赠,而且还撰写谀文,替孙镜湖的燕窝糖精背书，其叙述手法同沈毓桂的谀文颇有相似之处，都讲自身服药体会，但俞樾这里对燕窝糖精本身的历史并没有叙述，也没有自我表扬自己的光荣历史，这同沈毓桂的巧舌如簧存心欺瞒读者并不完全相同[55]：

> 镜湖仁兄先生足下：久仰清誉，驰思良深，恒以山水阻长，末由快聆尘教，怅何如之！忆戊戌岁，徐君蔚卿见赠燕窝糖精一匣，装潢精致，知系药物珍品，服之果获奇效。自此屡承诸友惠赐，每当茶余酒后，调服一盏，胜饮百剂参苓。自幸年逾八旬，犹能灯下作细字，殊可感也，语见拙作小序中。去腊戏题小诗两绝，讵意初稿流传，渥蒙青睐，刊之枣梨，且感且愧。窃思沪上为人文渊薮，必有燕许之手笔、徐庾之文章，私衷惓惓，窃欲一窥全豹，倘蒙不弃，赐阅一过，感谢多多矣！并有敝友徐蔚卿回文体词两阕，系补取第十，门下绿琴女史七律六章，系特等第十四，务希推爱，各赐一编为幸。祗颂升祺，伏维荃照，曲园老人俞樾顿首。[56]

无论如何，有俞樾这样的名流学者为之揄扬，燕窝糖精的身价自然水涨船高。

图九 《申报》1895 年 5 月 22 日

作为上海十里洋场的明星文人,《同文沪报·消闲录》主笔周病鸳也曾为燕窝糖精写过谀文《华兴燕窝糖精辨》,内容同样出格异常:

> 客有游历四方,周行天下,足迹所到,必讲求物产美恶,价值贵贱,经数十寒暑矣!月前来沪,与予述及华兴燕窝糖精,遂有意难予。曰:海上寓公有年,勤求物理,见闻较确。夫燕窝,沪上所售者不一家,而中西人士购用,往往推尊于华兴,在何故?予答之曰:华兴燕窝,鄙人躬受其惠,目睹其妙,非闽粤所造之伪物可比。凡他家所有礼燕、扇燕、札燕、丝燕、囊燕、熏燕,名目一概不备,独入南洋暹罗等处,选其上等,剔其精品,此推尊之所由来也。客曰:君既知其来历矣,然燕窝而必制成糖精又何故?予曰:凡补物之味适口者稀,而燕窝味甚平淡,毛疵满布,购者每以未便而止。华兴公司悟其新法,始以机器去毛疵,继以化学撷精华,调以真味,制成糖精,无论有病与无病,尽人可服,且随时可用。客乃喟然叹曰:异矣哉!天下竟有若之奇货哉!夫以货物之真,如是制法之妙,又如是而定价,不图厚利,真所谓价廉物美者,有裨益养生家,造福不浅。今而后,此中功用,吾尽知之矣!幸谢……吾客既去,予遂诠次其语,录之以告博物者,名之曰糖精辨。丁酉仲秋蕴宝楼主周忠鉴聘珊甫识于海上。[57]

周病鸳上述文字,用对答形式展开,虚构事实,生造功效,不仅大肆赞扬滑头药品燕窝糖精,而且还刻意贬低孙镜湖的竞争对手,在在显示出上海文人为无良药商鼓吹的卖力程度和肉麻指数之高。

小说家吴趼人亦曾为孙镜湖的燕窝糖精撰写过谀文——《食品小识》，该文同样是借吴本人的所谓服药体会来表彰燕窝糖精的功效，采取欲扬先抑的书写策略，通过药品比较和亲身感受来揄扬燕窝糖精，叙述策略类似沈毓桂等人：

> 余生平于服食之品，素不讲求；于药饵则尤不加意，盖体气素强，无需此品也。即从前征逐时，日御珍馐，而不知其腴；后来闭门株守，日食青韭黄齑，亦不觉其淡。惟于甜品，则不甚喜之。据医者云：此亦脾胃无恙，方克臻此也。入今年来，时觉困倦，饮食锐减。自念壮已如是，老更可知，乃思所以调补之。质诸医者，或劝御六味丸，或言服两仪膏。试从之，三日无效，辄弃去。盖余性急躁，每服膏、丸等，必须以盐汤为引，或须沸汤调冲，沸汤不可遽得，必坐俟良久，始克进服，殊不耐也，家人辈乃劝服汤药，余益不耐。今秋薄游吴门，中秋之夕，适在旅舍，对月闷坐。夜将半，觉馁甚，检点行箧，得华兴公司燕窝糖精一匣，姑试尝之，觉甜沁心脾，食片许，借以点茶而已。食后觉虽未饱，而殊不饥，犹未为异也。晨起食骤进，午后姑再进之，习以为常。数日后，随友人游虎丘，往返步行，几三十里，殊不觉倦，于是始知此糖之益，决意常服。友人有知之者，咸来索取，惜携带无多，不能遍赠耳。盖其以药品而能代饼饵，且取携甚便，无药引调冲之烦琐，故人皆乐用之也。所尤奇者，余性不喜甜，服此糖则脾胃皆纳，试食他甜品仍不受也。是岂燕窝之功欤，抑别有法以制之欤？还请质之公司主人。丁酉仲冬，南海

吴趼人识。[58]

燕窝糖精的真假虚实，当时的吴趼人不会不知，但依然愿意具名为孙镜湖大吹法螺，明显可以推测出其间存在利益交换。

孙镜湖还收买文人从养生与卫生角度歌颂燕窝糖精，借此重点强调燕窝糖精的西方背景和技术特色，点出燕窝糖精是来自西洋的"卫生之至宝"，很符合求"补"之人的滋补需要：

> 美味珍馐，古今同好，大圣人食不厌精，脍不厌细，是精细为卫生之本。《乡党》载之详矣！然人生赋质，既有强弱之分，必有修短之别，此补身之物不可不讲求也。参术苓蓍，谓之佳品，识者犹患其偏补，每不敢轻于尝试。惟燕窝则不然，善能清补养生种子，功用无穷。惜其毛疵未清，摘洗匪易，食之者虽不乏人，无非假手奴仆，日奉供养，而于用客天涯行旅身车，尤属未便，即使出以多金，尚苦咄嗟立办，殊可慨焉！西士锡克思君有鉴于此，客岁股集巨款，在葡萄牙国京城创设燕窝公司，分设上洋，督办上等燕窝，以机器去其毛疵，以化学取其精华，制成糖精，较西洋所制，其色愈白，味甘质美，品式新奇，士商乐用，得此而有病即痊，及弱体转强者，指不胜屈，效验风行，名传遐迩，固不待鄙人赘述矣。夫人情大抵畏难尚简，世之素食燕窝者，果能改弦易辙，知糖精厥工，可省神效云，速而争购之，从此中西人士养身有资，所谓卫生之至宝者，非耶？赏鉴家谓饮食中药物，药物中饮食，岂虚誉哉？是为序。光绪丁酉季秋华阳刘紫贞识于沪渎。[59]

进一步，孙镜湖后来还让人以患者（"徐元炳"）名义发布谀文，称赞燕窝糖精对治疗各种疾病也有奇效。[60]

不仅有以上中国人等出面，甚至连林乐知这样曾担任过《万国公报》主笔的外国传教士，亦曾具名称颂孙镜湖及其燕窝糖精：

> 孙镜湖司马以皖南之名士，作沪北之寓公，出其先人秘籍，虔制药饵，在上海英大马路分设京都同德堂药局，二十年来活人甚众。兹蒙惠合创南洋华兴燕窝公司，燕窝糖精以西法泡制，如精金之百炼，而始成此品也。爰书数语，以志谢忱。林乐知识。[61]

通过广告词中的说明，我们很容易找到答案：原来林乐知也是南洋华兴燕窝公司的一个股东，他自然乐意为孙镜湖的燕窝糖精唱赞歌了！后来，林乐知的这个赞词还特意被孙镜湖放进燕窝糖精的包装盒中，作为防止别家假冒的措施之一。[62]

除了收买十里洋场上的这些大小文人与报刊主笔，孙镜湖也网罗了一些医生为燕窝糖精背书。像一个在上海开业、经常于《申报》上做广告的所谓孟河良医巢崇山，就为孙镜湖具名发表过《题华兴公司燕窝糖精记》的歌颂文章，从医学方面阐发燕窝糖精子虚乌有的滋补功能，为之大唱肉麻赞歌：

> 岁丁酉腊月八日，同德堂主人以华兴公司燕窝糖精见馈，受而尝之，甘香适口，味美于回。撷南洋珍贵之精，得西国和调之法，几经锤炼，并斯二难，诚哉！良工之苦心，神州之创制也！夫人生饮食，入胃赖脾，气输精上归于肺，复由肺宣布五脏，以

营养百脉,不及则弱。糖精正补脾胃,合燕窝以益肺金,苟食之以时,毫无间断,则脾胃既受其养,而五脏百脉永无积弱之虞矣!岂曰小补之哉?他如品式之新,取携之便,功效之繁,诸君子言之綦详,可无赘述,抑仆更有说焉。中土嗜洋烟者日益众,而因是致疾者日益繁,求其稳妥周详,不烦克制,而自然弭害者,尤莫如燕窝糖精。盖烟味辛苦,最伤中气,烟性峻削,大耗真阴。而燕窝能养阴,糖精能补中,无福气禀厚薄,总使辛苦峻削之品,无所肆猖獗于其间,一举而数善,备胜于参茸之不能漫饵多矣。习闻主人乐善为怀,箕裘克绍,手制良药数百种,廉价济人,数十年如一日。今复别出心裁,礼延西士,制此妙物,饷遗士夫,行见颂声,遍于寰区,齿芬流于闾里也。讵不伟欤?仆言之不文,不足为主人重。迭承嘉惠,辄书而扬之。武进巢峻记。[63]

"投之以桃,报之以李"。稍后,孙镜湖也在《采风报》刊出的该记之后增加附言,吹嘘巢崇山为孟河良医,医术高明,在上海开业"数十年如一日,活人无算","名公巨卿不远千万里"前来就诊者"指不胜屈,报德之词颂遍海内"[64]。晚清乃至近现代中国的药商与医生相互勾结骗人牟利的情形,由此案例可管中窥豹。

类似多个上海名流署名的燕窝糖精记或者序言被孙镜湖刊布在当时的《申报》《新闻报》《中外日报》《采风报》《寓言报》《游戏报》《同文沪报》《华字日报》《苏报》《广报》等报刊上。仅以留存非常不完整的《采风报》为例,保留下来的该报上即刊有沈毓桂、刘紫贞、周病鸳、巢崇山、王仁俊、何材植、白云词人等署名的谀文。再以1899年9月16日到1899年10月23日一个多月的《中外日报》的广告为例，其中至少出现过以下多种谀文（包括谀信、题跋等）："白云词人"的《华兴公司燕窝糖精论》、林乐知的《录〈万国公报〉主人谢惠燕窝糖精》、徐庚吉的《燕窝糖精文下》、郑鸿钧的《孙镜湖司马赠燕窝糖精，作此谢之》、新闻报馆主人的《饮食不忘》、悦庵主人沈敬学的品题《孙镜湖司马以新法制燕窝糖精》、息园居士李根源的《华兴燕窝糖精三首之一》、味雪主人林贺峒回应息园居士的品题《息园诗老》、衢州幸楼主人詹垲紫的《题燕窝糖精谱》、海昌李溇制的《续南洋华兴公司燕窝糖精》、黄冈林道生的《谢孙镜湖司马惠制燕窝糖精并序》、卧庐生程麟的《记华兴公司燕窝糖精有益于世》（上、下）、浦江野吏黄宗麟的《咏燕窝糖精诗句七绝二章并序》（上、下）、香山刘学诠的《回生妙剂》、汤丙臣的戏作《燕窝糖精时文》、癖花禅的《华兴公司燕窝糖精赞》、新安程霱的《咏燕窝糖精七古》、新安汪信儒的《燕窝糖精铭，仿刘禹锡〈陋室铭〉》、□□居士（1899年10月14日）的铭感《华兴公司燕窝糖精》、蒋一桂的《华兴公司燕窝糖精说》（上、下）、休宁程家□的《燕窝糖精小引》、江夏陈梦湖的《燕窝糖精小引》、补园主人的《咏燕窝糖精七古一什五律二章》、汉上适盦老人的《咏燕窝糖精七古》、吴趼人的《食品小识》、吴昌言的《华兴公司燕窝糖精跋》等。这些文人谀辞，凭空想象与书写燕窝糖精的功效，正杜撰出所谓"五大洲之称颂者，书不胜书"的虚假盛况。[65]之后，燕窝糖精"行销海上，多阅春秋，先后署榜见惠，相与表章者"，名流和达官众多，至少包括李翰章、严筱舫等几十人。[66]孙镜湖将这些真真假假的大小文人、医生、患者和官员乃至所谓消费者称颂燕窝糖精的文章在当时各报上广为发表，大做广告。

图十 《中外日报》1899年4月18日

同时，为了加强广告效应，堆积出燕窝糖精受到的赞美与欢迎程度，孙镜湖还曾借助李宝嘉主持的《游戏报》发起征文，利用文人的应试热情与竞胜心理，邀请各地文人参与，围绕燕窝糖精撰文抒情，并仿照科举课艺文的撰写程式与点评方式，孙镜湖让沈毓桂评判这些征文优劣高下之后[67]，组合装订成一册《燕窝糖精谱》（后该书又增加内容变为《增广燕窝糖精谱》），再让名流文人或官员题签与作序扩大声势，免费分送给购买者，或者远方的函索者。前引俞樾谀文即显示俞樾一女弟子和一友人曾参加孙镜湖的征文活动，而俞樾（曲园老叟）亦曾亲自参与过这个征文活动，并被评入"超等十五名"中，获赠"印色一提、《四云亭》一部"；其余"特等三十五名""一等五十名"亦各有礼物赠送，喜欢在媒体上抛头露面的女文人吴芝瑛手抄的《瘗鹤铭法帖》，则被作为三十五位特等奖获得者的礼物。[68]征文活动中获奖的这些赞辞又会被孙镜湖发布在接下来的报刊广告中，作为燕窝糖精不断受到消费者青睐的新证据。可以说，近代上海文人大规模诹药、诹医的风气即由孙镜湖开创，之后又为各个药商争先仿效，流毒无穷。

在这样的广告轰炸下，燕窝糖精销路畅旺，成为很多有钱、有地位消费者的滋补品。像当时一个著名书画家、被革职的官员吴大澂（1835—1902）即曾向其身体"违和"的"大兄"推荐服用燕窝糖精，认为"常服能化痰、补肺、生津液，似于贵体甚属"，并托人"带上一匣"，建议"或用开水冲服，或随意当小吃，其味甘香可爱"，假若服用后有效，"如可生津补肺，随后陆续寄上可也"[69]。

第五节　同类相残

所谓"伪假之事，以上海为最甚。每出一流行货物，必有假货以对峙之"。[70]目睹孙镜湖燕窝糖精的成功，其他一些上海奸商马上效尤，一时之间，至少有三家类似的燕窝糖精公司成立，即广英燕窝糖精公司、大隆燕窝糖精公司和暹罗同兴公燕窝庄等。它们开发出诸多以燕窝命名的补品或药品，像燕窝糖精粉、麦精燕窝清补糖汁、麦精燕窝糖精汁、燕窝糖精条、人参燕窝汁珍珠粉、燕窝珍珠牛髓粉、燕窝肥儿饼杏仁露之类。暹罗同兴公燕窝庄除售卖"燕窝糖精条"外，还开发出"燕窝糖精花""燕窝糖精珠""冰燕汤"等产品，标价一样是大盒四元，小盒两元。[71]

风行草偃，连一些所谓的在华西人药商也不甘落后，纷纷效法，声称开发出类似的燕窝制品,如"泰西括打药房"声称自己开发出燕窝制品——燕窝玉液[72],坎拿脱生髓厂声称发明出燕屑参末牛髓粉[73],济生公司宣布"细参化学新法"发明出综合补药麦精燕窝牛髓糕[74],一个名为"新加坡卫生公司"则声言自己开发出"人乳燕窝珍珠牛髓粉"[75],诸如此类。这些药品在广告中皆同样宣称自己大补,能养生壮阳,益寿延年,适合作为送给官员的礼品。这正像时人在小说中所言:

> 说也奇怪,不上半年,竟把燕窝糖糈四字闹得沸天扬地、四海闻名了。就有一般贪利之徒,窥穿伎俩,袭了糖糈名词,什么华夏公司(或暗指广英公司,引者注)吓、道隆公司(暗指大隆公司,引者注)吓,渐次出现。更有不甘蹈人窠臼的,又想出许多法儿,又是什么燕窝糖珠牛髓粉,立了许多名目。所谓利之所在,人争趋之。[76]

这些后起的药商直接以孙镜湖为模仿与超越对象,从广告宣传到广告手法的采用,都仿造得如同华兴公司的一样:如燕窝的品质介绍基本相似,制造方法一样,产品所标价格一样,甚至连广告的标题亦大同小异,而且都标榜自家产品才是来自暹罗的正品。

最重要的是,孙镜湖的这些竞争对手同样在报刊上连篇累牍做广告,大登消费者的感谢信函。如最早效尤的广英公司即曾多次发布不同的消费者推荐函,借机宣传自家燕窝糖精的滋补效用,其中一则即言:

仆身弱多病,一切大补之药俱不宜进,幸友人指知上海英大马路五福弄对门泰和里内广英大公司创制燕窝糖精,乃清补之妙品,即函托申号裕源公代购四大盒,计洋十六元,如法冲饮,遗精亦愈,吐血亦止,饮食加增,步履身轻,痰消气顺。足见海外珍品,遐迩驰名,真寿世之灵丹,卫生之妙药也。友人言近有冒名射利之萃兴,招牌、价名相同,切勿误购等语。仆恐有害于人,不得不表而出之,此布。汉口镇河街裕源公字号施仲英拜手。[77]

由此可以看出,广英公司的广告叙述方式,以及发卖的燕窝糖精价格等,皆雷同于孙镜湖的燕窝糖精。

稍后追随的大隆公司则有过之而无不及。该公司虽属后起,但在广告投入上并不弱于孙镜湖,故其燕窝糖精广告与华兴公司的相比,完全不落下风。如该公司亦会找一些诸如书院山长之类的文人、医生、地方官员为其唱赞美诗与赠送匾额,这些颂词多是将之前歌颂华兴公司刊发的燕窝糖精诔文进行一番改编加工。[78]大隆公司甚至买通《新闻报》馆,请其在最重要的第一版专门发表两篇"论说"——《寿世药言》和《医国药言》[79],替大隆公司发卖的燕窝糖精大力吹嘘。而当华兴公司的燕窝糖精宣布涨价时,大隆公司马上跟进,也上涨至同样的价格,并暗批孙镜湖的燕窝糖精偷工减料,表示自己的产品决不会效尤,"并不敢效他家暗减货料欺人也"[80]。之后,继续利用《新闻报》(即《新闻日报》)中的这两篇论说来自我表扬,将其中一篇论说当作广告迅速连续刊登于《游戏报》等上海报刊中,并趁机自吹自擂:"本公司创制燕窝糖精,近有假冒,乃蒙中国大宪试验称奇,给匾嘉奖,仍恐远处未知,又蒙《新闻日报》著论传诵,以分玉石而彰珍品。"[81]

不仅亦步亦趋孙镜湖，这些燕窝糖精公司还在孙的基础上有所推进。如广英公司在销售燕窝糖精的同时，又推出一个所谓燕窝糖精粉的补药，在广告中宣传该粉由"精于格致"的外国医师以"化学创制"，"名驰中外，开水冲饮，却病延年，驱风寒，除湿气，治诸虚百损劳伤吐血，功能消痰顺气，止咳喘。不论男妇老幼有病无病，一饮糖精，立刻精神百倍。童子读书善忘及老年阳痿精衰耳聋目暗等症，效验不可思议！近有仿冒，认明广英招牌……"[82]大隆公司则率先开发出另外一种"燕窝珍珠牛髓粉"的补药销售，亦在广告中将其功能吹嘘得精妙绝伦，而究其实质，不过是个变相的春药："无论虚不受补之人，试服数日，立见髓充精满，面目光昌，威重如山，连服三旬，一夕可御十妾。西人统年常服，故体质倍形强壮，每岁几销数百万盒之多，则功效之神，尚何待言？"[83]

竞争对手的咄咄紧逼让燕窝糖精的真正发明人孙镜湖遇到了难题，他不得不在广告中声称华兴公司燕窝糖精的独家正统性，明示要报官追究追随者的模仿，并呈请租界工部局保护其商标权，"立案别人不得仿冒燕窝糖精牌号"，希望顾客只认准华兴公司一家的燕窝糖精购买。他还列出华兴公司认可的销售处，并标示一些看似重要实则无多大意义的举措安慰消费者，如监督信局，防止其在邮寄中鱼目混珠，激励读者揭发冒牌有赏等。[84]可是这样的做法效果并不明显。广英公司和大隆公司亦声称自家燕窝糖精遭到假冒，还同样会寻求官方保护，并含沙射影攻击华兴公司为假冒主使。[85]像这则大隆公司的广告所言，其叙述手法同孙镜湖的手法如出一辙，且一样借用新科技名词"显微镜"唬人：

督制燕窝糖精，糖汁功效妥速，海内皆知。本公司一家独创，近有无耻匪徒，依样仿冒，希图鱼目混珠，乃蒙中国各大宪亲试考验，确有实效，赏给匾额为凭，并荷中西各报著论褒美，及名人善士序记赞咏，书不胜书，足见制炼精良，比众不同……货料虽贵，不减分毫，故能名驰华夏。试将本公司燕窝糖精开水冲下，以显微镜照之，燕窝绒历历可见。略服少许，立刻精神百倍，遍体舒畅。至于气味之芳香扑鼻，颜色之晶莹夺目，犹其余事耳！近年推销愈广，远近信从。大盒四元四角，小盒二元二角……大隆燕窝公司董事谨启。[86]

一如孙镜湖，大隆公司亦将所谓外埠消费者购药情况公布，亦跟孙镜湖一样宣称："如报上无名，即系假冒，请函示追查，俾得真药为幸。"[87]假与假战，孙镜湖虽是先行的导师，但似乎并未占到上风。

  有意思的是，同一报刊的广告版面（经常是在同一版，参看图十一），居然有多家燕窝糖精公司的广告共存，各个高自标榜，又互相攻讦，但采取的叙述策略却完全相似，对燕窝糖精的来源和功效的解说亦基本一致，甚至连一些广告的标题都大致相似，同时它们在广告中皆会声言产品遭到假冒（实际是没有假冒亦会宣称假冒）。一方面，这样的情况无疑显示着所谓燕窝糖精这个补品开发的成功；另一方面，其实也暗示了其间存在的危机——燕窝糖精的真相在这样的互相诋毁与竞争中无疑慢慢会显示出来。而随着燕窝糖精造假的秘密被不断地揭露，有关燕窝的新知识复制与广告模仿就愈加缺乏新意，加之杂乱无序的市场竞争和特意针对孙镜湖挖墙脚式的揭发，到1901年8月后，孙镜湖在《申报》上发布的燕窝糖精广告就开始减少，这也预示着这个药品的销路已经大不如前。

不过，此时孙镜湖的注意力也已经转移，正在致力于另外一个新药品的开发和销售，这个药品即孙镜湖创办的富强戒烟善会发行的富强戒烟丸。鉴于戒烟药市场的庞大及利润的丰厚，1901年6月，精明的孙镜湖就组织了一个所谓慈善机构——富强戒烟善会，以慈善名义发行富强戒烟丸。初期赠送，之后则采取批发兼零售形式，且使用与发卖燕窝糖精时一样的广告方式。首先刊出一些名流赠匾，并网罗部分文人、医生在广告中鼓吹富强戒烟善会开办目的之正当与重要，"贫

图十一 《游戏报》1899年6月17日

者戒烟，可以变富；弱者戒烟，可以变强"[88]，每日且将所谓的戒烟成功者名字在《申报》《中外日报》等报刊上大登广告。

然而，由于之前孙镜湖仿冒别家药房的药品及制造燕窝糖精的做法，招致各方的嫉恨非议已经甚多。所以一旦富强戒烟丸被人告发，且被化验出确实含有吗啡，"只顾图利，害人颇众"，敌对的力量马上出手，租界外的富强戒烟善会分会遂遭上海地方当局查办关停。[89]虽然租界内孙镜湖的同德堂总店安然无恙，并未受到惩处，但孙镜湖

的事业却就此一落千丈、一蹶不振。之后清末上海报刊上虽偶尔还能见到京都同德堂广告及华兴公司的燕窝糖精广告，只是不少消费者已经不再上当。如描写清末民初社会黑幕的小说《歇浦潮》中即有相关细节涉及此，小说中写到有人将孙镜湖的燕窝糖精当作贵重礼品送京官拍马屁：

> 这些罐头食物，是我等二人孝敬四少爷路上用的。还有这四匣燕窝糖精，乃是当年两江总督刘坤一大帅送给枢世先祖之物，先祖因这是名贵之品，珍藏至今，未敢轻用，今烦四少爷带呈老太爷，说是上海电局委员詹枢世的一点小小敬意，不能算礼，只可当作葵藿倾阳，野人献曝罢了。

代父亲北京方总长收礼的四少爷"方振武"却了解燕窝糖精的底细，但又不便直接说破拒收：

> 素闻这燕窝糖精，乃是昔年上海一个开药局的滑头，弄到山穷水尽之时，偶见鱼摊上拣出来喂猫的小鱼，忽然异想天开，每日向鱼摊上将小鱼收来晒干了，研为细末，用水糖屑拌和，装上锦匣，取名燕窝糖精，假造一张仿单，说此物滋阴补阳，大有功效。那时一班官场中人贪他装潢华丽，名目新奇，都把他当作一桩官礼，顿时大为畅销，很被这滑头赚了些钱。不过后来被他一个伙计因少分红利，怀恨在心，将内容向外人说破，才没人再敢请教。今听枢世说得如此珍贵，不觉暗暗好笑，免不得道声谢收下。[90]

燕窝糖精和富强戒烟丸的把戏既然皆经揭穿，臭名昭著的孙镜湖大势已去，尽管1906年时他还不甘寂寞发起创办上海卫生学会[91]，之后还从事过其他一些活动，如他曾获得一个"劝捐委员"的职位，但那已是强弩之末，属于淡出上海医药界舞台之后的"垂死挣扎"。不过，这并不意味着孙镜湖对上海医药界的影响就到此为止，相反，却与时俱增，尤其是孙镜湖为包装燕窝糖精使用的广告叙述方式，以及为销售燕窝糖精所采取的广告策略，依然对之后上海的医药广告文化建构产生了巨大影响。

第六节　流毒无穷

可以说，孙镜湖最成功的地方在于他无中生有创造出一个全无燕窝在内却以燕窝命名的滑头补药燕窝糖精，以及为发卖燕窝糖精所采用的广告伎俩。有意思的是，这样的广告方式很可能正是孙镜湖参考之前欧美在华药商如屈臣氏大药房的广告手段及欧美药商的广告手法进行综合融汇的结果，但显然不是全盘照搬。像前引孙镜湖采取诗赋征文评比且装订成书的方式，吸引大量文人积极参与，既不同于外国药商采用的一味刊登消费者保证书的方式，也有异于之前药商或医生通常采用的简单刊登病人谢函的形式，它或许更多来自当时上海小报评选妓女花魁做法的启示，以传统文人诗歌雅集比赛的形式来展开，故而非常吸引时人眼球。

之后，一众上海药商竞相效法孙镜湖的做法。如时论之详细揭露和概括：

沪上以伪药欺世，坐博多金，如某某汁（暗指艾罗补脑汁，引者注）、某某丸（暗指亚支奶戒烟丸，引者注）、某某血（暗指人造自来血，引者注）者。人或谓其居心之险，然亦服其操术之奇。然彼固非无蓝本也。溯此等伪物所自来，实滥觞于燕窝糖精，创之者为吴人某，即上海三个半滑头之一，纳资得同知职衔，人又称之曰某司马。其制燕窝糖精也风行一时，又倩失业文人为之撰文鼓吹，谓是糖精真有参天地、夺造化之功。糖精一盒售洋至五元，不三年，而家以骤富。尝谓人曰：使吾若无报纸告白费、委托撰文费，吾家之富，且倍之。后有泄其事者曰："所制糖精，何尝有燕窝？以白糖熬炼，微加薄荷，实则装潢之盒费，且倍于盒内之物也。"自燕窝糖精得大利后，于是效尤者纷纷，炫奇立异，巧立名色，以至于今。凡此药物一方发行，一方必登报辩明"外间伪造颇多，购者注意"等语。其实原物毫无功用，何必伪物始能害人？若辈深想有人（原文如此，引者注）。但析其原质，持以询之。彼且曰："吾不尝大书宜辩伪物，此固伪物，非吾原物也。"问者且无以难之矣！[92]

对于孙镜湖及其燕窝糖精的影响情况，著名报人汪康年也有类似看法，已见前引文。英雄所见略同，稍后，有人在笔记中又表达了相仿见解：

溯其滥觞，盖在光绪戊戌前一年，时有孙镜湖者，曾任微秩，于官场稍有所接触，乃异想天开，设京都同德堂药肆于沪上。其唯一之出品为燕窝糖精，采用广告政策，大登特登，称糖精之如何用燕窝提制，滋养力之如何有效，并假官场有名人物之称颂申谢，不数月利市三倍。且定价极昂，每盒四元，购者亦深信其为燕窝精而称值焉，实则糖精而附以杂品，借燕窝之名以欺人耳。不数年拥资巨万……其后，贾人鉴于获利之厚而易，踵起者日众……如戒烟梅花参片、亚支奶、补脑、补血等。驯至今日，车载斗量，不可胜数。舶来药品年见增多，昔之燕窝糖精不过其发轫耳。[93]

上述几处言论都在讲述孙镜湖及其发明的假补药燕窝糖精对近代上海医药界和医药广告文化建构的巨大影响。他们认为正是孙镜湖的所作所为，为后来者提供了范本与恶劣的先例，让接下来的药商有尤可效，且不必担心阴谋暴露、遭受惩处。

在孙镜湖的追随者与模仿者中，黄楚九最能得其真传，且后来居上。前引《医界镜》《医林外史》等小说中即曾提及孙镜湖对黄楚九的影响，以及黄楚九的创新。如《医界镜》中所言，受到"胡镜荪"（即孙镜湖）影响的药商"王湘皋"（暗指黄楚九），在补天汁（暗指艾罗补脑汁）的销售过程中，也模仿"胡镜荪"的广告策略，且有所改进，故能后来居上：

> 究竟湘皋枪花本大，又托名西医蒲服先生真传，报纸上先引出使西洋大臣曾颉刚的历史，又将补天汁广送官宦，如江南提督杨子辰（或系暗指伊始之际就开始为艾罗补脑汁大作保证书的"江南提标右营水师参将周明清"，引者注）等，博其赞美的信札，登报扬名。他们登报的法则，真有异想天开的本领，如明明

无人冒牌,他们偏要说那一省某某店冒牌,禀请官府出示禁止,自己纷纷扰扰,闹之不休,无非要将名声闹大了,可以逞其欲壑哟。[94]

之后,"王湘皋"又向"胡镜荪"请教如何开发戒烟药丸,"胡镜荪"就提出:

今要造这戒烟丸,须于一月前先登报纸,不要说明,只说以身看病,只能救目前之人,制药济世,可以救天下之人。今因要虔心制药,救济天下同胞,所以于门诊出诊一概停止,专意一志,潜心研究,庶可以发明新理新法,凡各项丸散膏丹,皆亲自监制,因此没有工夫再去诊病,此即将来发行之先声。[95]

"王湘皋"依计而行,发明出一种"特别戒烟丸"(暗指黄楚九发明的天然戒烟丸,引者注)作为新的利源赚钱。同《医界镜》一样,《医学新报》上的连载小说《医林外史》也刻画了孙镜湖对黄楚九及其他药商的影响,文中在描写创办"华佛大药房"(即中法大药房)的"黄九皋"(即黄楚九)之时,即直接说黄受了燕窝糖糭影响创造出假补品牛肉汁[96]。可惜笔者没能看到刊载该小说剩余内容的《医学新报》,不知下文如何描写,但无疑可以看出,小说作者认为是孙镜湖启发了黄楚九和其他一些滑头商家,是上海这种滑头药品与滑头广告的始作俑者:"这登报表扬,以及一切匪夷所思的事业,恐怕要算的开天辟地的老祖宗了。"[97]

上述两篇小说中所言黄楚九受到孙镜湖影响的情况,可能有些夸大化与简单化。或许更早让黄楚九重视广告作用的，应该是其父黄知异。从前文可以得知，黄知异在上海业医时即善于在《申报》上刊登广告。从小耳濡目染、聪慧异常的黄楚九在 1890 年其父去世（1888 年）后不久便在上海开办了中法药房。而由《申报》《新闻报》上偶尔刊载的一些中法药房的广告得知，黄楚九主要销售包括眼药、春药和戒烟药在内的自制药品，同时代售一些中西成药、香水与香粉等化妆品，以及一些滑头补品如燕窝珍珠牛髓粉、燕窝珍珠牛肉汁之类。[98]另外，黄楚九还继承了父亲黄知异的异授堂，继续坐诊与出诊，并不时会在《新闻报》的广告中刊出一些病者与购药者的谢函和门诊打折广告[99]。但由于异授堂长期售卖春药，一度受到法租界巡捕房查究，《申报》对此曾发表过比较详细的报道，而这应该就是黄楚九卖春药受到责罚留人口实的来历：

> 绍兴人黄某（余姚当时属绍兴，1954 年才划归宁波，引者注）向以行医为业，专事旁门左道，猎取人财，不顾他人之受害，在老北门大街赁屋一椽，开设异授堂丸药馆，以眼科为名，而实则出售春药。黄于二年前物故，其子彝德能世其业，依然售药害人……[100]

巡捕房决定给予黄楚九（即彝德）重罚："此事不能宽宥，着将木板、仿单及一应丸散，当堂销毁，惟将不是春药之药方，仍行给还，黄掌责一百板、荷枷一月示众。"[101]最后在其岳母、妻子及弟弟等人的求情之下，当局对黄楚九"暂免笞责，先行枷号示众"[102]。之后，黄楚九的药房生意与医生职业可能并不太成功，他曾因向洋行买办借钱耍赖不还而吃了官司[103]，仍不得不靠违禁卖春药赚钱，直到大约 1904 年 10 月，他的"成名作"——自创品牌"西药"艾罗补脑汁横空出世，黄楚九才时来运转，成为后人所言的"三个半滑头"之一。

另外可以补充的是，在现实的生活中，同在上海经营药房生意的黄楚九和孙镜湖或许会存在一些交集，有过一些来往，饶是如此，孙镜湖也不可能有意对黄楚九进行言传身教，把自己做生意的秘密毫无保留地告诉自己竞争对手之一的黄楚九，尽管两人在上海医药市场上起步的时间都在 1890 年前后。然而无可否认的是，在后来长期卖药与业医的过程中，年轻的黄楚九借鉴了很多孙镜湖的广告手法且有较大创新，特别是他在 1904 年同样无中生有创造出艾罗补脑汁，广告手法几乎全部沿袭孙镜湖炒作燕窝糖精之法，又能有大的创新，如在艾罗补脑汁广告中采用白话小说、白话家常故事、更加充分利用西方科学术语、将药品广告的叙述政治化、让女性在广告中现身说法等策略，又超越孙镜湖主要靠文人作文称颂、购药者录名、药品广告主要针对男性等广告方式。接下来的一章，我们将重点关注黄楚九的表现，特别是关注他如何用广告推销艾罗补脑汁。

注　释

1　参看上海市医药公司、上海市工商行政管理局、上海社会科学院经济研究所编著：《上海近代西药行业史》；Sherman Cochran, *Chinese Medicine Men: Consumer Culture in China and Southeast Asia*, Cambridge, Mass.；Harvard University Press, 2006；张宁：《阿司匹灵在中国——民国时期中国新药业与德国拜耳药厂间的商标争讼》，《"中研院"近代史研究所集刊》第59期，2008年3月，第97—155页；等等。

2 参看夏晓虹：《彭寄云女史小考》，收入《晚清上海片影》，上海古籍出版社2009年版，第130—134页。

3 吴趼人著，张友鹤校注：《二十年目睹之怪现状》，人民文学出版社1981年版，第211页。

4 四明遯庐：《医林外史》(系连载小说，但笔者只看到前两期)，《医学新报》第1期，宣统三年五月二十日，第72页。

5 《沪乘片片》，《神州日报》1910年9月10日。

6 姚永概著，沈寂等校点：《慎宜轩日记》(下册)，黄山书社2010年版，第841页。

7 参看《燕窝糖精赞》，《采风报》1898年7月27日；《华兴燕窝公司糖精记》，《采风报》1898年8月8日。

8 《钦加四品衔升用直隶州正任南汇县调署上海县正堂袁为》，《申报》1897年5月25日。

9 《广东詹诚德堂始创枪上戒烟三香膏，每两足钱二千五百六十文，分铺上洋中和里内》，《申报》1893年8月22日。

10 夏晓虹教授认为吴趼人说孙镜湖假冒同仁堂名号："应是小说家言，当不得真。"此处判断应有误。参看夏晓虹：《彭寄云女史小考》，《晚清上海片影》，第133页。

11 吴趼人著，张友鹤校注：《二十年目睹之怪现状》，第212—213页。

12 废物：《商界鬼蜮记》(续第五回)，《中外日报》1907年11月3日。

13 《申报》1890年1月30、31日。

14 《字林沪报》1882年8月11日；《申报》1883年8月12日。

15 参看《詹诚德堂声明》，《申报》1892年2月12日等。

16 参看《天下闻名京都同德堂大药局》，《新闻报》1894年11月21日等。

17 《申报》1890年2月4日。

18 《申报》1890年2月23日。

19 《广东詹诚德堂始创枪上戒烟三香膏，每两足钱二千五百六十文，分铺上洋中和里内》，《申报》1893年8月22日。詹诚德堂点名道姓对孙镜湖进行的广告抨击还有：《詹诚德堂声明》，《申报》1892年2月8日；《再声明假冒》，《申报》1894年5月28日；《詹诚德堂声明假冒绝弊之法》，《申报》1894年7月6日；等等。

20 孙镜湖后来还曾偶尔使用京都同仁堂的名义骗钱，正如《灵药得子》的广告中所显示的，其致谢对象依旧是京都同仁堂。参看《申报》1892年3月6日。

21 《上海新开同仁堂药铺》，《申报》1892年5月12日。

22 《告白生业》，《中外日报》1899年7月13日。

23 《京都同德堂新设上洋》，《申报》1890年4月12日；《京都同德堂敬送》，《申报》1890年5月5日；等等。

24 《京都同德堂丁酉八月十一至十五日远埠购药清单·五日一登》，《申报》1897年9月12日；《京都同德堂戊三月初六至初十日远埠购药清单·五日一登》，《申报》1897年9月12日；《京都同德堂戊七月二十五至三十日远埠购药清单·严杜假冒·五日一登》，《采风报》1899年12月28日；《京都同德堂己亥十二月二十一日至二十五日远埠购药清单·五日一登》，《采风

25 丁福保在清末时曾指出这种做法其实也是一种诳骗:"凡世界文明愈甚,则奸诈亦愈甚,辨别情伪之法亦愈迫不得已,相因而起也。即如药肆告白,近又愈出而愈奇:有登报言其销数者,有声明信局假冒者。使他方人见之,必惊为销路之广,其实乌有是者。"参看丁福保:《告白生业》,收入丁著《医话丛存》(1910),沈洪瑞、梁秀清编:《中国历代名医医话大观》(下册),第1535页。《中外日报》上的《告白生业》原文没有这段话。

26 《银药纷助》,《申报》1890年8月25日;《灵丹救疫》,《申报》1890年8月27日;《书药并助》,《申报》1890年9月1日;等等。

27 《上海五福街口京都同德堂药房》,《申报》1895年5月22日。稍早时,老德记药房也曾刊出过曾纪泽赠匾:"匡救情殷。"参看《匡救情殷》,《申报》1890年1月10日。

28 《申报》上曾刊出过一则京都同德堂发布的广告,该广告系宣传同德堂创办历史的悠久、闻名遐迩,声称京都同德堂由所谓乾隆年间新安一个叫孙连元的医生创办。参看《药目原序》,《申报》1891年5月15日。

29 废物:《商界鬼蜮记》(续第五回),《中外日报》1907年11月3日。

30 曾有学者认为目前的西方医疗史界越来越关注对具体药物的研究,已经出现一个"药物转向"。但就中国近代医疗史研究领域来言,目前关注药品的研究还寥寥无几,说业已出现一个"药物转向",似乎尚为时过早。参看边和:《西方医疗史研究的药物转向》,《历史研究》2015年第2期,第27—33页。

31 参看《致李瀚章》,顾廷龙、戴逸主编:《李鸿章全集》(第32卷),安徽教育出版社2008年版,第332页。此材料为张晓川教授提供。

32 参看《海内外商情·记燕窝》,《华商联合会报》1909年第4期,第1—2页。有关民国时期上海燕窝业的经营情况,可参看张一凡主编:《国药业须知》,中华书局1949年版,第72—77页。

33 赵学敏:《本草纲目拾遗》,中国中医药出版社1998年版,第378—379页。

34 《上海华兴南洋燕窝有限公司股份章程》,《申报》1896年9月21日。

35 所谓"化学为西学之大端",像当时相信西医的人都认为中医的"大病在不知化学以求其原质,而惟以意断定之"。参看《答问四》,《格致益闻汇报》1898年8月20日,收入《近代报刊汇览·汇报》第1册,第24页;袁允楙:《积矩斋日记》不分卷(第二册),上海图书馆藏未刊稿,第8页。

36 《上海五福弄口京都同德堂经售南洋华兴燕窝公司创制清补燕窝糖精功用说》,《申报》1897年9月12日;《燕窝糖精功用说》,《采风报》,1898年9月18日。后来孙镜湖一度将燕窝糖精价格涨至大盒四元四角、小盒二元二角。但此更改并未真正执行,孙镜湖只是将其作为促销手段,后来的燕窝糖精广告中其价格依然如旧。但到1900年下半年后,一度涨至大盒五元、小盒二元半;但有的代售处却售大盒四元四角、小盒二元二角。参看《南洋华兴燕窝公司燕窝糖精涨价》,《游戏报》1899年3月8日;《创制延年百补真正燕窝糖精功效说》,《游戏报》1899年3月30日;《养生妙品,官礼最宜》,《游戏报》1899年5月23日;《华兴公司燕窝糖精真伪辨》,《同文消闲报》1900年9月30日;《新到各样唱戏机器》,《同文沪报》1901年1月3日。

37 《华兴公司燕窝糖精》,《游戏报》1898年7月11日。

38 《华兴公司燕窝糖精场屋妙品,官礼相宜》,《申报》1898年2月26日;《华兴公司燕窝糖精舟车良便,官礼相宜》,《游戏报》1898年9月4日。

39 《华兴公司告白》,《采风报》1898 年 8 月 5 日。
40 《南洋华兴公司创制燕窝糖精》,《游戏报》1898 年 9 月 4 日。
41 《告白生业》,《中外日报》1899 年 7 月 13 日。
42 废物:《商界鬼蜮记》(续第五回),《中外日报》1907 年 11 月 4 日。
43 儒林医隐:《医界镜》(初版为 1908 年嘉兴同源祥书庄铅印本),收入金成浦、启明主编:《私家秘藏小说百部》(第 76 卷),远方出版社、内蒙古大学出版社 2001 年版,第 75 页。
44 四明遯庐:《医林外史》,《医学新报》第 1 期,第 74 页。
45 张织孙:《医林外史》,《医学新报》第 2 期,第 71 页。该期文来自上海图书馆晚清、民国时期期刊全文数据库。
46 陈伯熙编著:《上海轶事大观》,第 202 页。
47 陈无我:《老上海卅年见闻录》(下册),大东书局 1928 年版,第 215 页。
48 参看《三个半滑头之半个》,《民声》第 3 卷第 1 期,1947,第 8—9 页。该文来自上海图书馆晚清、民国时期期刊全文数据库。
49 《创制燕窝糖精》,《申报》1897 年 12 月 23 日。
50 陈伯熙编著:《上海轶事大观》,第 202 页。
51 儒林医隐:《医界镜》,收入金成浦、启明主编:《私家秘藏小说百部》(第 76 卷),第 75 页。
52 如《医界镜》即言:"却说胡镜荪乃上海三大滑头之一,枪花甚大。"再如《医林外史》中起始也言:"上海滑头甲于天下,其术之工,其计之巧,令人不可思议。最著名者凡三人,医界竟居其一。此人姓沈名鉴表,字徽五。" 参看儒林医隐:《医界镜》,《私家秘藏小说百部》(第 76 卷),第 75 页;四明遯庐:《医林外史》,《医学新报》第 1 期,第 72 页。当然,关于上海"三个滑头"或"三个半滑头"究竟是谁,有多种说法,这里暂且不去细究。
53 《燕窝糖精赞》,《申报》1897 年 10 月 21 日、《中外日报》1899 年 9 月 8 日。此则广告无按语。
54 《燕窝糖精赞》,《采风报》1898 年 7 月 27 日。
55 汪康年主持的《刍言报》上曾经发表过一则尖刻的评论,批评俞樾人品极差,喜欢攀附权贵,既势利又善于作伪。刘声木也基本认可这样的观点。参看《论俞樾》《俞樾自述诗注》等笔记,收入刘声木:《苌楚斋随笔 续笔 三笔 四笔 五笔》(上册),中华书局 1998 年版,第 380—381、633—634 页;等等。
56 《惠函照登》,《申报》1901 年 2 月 27 日。
57 《华兴燕窝糖精辨》,《申报》1897 年 11 月 5 日、《采风报》1898 年 8 月 20 日、《中外日报》1899 年 9 月 11 日;等等。
58 该广告文原见《消闲报》(即《同文消闲报》),转见 1899 年 10 月 22 日《中外日报》;又见陈无我:《老上海卅年见闻录》(下册),第 214—216 页;魏绍昌:《吴趼人的两篇佚文》,收入海风主编:《吴趼人全集》(第 10 册),北方文艺出版社 1998 年版,第 319—320 页。
59 《南洋华兴燕窝公司创制燕窝精糖灵效记》,《游戏报》1899 年 3 月 29 日。
60 《南洋华兴燕窝公司创制燕窝糖精序》,《申报》1897 年 11 月 12 日、《游戏报》1898 年 9 月 18 日。
61 《录〈万国公报〉主人谢惠燕窝糖精》,《中外日报》1899 年 8 月 25 日、《申报》1899 年 11 月 8 日。
62 《上海华兴公司再声明假冒》,《游戏报》1900 年 11 月 23 日;《华兴公司燕窝糖精真伪辨》,《同文消闲报》1900 年 9 月 30 日。

63 《孟河巢崇山医士题华兴公司燕窝糖精记》,《申报》1898年1月3日。
64 《孟河巢崇山医士题华兴公司燕窝糖精记》,《采风报》1898年7月31日。
65 王修桂:《恭志华兴公司创制燕窝糖精记》,《游戏报》1898年9月20日。
66 《燕窝糖精价值贵贱亟宜辨别说》,《寓言报》1901年3月9日。
67 小说《医林外史》中对此即有所影射:"更在那报(暗指李宝嘉办的《游戏报》) 所设的贪利诗社广征诗词,一时骚人墨客投作甚多。征五就把来作评定甲乙,编为一辑,题了名签,叫《燕窝糖精赞辞》,又想出许多法儿去登报铺排。"参看张织孙:《医林外史》,《医学新报》第2期,第71页。
68 《前中西书院山长南溪瞽叟审阅咏华兴公司燕窝糖精硃卷厘定甲乙,登诸报章,以供众览。凡投课卷,逐加评语,陆续再录》,《采风报》1900年1月25日。此材料蒙林秋云提供。
69 《吴大澂家书(151)》,《历史文献》第21辑,上海古籍出版社2019年版,第145—146页。
70 奇花:《上海》,上海华洋书局代印(无出版时间),第11页。据书前问孟广序言所言,作者索序时间为"壬寅冬季",可知该书约出版于1903年左右。
71 《暹罗同兴公燕窝庄》,《游戏报》1899年4月4日。
72 《泰西妙制上上补品燕窝玉液》,《游戏报》1899年4月27日。
73 《燕屑参末牛髓粉》,《笑林报》1902年11月17日。
74 《麦精燕窝牛髓糕功用详述》,《同文沪报》1901年1月17日。
75 《南洋卫生公司人乳燕窝珍珠牛髓粉》,《同文沪报》1903年1月1日。
76 张织孙:《医林外史》,《医学新报》第2期,第71页。
77 《广英燕窝糖精卫生须知》,《申报》1898年5月5日。
78 《主讲江阴南菁书院兼上海敬业书院山长陈昌绅书大隆公司麦精燕窝糖汁、燕窝糖精条奇效事》,《申报》1898年12月19日;《化痰止咳品超庸流》,《申报》1899年1月11日;《论大隆公司燕窝糖精条、燕窝糖汁大有益于人身》,《申报》1899年1月14日;《暹罗大隆燕窝公司燕窝糖精序》,《游戏报》1899年5月7日;《赠额鸣谢》,《申报》1899年6月21日;《大隆公司燕窝糖精不可不服说》,《同文消闲报》1901年2月25日;等等。
79 《新闻报》1899年3月28日;《新闻报》1899年4月20日。
80 《暹罗大隆燕窝公司燕窝糖精条》,《游戏报》1899年4月20日;《暹罗大隆燕窝公司燕窝糖精、糖汁涨价》,《新闻报》1899年4月28日;等等。
81 《大隆公司燕窝糖精比众不同,此糖精功力绝伦,香洁无匹,请明包皮朱印玻璃纸,各大宪题匾,中西文金字仿单,双熊牌记,五色蜡纸各色内封条》,《申报》1899年5月3日;《寿世药言》,《游戏报》1899年4月23日;《同文沪报》1900年12月23日。
82 《补益人身燕窝糖精粉》,《申报》1898年12月18日等。
83 《泰西灵药化学补肾生精燕窝珍珠牛髓粉有夺天地造化之功》,《申报》1900年5月9日;《功力绝伦》,《申报》1901年4月20日;等等。此则广告内容后来又为黄楚九在发卖号称来自"叻坡济生公司泰西异大医生化学法制燕窝珍珠牛髓粉"时几乎照抄:"……故无论虚不受补之人,试服数日,立见髓充精满,威重如山。西人统年常服,故体质倍行强壮。每岁总销数百万听之多,则功效神速,尚何待言? 南洋各埠华人饵屦严,信乎以其血肉之品无克代之弊,又与华人体气极宜,是以信从者众……"参看《补!补!补!》,《新闻报》1904年10月11日。
84 《严杜假冒》,《申报》1898年4月3日;《燕窝糖精》,《申报》1898年4月15日;《华兴公司燕窝糖精慎防假冒》,《申报》1898年6月24日;《军机处存记花翎候补直隶州正堂办理上海英美租界会审分府兼洋务局提调张为》,《游戏报》1899年1月7日;《接录县示照登》,《游戏报》1899年4月12日;《华兴公司燕窝糖精真伪辨》,《采风报》1900年10月29日;《华兴公司燕窝糖精答问》,《同文消闲报》1901年5月3日;等等。

85 《广英公司燕窝糖精粉真假辨》,《申报》1898年6月20日;《暹罗大隆公司燕窝糖精条辨明真假》,《申报》1899年1月3日;等等。

86 《大隆公司燕窝糖精比众不同,此糖精功力绝伦,香洁无匹,请认明包皮朱印玻璃纸,各大宪题匾,中西文金字仿单,双燕牌记,五色蜡纸各色内封条》,《申报》1899年5月3日。

87 《大隆公司远埠购药清单》,《申报》1901年4月3日;《大隆公司远埠购药清单》,《申报》1901年4月19日;等等。

88 《富强戒烟善会劝戒洋烟浅说》,《同文沪报》1903年1月1日。

89 有关的情况,可参看《禁售恶药》,《申报》1903年12月3日;《严禁毒药》,《申报》1904年3月3日;《富强戒烟分会之禁止》,《警钟日报》1904年3月3日。还可参看李宝嘉:《官场现形记》(上册),第327—329、346—349页。

90 海上说梦人(朱瘦菊):《歇浦潮》(上册),上海古籍出版社1991年版,第432页。

91 《序》,《卫生学报》1906年第4期,第3页。本书所引《卫生学报》文均来自上海图书馆晚清、民国时期期刊全文数据库。

92 《沪乘片片》,《神州日报》1910年9月10日。

93 陈伯熙编著:《上海轶事大观》,第202—203页。此处个别说法并不很确切,如京都同德堂的产品并非只有燕窝糖精一种。参看《黄山采药图》,《申报》1893年10月8日;《京都同德堂药目录、药品证治功效说》,《同文沪报》1901年1月17日;等等。

94 儒林医隐:《医界镜》,《私家秘藏小说百部》(第76卷),第76页。

95 儒林医隐:《医界镜》,《私家秘藏小说百部》(第76卷),第79页。

96 关于黄楚九卖牛肉汁一事,可参看《法国新到补身牛肉汁》,《新闻报》1899年11月7日;《牛肉汁上市》,《图画日报》第254号,第43页;等等。

97 四明遯庐:《医林外史》,《医学新报》第1期,第72页。

98 《上海中法大药房发兑中西丸散膏丹、酒水露油》,《新闻报》1895年9月23日;《中法大药房治毒如神,灵丹济世》,《新闻报》1899年3月17日;《中法大药房秘制戒烟参蕲片》《上海中法大药房灵验药品略录》,《新闻报》1899年8月31日;《中法大药房独创鸳鸯种子膏》,《新闻报》1899年9月28日;《法国新到补身牛肉汁》,《新闻报》1899年11月7日;《中法大药房秘制戒烟参蕲片》,《新闻报》1899年11月7日;《老中法驰名夫妇续嗣灵丹、壮阳种子丸、调经种玉丸、梦遗滑精丸》,《新闻报》1901年1月2日;等等。

99 《眼科第一》,《申报》1892年9月14日;《谢中法大药房治毒灵丹》,《新闻报》1899年4月24日;《神针回生》,《申报》1902年6月20日;《公请黄楚九先生送诊贫病》,《新闻报》1904年7月12日;等等。

100 《导淫遭谴》,《申报》1891年5月2日。

101 《导淫遭谴》,《申报》1891年5月2日。

102 《法界公堂琐案》,《申报》1891年5月3日。

103 《控票类志》,《申报》1897年12月18日;《求请销案》,《申报》1898年1月17日。

第三章
补脑的政治学
——黄楚九的艾罗补脑汁广告

第一节 从心到脑

晚明之后,尤其晚清以来,随着来自西方包括日本的医学、生理学知识传入和译介,中国社会对"脑"和"心"功能分际的认识逐渐清楚,意识到"脑"才是人身的主宰,"人之神灵在脑"[1]。传教士主办的《汇报》上也有多篇讨论"脑"的文章,其中一篇《论脑》,从生理学角度揭示"脑乃悟性所凭之体,"脑之轻重大小与悟性无必然关系。[2]同期该杂志上还有读者"静怡轩"发问关于脑与心的关系:华人谓灵慧在心,西人则谓在脑,其理孰是?《汇报》编者是这样回答的:"西人前亦谓灵慧在心,与华人无异。后多方考索,知灵慧实在于脑。"[3]在后来《汇报》上的一篇《说脑》的文章中,又进一步解释说:"脑为人畜最要之一物。凡有背脊者,皆赖脑以生活、以运动、以知觉、以颖悟。故人病于脑则殒命,或瘫萎,或愚不知事。"[4]《女学报》上的一篇戏谑文章,则很形象地说明了近代中国人对于"心"与"脑"作用认识的变化:

人之心与脑争为君。心曰:"中国人自古以心为主,故曰心君,四肢百骸,皆听命于我,人有善归美于我,人有智亦归功于我。自近年外国人发出一种新理,把我的作用都移到脑上去了,我甚不服。"脑曰:"我用新理与你辨,你只执守着旧说,就有许多证据、许多比喻,你也听不进。我只问你一句话,为什么叫元首?曰股肱、曰耳目、曰喉舌,皆比百官,独以首为君,足见股肱、耳目、喉舌皆系于脑……"[5]

"大脑为思虑、记忆及意识之府",而非中国古人常谓的"心","人之思虑、智慧、知觉、运动皆脑为之主,而脑有气筋无数,散布于五官百骸。何处脑气筋坏,即何处有病……"[6]

另外,根据爱如生的《申报》数据库检索,该报也有多篇文章阐发西方医学中的脑为人身主宰、脑气筋遍布全身的理论,像《道异说》一文中即有言:"今夫西医之议论,除辨五脏六腑之外,独重于脑,以为脑有大脑、小脑之分,并云人之知觉运动,皆脑之所为也。及其论脑云,脑为全体之主,专司运动以应万事者,皆脑为之也……脑之使名曰脑气筋,缠绕周身、无处不到……"[7]当时甚至还有西医学会出试题"脑气筋说",来考查学生掌握的有关脑的知识。[8]《新民丛报》上也曾发表过一则关于脑细胞不断新陈代谢的"新知识"短文《脑精代谢》:人之脑含有三万万个细胞,此细胞新陈代谢约六十日而全易,即一日换五百万个,一点钟换二十万个,一分钟换三千五百个。[9]

类似的表达在清末的卫生及生理学、西医学书籍中,更形普遍。如丁福保所著的《卫生学问答》中即言:"百体内外,皆有脑筋缠绕。凡目之能视,耳之能闻,鼻知香臭,舌辨酸碱,新能运血,胃能消化,手足之能动作……以及记忆谋虑者,无一非脑之功用也。"[10]而1901年出版的《皇朝经世文统编》中也收录有从报刊时论里辑出的三篇讨论"脑"的文章。[11]

晚清这些有关脑的论述及关于脑的西方医学、生理学知识,应该会影响到不少趋新的读者与商人。像趋新士人孙宝瑄即从傅兰雅所刻的《全体须知》中,知道"脑为总知觉之主"[12]。

然而,时人不但从医学、生理学角度来阐述脑的作用,还从社会达尔文主义立场出发,将民智、脑的作用同人、同种族的社会竞争联系起来,"世界之历史,优胜劣败而已,优胜劣败之分,脑力之强弱而已"。"非洲之黑人、美洲之红人"为何让白种征服,成为"劣败"人群,就在于其脑力不如白人,而黄种人所以竞争不过白人,脑筋不足也是一大原因,只有在智力上有进步,强种的效果才明显,如果大脑笨拙,肯定不利于强身强种。[13]"中国读书种子大半伤脑,其于一身外皆麻木不仁。"[14]而像宋教仁则受到"卫生家言"的影响,不敢过度枯坐愁思,"恐太伤脑筋"[15]。

在这样的情况下,种族衰弱问题被转换为脑筋强弱问题,强种关怀就顺理成章地被转换为健脑、补脑、强脑问题,"欲求增长智慧之实,不得不以改良脑质为急务",[16]提倡"科学"的"养脑""补脑"方法,寻找可以改善与提高中国人脑力的物质就非常迫切。不过,真正的补脑需求与大量的补脑实践,乃至补脑文化的普及,更多还是由晚清商家用商业手段创造出来的。

利用新出现的医学、生理学知识,以及时人的脑论述、讲究养脑、补脑的心态与呼吁,乃至时人对"脑"的困扰,精明的药商将之作为新的生意点，攀附与援引新学资源，争先开发补脑商品，建构一种以种族强壮、国家富强为导向的商业观念和消费文化，吸引趋新与赶时髦的消费者，于是一些新的补脑物质及其广告在市场与各地报刊上开始频频出现，像补脑汁、健脑丸、补脑药、补脑筋粉、卫生补脑膏、补脑精等。

第二节 艾罗补脑汁问世

在这些补脑药物中，最著名、持续时间也最久的，恐怕当属浙江余姚人黄楚九的中法大药房所开发的产品艾罗补脑汁了。[17]

其实，艾罗补脑汁并非晚清上海医药市场上的第一个补脑药品。我们根据《申报》数据库检索发现，早在1888年的《申报》广告中，就有英商老德记药房的"百补贡邦药水"广告，里面就说该药水有"专补脑气筋"的疗效[18]：

> 脑为人生所最要之物……脑中有病，则人昏昧不明。古人云：人之万事皆发于心。而其实则万事皆发于脑也。脑之通行周身者，为脑气筋，缠绕人身五官百体、皮肉筋骨、脏腑内外，无处不倒（到），故全体均听脑之驱使，无不如意。倘脑气筋有坏，则全体废然无用矣！本药房制有百补贡邦药水，专补脑气筋。[19]

接下来，该广告又讲此药水之益"有八"，主要是配方得宜、药味甚佳、便于服用、价格便宜等，而对于其构成及具体功效，只说它添加了"加二轻养燐、养五",能够"消治百病、强健四肢"和"能补虚弱"。

而据张宁教授研读《申报》广告的发现[20],当时的上海市场上还有一"渣砵多补脑丸"在发售:

> 脑为人身之主宰,凡一身之心思气力、智慧聪明,莫不系之于脑。故人过用其气力,虚用其心思,而智慧聪明即因之日窒也。此无他,脑气不足故也。脑气不足,则精神因之消耗,手足因之疲软,耳目因之聋聩,心血因之亏蚀。关系巨大,为害甚深。法国医生推究其理,思出此法,制为补脑丸一物,专补男妇之气、全身筋络,合以上品药料,用白胶壳包裹成丸。此白质乃由各种生物之脑髓、经血制燥而成,迥异常品。凡达官焦劳国事,文士研求学术,富商钩稽钱财,工人讲究制造,或劳心、或劳力,与平素有烟瘾之人,诚能日服此丸,自然身体强壮、精气活泼,而男子羸弱无能、妇人不能成孕者,此药尤为种子之妙品。功用无穷,笔难尽述,唯购者赐查焉。每日三服,每一丸。上海各西国大药房均有出售。[21]

从广告词可以看出,该药虽打着法国医生特制旗号,但却无具体构成成分标识、产地说明,仅只写各大西药房有售,其主要卖点看似是围绕"补脑"做文章,但实际落脚点却是补身、补肾。

上述两个药品虽没有大做特做广告,对药效的定位也不是很清楚,但其影响还是有的,尤其是"百补贡邦药水"这个药品的影响比较大。如在写于1890年代前期的言情小说《海上尘天影》(《断肠

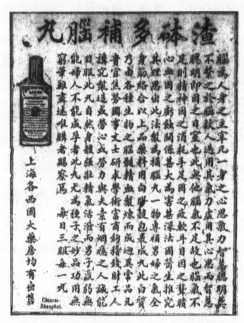

图十二 《申报》1903年6月1日

碑》）中，即有提到有某贵妇劝人服用"贡邦药水"一事：程夫人坐了道："你总要保重些，还是吃些药，贡邦药水也好，吃些也烦不到那里。"双琼道："不要吃，吃了反要加病了。"[22]在1905年上海各界发起的抵制美货运动中，也有被作为美货的"佛罗斯贡邦药水"[23]，成为民众的抵制对象。[24]而清末小说《医界镜》讽刺曾国藩一家三代不信中医，"矫枉过正，其弊又在酷信西医"，"凡有疫病，非西医之药不敢服。"尤其是曾纪泽（惠敏公）热衷西式饮食习惯："我已不食五谷半年，西医说我的肠胃，不宜五谷，宜常服贡邦药水等类及牛羊鱼肉青菜……"作者借这所谓自道之言，来揭示中医主张的"以中人的气体，而学西人的服食，断不相宜"理念，从而凸显盲信西医、不信中医的弊端。²⁵ 上述三处表述中均提到"贡邦药水",我们虽然不能判断它们与前引"百补贡邦药水"为同一种药品,但我们透过三则材料,至少可以发现,"贡邦药水"这样的药在晚清已经有一定知名度,业已成为晚清部分西化精英人士的消费品,也为一些趋新知识分子所知。进入民国后,这个"佛罗斯贡邦药水"还在发售,如顾颉刚就曾托人购买过。²⁶

上述三个药品及其广告或许会影响到精明的药商黄楚九,影响到黄楚九对艾罗补脑汁的定位和包装,可惜我们缺乏直接的证据。但可以肯定的是,黄楚九的艾罗补脑汁后来居上,不但在商业经营和发展程度上远远超越了这三个早出的补脑药品,甚至还影响了近代中国人的身体观与消费观。接下来,我们就看一下,较之上海市场上几个先行的补脑药品,黄楚九的艾罗补脑汁何以在上海市场,乃至全国市场上取得那么大的成功。

根据时人的说法及对艾罗(Yale)商标的分析,所谓艾罗的药方,来自黄楚九某友人提供的一个磷质补剂方子,其得名亦取自"黄"——黄楚九的姓,在英文可以用"Yellow"表述,但因 Yellow 不是通用的西文姓氏,所以黄楚九用了一个接近于 Yellow 的姓——Yale,在上海话里的发音类似"艾罗"²⁷。为什么要采用这么一个洋化的名字?一方面,这个命名显示了中医出身的黄楚九对艾罗补脑汁自身的定位——它是一个新的东西,具有西方的与科学的背景,不同于传统的滋补药品。另外,正是鉴于时代的崇洋风气,黄楚九对顾客消费心理的揣摩,他才取此洋化药名。因为黄楚九很清楚,洋货代表西方的、高明的、新的东西,在当时上海大有销路,为此药取一洋名,可以暗示其来自外国的洋货身份。

当然，让艾罗补脑汁声名遍中国不至于昙花一现的最关键因素，不仅仅在于它的洋名字和包装出来的洋货色彩，更在于深谙广告功用的黄楚九围绕它展开的长期广告轰炸，尤其是他所采用的政治化宣传手法及各种高明的促销策略，不但煽动了有意的消费者的需求，也诱惑了无意的旁观者欲望，从而在很大程度上引导与制造了人们的补脑需求，激发了人们补脑的心理渴望，从而为艾罗补脑汁的畅销打下基础。

需要特别指出的是，通过本书第一章的研究，我们可知道药商的广告基本都是请文人代作，但其内容应该得到了药商本人的认可，一定程度上药商也会参与有关广告词的撰写当中。在接下来要讨论的大量艾罗补脑汁广告中，许多广告词都署了黄楚九的名字，也有一部分未署名，无疑，这些广告词都须经过黄楚九的首肯才能发表，在此意义上，我们认为其能代表黄楚九的理念也未尝不可，因此，为了讨论的方便，笔者预设这些艾罗补脑汁的广告体现了黄楚九的广告观与广告术。

第三节　补脑的政治学

大概从 1904 年 11 月 1 日开始，艾罗补脑汁的广告《艾罗补脑汁功用录》正式出现在《新闻报》上，此广告后来逐渐又扩展到《时报》《中外日报》《申报》等上海报刊，包括一些如《卫生学报》之类的专业期刊与一些通俗小报。[28]只是在最初这个署名"艾罗医生谨白"且附图示说明的广告词中，只宣称艾罗补脑汁能治疗一些脑部的疾病，能补充人体必需品——脑气筋，适合于多种疾病患者及病人，强调其对于人们身体的补养作用，并没有将其功效明确与种族建立联系，但明确确立了“脑”在身体中的核心地位，将身体的疾病来源都归结于脑：

> 脑为一身之主。其脑气筋缠绕周身，四肢百体、脏腑内外，无处不到，故全体听脑之驱使，使无不如意……能记古今万事者，无非脑之权也。夫人之脑愈重，则聪明绝伦；如脑轻者必愚庸之辈也；若脑气无力，则必多诸病；脑气足则百病不生……

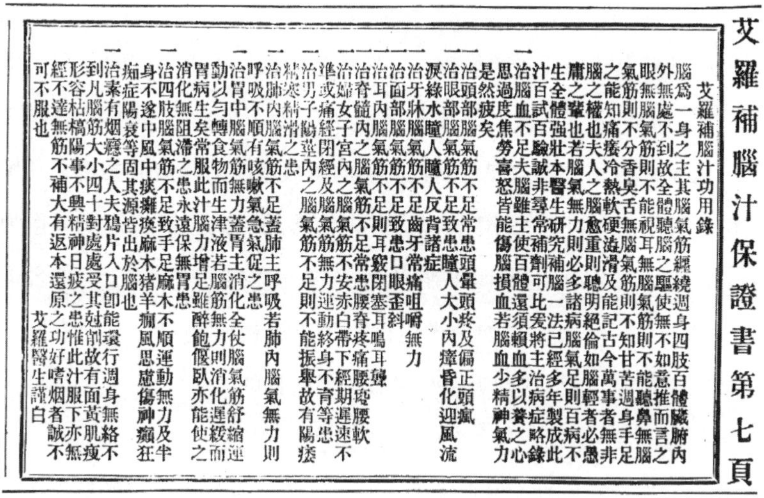

艾羅補腦汁保證書第七頁

艾羅補腦汁功用錄

腦爲一身之主其腦氣筋纏繞週身四肢百體臟腑內外無處不到故全體聽腦之驅使無不如意推而言之眼無腦氣筋則不能視耳無腦氣筋則不能聽鼻無腦氣筋則不分香臭舌無腦氣筋則不知甘苦過身手足之能知痛癢冷熱軟硬遍滑及能記古今萬事者無非腦之權也夫人之腦愈重則聰明絕倫如腦輕者必愚庸之輩也若腦氣無力則必多諸病腦氣足則百病不生全體强壯本醫生研究補腦一法已經多年製成此汁百試百驗誠非尋常補劑可比爰將主治病症略錄

一治腦血不足夫腦雖主使百體還須賴血多以養之心思過度焦勞喜怒皆能傷腦損血若腦血少精神氣力是然疲矣

一治頭部腦氣筋不足常患頭暈頭疼及偏正頭瘋

一治眼部腦氣筋不足致患瞳人大小內瘴昏化迎風流淚綠水瞳人瞳人反背諸症

一治牙牀腦氣筋不足齒牙常痛咀嚼無力

一治面部腦氣筋不足致患口眼歪斜

一治耳內腦氣筋不足則耳聾閉塞耳鳴耳聾

一治脊髓內之腦氣筋不足常患腰脊疼痛腰瘦腰軟

一治婦女子宮內之腦氣筋不安赤白帶下經期遲速不準或痛經閉經及腦氣筋無力運動終身不育等患

一治男子腸莖內之腦氣筋不足則不能振舉故有陽痿精寒精滑之患

一治肺內腦氣筋不足蓋肺主呼吸若肺內腦氣無力則呼吸不順有咳嗽氣急氣促之患

一治胃中腦氣筋無力蓄胃主消化全仗腦氣筋舒縮運勤以匀轉食物而生津液若腦筋無力則消化遲緩而胃病生矣常服此汁腦力增足雖醉飽偃臥亦能使之消化無阻滯之患永遠保無胃患

一治四肢腦氣筋不足致手足痲木不順運動無力及半身不遂中風中痰癱瘓痲木猪羊痫風思慮傷神癲狂痴症陽衰等固其源皆出於腦也

一治素有烟癮之人夫鴉片入口即能環行週身無絡不到凡腦筋大小四十對處處受其尅削故有面黃肌瘦形容枯槁陽事不興精神日疲之患惟此汁服下亦無經不達無筋不補大有返本還原之功好嗜烟者誠不可不服也

艾羅醫生謹白

图十三 《时报》1905 年 3 月 19 日

此广告仅为黄楚九的牛刀初试，他对于传播到中国的西洋西学、生理学知识算不上多么熟悉，只是对于中西医之优劣应该有一些了解，所以请人代撰的广告中很充分地展示了此点：

> 古云：“医不三世，不服其药。”仆之医世家五世矣！穷祖

若父毕生研究之功，垂二三百年，未尝或间，亦可谓辛苦备尝矣！虽则闭门造车，出门合轨，然中国医无专门之学，以考验其实际，不过恃一己之天良，测我臆度之准绳而已。吾自借居海上，耳目日辟，内省诸身，外省诸世，时有鄙夫问我病端，空空之忱，于是发愤为雄，渡海求学，屡游于日本，而后知医之所以为医，固自有道。中国之医，未必可以全非，而参之各国之医学，无不精致缜密，足以补中国之缺。于是虚心请益，而用心详诊者又有年。[29]

该文这里极力赞扬西医的优势，自然还是为搬出子虚乌有的美国医生"艾罗"做准备，以说服顾客相信西医、相信自己，更要相信"艾罗"医生。为此，该文展示出其高超的编故事能力与造假技巧，开始述说《艾罗补脑汁之来由》，以为时人较熟悉的铁血宰相俾斯麦作为引子，讲述艾罗医生发明补脑汁的经过，并援用新鲜的专业名词（如电气）、医疗器械（如透光镜，即X光透视）的符号效力来制造"科学"效果，最终达到吸引与说服读者的目的：

艾罗医生为美国世家子，幼时游学德国柏灵，震俾斯麦之为人，特往见俾斯麦。见其脑大倍于寻常，因知聪明才力，实发端于此。私心窃羡，亦以人力补益之功修补其脑。于是终日研究医脑之术，苦思不得，最后谒电气师揭林末，而穷究人脑之涨缩，以透光镜考核其旋纹，及周体之脑筋，深得其奥。复以各种精质配合成药，遂得一最精最灵之药水，滋补脑汁是也。凡饮此汁者，昏聩者精明，柔弱者强硬，非仅医人，兼可医国。吾支那一般之国民，素乏脑汁，起点所急，当日饮此汁以臻高等之程度也。当时此汁风行欧美，时人争以重金购之，若贫人无资可购，垂涎此汁，多聚谋而共为盗窃者。其体用可谓博大矣……[30]

非但如此以全知者的视角叙事，黄楚九自己又以友人"黄国英"为中介，信誓旦旦，再加危言耸听、煞有介事，刻画出一个高明又具有古道热肠的艾罗医生及其对于中国的意义：

艾罗医生，吾私淑之师也。前年即闻吾友黄君国英言其医名震美洲，泰西各国无人不知，且善化学，不可以寻常医生论。予心向往之，黄君喜予之心诚，且曰："吾当函致艾罗，即在上海为补脑汁入中国之根据地，可乎？"予曰："何谓补脑汁？"黄君缕述补脑汁之功用，不一而足。予未之信也。予是时适心志分歧，苦不得片刻窒息。黄君知之，且曰："是即脑筋病也。予当为子治之。"乃诊予之臂，而以透骨镜遍视周身，既历一过。黄君诧曰："子之脑病深矣！不治将不救，非如华佗之修整不可。虽然，吾有妙药在，不妨举以赠子。妙药维何？即吾艾罗医生之补脑汁也。"黄君乃出其汁以相授。予聆其言，若拨云雾而见青天，恍然有悟乃饮其汁而验之。未及十日，顿觉神气清明，心花怒放，昔之百思而不得者，今且触类引申，头头是道。黄君喜曰："子真可教也。"予因求其方，黄君曰："未可也。支那之化学未精，子即有方，奈无药何？学之不精，适以生害，然而予以救世为心者也。今也支那之颓丧衰弱已达其极点，吾无由操其政柄而改革之，或即以此补脑汁而振发支那人之志气乎？唤醒痴梦，共保太平，是予之责任也。子归而求之，吾当有以济子矣！"予因是日夜孜孜研究西医之学，而后知西人六脏六腑之说不虚（中国不言脑而言心失"脏"）。亲友之来召予医者，靡不应手，而验且较昔日之医确有把握，而黄君之输运补脑汁源源而至，买者、谢者踵至其门，日不暇给。予因感师之学术，于吾中国裨益不浅，乃诠次其说，而以予之所经历者，为吾中国缕述之，虽区区一勺水乎，而张吾中国，使吾中国人有脑筋者即在是矣！是为序。楚九氏又叙。[31]

故事须真实方更可信。随后，为增加说服力，黄楚九又让"黄国英"亲自出马，配合黄楚九的宣传，撰写《艾罗补脑汁运华之缘起》，绘声绘色地向读者虚构出艾罗补脑汁到中国的来龙去脉，广告中的政治性、故事性特别强烈，又夹杂一些时髦的新名词和强种、忧国论述：

> 呜呼！沉沉大陆，莽莽乾坤，二十世纪之时代，为科学发达之时代，人种竞争之时代，科学兴则国亦兴，竞争力则国亦存。天演家优胜劣败之理，即二者之结果，是则吾目今世为脑力竞争之时代亦可也。今我中国以四万万之家，相处于过渡时代，欲求争存于二十世纪之内，独立于列强之中，飞跃于大陆之上，凡具有头颅而不负祖国数千载文明之名誉者，岂得不以优胜劣败数字印于脑纲之内也哉？由此观之，我四万万同胞将来所耗之脑力，不知几千万倍于现今独立二十世纪者矣。但有所虑者，我同胞久立于腐败之境，于幼稚时代既失体育于先，成丁时代又失维持于

后，脑力虚弱，处此竞争剧烈之场，若不急图补救，前途何堪设想？若藉国人之学力以求补救之方法，吾又不敢决其必成也。然处此危险之境，不得不借外人之学，以补不足，明知其为经济上之一漏卮，然于我同胞未尝无益也。艾罗者，美国淳尔基尼亚之产也，亦即四十年前之医学博士也。幼操悬壶术于美京，长游欧亚各国，精新旧医理，学术既富，实验亦精，欧美各邦莫不知其名誉之价值，生平制有得意灵药四十余种，其中以补脑汁最著。甲午之秋，余适专修化学，于石头城时，值艾罗博士游历其间，与余过谈甚善。博士知余喜在化学研究所析分各物，特出其所制之药汁试余，并嘱化验。余穷二十小时之力，将其质析分之，始知内容，金类与植物类之药品十有二种，其中以钠、燐养分居多，因断定为补脑之用。博士大喜曰："此诚予殚思竭虑创制之补脑汁也。"因以六瓶相赠。服之，颇得奇效。于是乎余欲借外人学力补我不足之思想，由此而起，力劝博士将补脑汁输入中国销售，博士许之。未几，博士回美国。乙未春，获其来书，谓欲往德国学X光之新学，未遑顾及。时余亦游汴梁，此事相共而忘矣。癸卯秋，余与中法药房主人商定代为经理，博士允之。今春药到，方得行销于市，此艾罗补脑汁输入中国之原因也。药既到，乃我四万万人无穷之幸福合得数。甲辰十一月香山黄斌国英氏谨识。[32]

此《缘起》文初看，简直就是一篇梁启超式之政论。从中看出，作者较为熟悉西医及一些化学知识、西方最新的科技成就如X光的发明等，他结合中国现实形势，发挥忧国忧民心理，杂以诸多科学新名词,层层递进,渐次引申,攀附西来权威,借用化学试验符号,活灵活现地建构出艾罗医生、艾罗补脑汁同作者本人、中国人之间的联系,同时表明艾罗虽然高明,但并不神秘,劝诱顾客购买。

仅有黄楚九、黄国英署名的这样的摇旗呐喊还不够,黄楚九还要让在欧美无人不知的"艾罗医生"亲自粉墨登场,宣扬艾罗补脑汁的使用范围无所不包、疗效无所不灵。这里黄楚九让广告文体采用了白话文的宣讲形式,同时结合中国传统神话的使用[33],让"艾罗医生"现身说法,直接面对消费大众讲道理:

> 我这样补脑汁,不是别的方药,可以赶得上的,诸君不相信,我说几样好处,给大家听听:第一样是老年人,血气衰了,脑筋便要枯萎了。有了我这个补脑汁吃了,脑筋便不枯萎,自然养舒了血气,脑筋充满了,记心也好,又无各样的毛病。吃了我这个补脑汁,真是长生不老!第二样是中年人,劳精神,用苦力,都是从脑汁上发出来的,把个脑筋弄坏,自然会生出百样劳伤病了。有了我这个补脑汁吃了,便能增长精神,充实气力,免得生痨病,又可免为风寒小病,这不是一件大好事么?第三样是幼年人,要用脑筋、求学问、学技艺,起早落夜,煞是苦脑。有了我这个补脑汁吃了,不但可以助补元精,而且能够长益神智,譬如有了十分聪明,便可增到二十分。这个药真是中国人说的太上老君仙丹、王母娘娘的蟠桃,还没有这样灵法呢?第四样是妇女,妇女的身体,全靠精血,精血的根苗,都从脑筋里发出来得,所以妇女有经水的大病,和那白带、白淫等病症,没有一个不是头昏颠倒的,这就是脑筋里的缘故……艾罗医生演说。[34]

从上述广告引文可以看出，黄楚九及写作艾罗补脑汁广告的文人，对于晚清知识精英正在鼓吹的启蒙和改革论述、社会进化论，以及由此派生的卫生论述、强种论述等都非常熟悉，迅速将之挪用并体现在物的生产及消费文化的建构中，抓住启蒙精英及趋新时人急于追求卫生和强种、救国的心理，将之作为生意源，开发新的物质，利用西方符号、人们的强身强种关怀，结合传统资源，将时人视域中的种族优劣问题化为人们脑筋聪慧与否的问题，进而转化为商品与物的问题，大作特作脑与国民、与种族关系的文章，努力建构物和种族、国家，以及消费跟种族、国家的宏大关系，借此凸显生产该药品及消费该药品的重要性。这在众多关于艾罗补脑汁的广告宣传中可以展现出来，像由黄楚九本人署名的《补脑汁文》：

> 盖闻洗髓伐毛，仙子有不传之秘，移心破腹，良医得起死之方。缺憾虽自天遗，补救端资人力，劈头愈痛神功，偏遇华佗著手成春。妙药早来西土，此艾罗补脑汁之大有造于我中国也。慨自白毵鸱张，黄人猬缩，同兹血气，各有心思，乃彼则以文明而强，我则以野蛮而弱。西欧骄子造化，且丧主权，东亚病夫，委顿已无生气，此非人种有劣优之别，其实脑筋有强弱之分也。然而补心、补肾，金石有灵，补肝、补脾，血肉收效，若脑则秉先天之赋畀，司生人之聪明。智本慧根，莫诩得失之独厚，精酣髓饱，谁云药力之无功耶？彼夫文章耗血，案牍劳形，忧思损身，激烈致病，一滴甫试，百脉皆强，烛照如神，何须藏枕中之本？独居深念，宛如握怀内之珠，纵玉屑金研，茹芝餐菊，而验其功效，亦不能与斯汁比万一焉！嗟乎，精益智而不灵汤续命，而罔

效何处。觅反魂之草,无人团再造之丸,惟此汁能造灵魂,顿增宿慧,弱根可壮,乃培补幼稚之良方,痼疾能瘳,实攻代老大之猛剂。然则推其功验,岂特为寿人之品,抑且为医国之资矣!中法药房主人黄承乾楚九甫识。[35]

该文以时人熟悉的八股文体表述,再现了正处于中西竞争中的中国困境,包括时人有关"东亚病夫""劣种"的认知与想象,乃至对于"强种""卫生"的追求和期盼,将中国的现实世界同西方的物质世

图十四 《时报》1904年11月28日

界、对未来中国的憧憬联系起来,以一种方便易得的消费品形式,告诉人们解决之道、因应之策——就是服用艾罗补脑汁,服用后不仅对个人身体大有好处,国家也从中受益匪浅,个人之"国民"资格亦由此奠立。

再如面向学堂学生的这则广告宣传,同样是就补脑汁与国民、与种族关系大做文章:

> 启者,人之聪明智慧,全在于脑。脑灵则人灵,脑强则人强。西人今日之文明进步,多由于脑之膨胀也。故西人有所思,则谓之绞脑汁,自幼至老,无不先爱护其脑。中国自童蒙即受剃发之害,以致脑际常受风日之侵剥,少年苦于读书之际,竟无佳品善补其脑者。艾罗特创此汁,专言补脑,非特中年老思者有益,且为少年攻苦加一助也。此品凡有学生健忘、脑筋不灵者,服之益见神效,即体操运动之时,亦能加长神力,诚为今日强中国之要药也。具国民思想,欲兴国民义务者,不可不一服……[36]

在此则广告的下一部分中,黄楚九意犹未尽,还邀请时为《新闻报》主笔的文人王楚芳(湘衡)具名[37],撰写《补脑汁跋》,揄扬艾罗补脑汁:

> 中国至今日孱弱极矣,智慧不开,顽固不化,人哀其心之已死也!吾独谓脑筋之不强。泰西医学家言人之灵明,全出于脑,脑强则国强,脑弱则国弱。华人脑筋不强,故处二十世纪竞争之场,一蹶不振,近且日趋于淘汰之域,昏昏不知。顾安得大有力

者转移四百兆同胞之脑,而使之强耶?黄君楚九痛时局之日艰,哀黄种之渐弱,爰将寄售艾罗医生补脑汁,阐发功用,广为行销。文字劳形,心销血耗,服未兼旬,精力弥漫。夫余以积弱之身,得此且转为强焉!我知体质素壮者得此妙药,其增长心思、开发智慧,或能愧危惧亡,再造中国之灵魂,增进后来之幸福,东方"病夫""老大帝国"之耻,其庶几可雪乎?则谓斯汁为益智粽也可,即谓斯汁为续命汤也亦无不可。余承厚赠,获益匪浅,用缀芜词,以志谢忱。王楚芳谨跋。

正所谓"物是表达社会价值的工具,透过人类的行迹、场合及文化脉络等将价值铭刻在物之上"[38]。在绝大多数的艾罗补脑汁广告及中法药房的其他药品广告中,黄楚九都采取了这类泛政治化的说辞,将诸多外在的意义与价值赋予艾罗补脑汁,从而达到哗众取宠、引人注意的广告效果。我们通过下面这则托名"顾雄亚"的异常煽情的"再造中国灵汁"广告,即可窥豹一斑:

上海中法药房自发行艾罗补脑汁,灵效异常,一时风行中国二十二省。凡脑筋不强者,无不视为秘宝,无论老少男女,春夏秋冬服之皆有奇效。中国前数年军学界景象何等萎靡不振!自经补脑汁输入以后,服此者人人知爱国,人人知保种,智慧日长,思想日新,未始非此汁再造之功。中国人欲强国强种,舍此固别无造命之灵药矣。余常服此汁,一切思想智慧迥异往日,故特登报声明,以告我四万万之同胞,速速强脑。[39]

图十五 《申报》1906年6月21日

图十六 《时报》1904年12月22日

黄楚九亦曾在《申报》《时报》《中外日报》《新闻报》《南方报》《卫生学报》《图画日报》等报刊上大做广告,居然借"补园居居士"之口大言不惭曰"艾罗补脑汁"为"新中国之利器":

……今何幸（中国）于此奄奄待毙之时，忽得一无限之生机，发现生机者何是？谋适合于全体之用、补脑之要方，即今之西医艾罗所制之补脑汁也。吾知中国四万万人，一一以之沁之于脑膜之中，使向之一任其腐败者，去腐而生新，而精神思想当豁然一旦贯通，哀土地之殄灭，慨人民之瘠弱，痛定思痛，谋一适合于全国之用之要方，以光复之。夫所谓风起水涌，云合雾集，不索而自得，不招而自来者，以注达于此一目的之所在。是民之有脑，犹国之有公脑也；国有公脑，则群力不谋而自合，百废不举而自兴，勃勃蓬蓬，未有艾也。而向日之一任其腐败之中国，亦如是去腐而生新矣！是补脑汁，诚新中国之利器也。[40]

　　更具象征和示范意义的是，在艾罗补脑汁广告大量刊出之前，近代报刊中的商品广告叙述，像燕窝糖精、戒烟药等，也皆刊登"来自消费者"的保证书、感谢信之类，它们尽管存在不少夸张、虚假成分，但我们很难从中见到泛政治化的修辞。一般来言，这些商品的广告修辞并没有将商品同种族、国家等类似政治关怀联系在一起，往往只是夸大其功能及其对个人身体的作用而已。然而，自从黄楚九的艾罗补脑汁广告及相关中法药房的药品广告横空出世且大量散播之后，建构了一种人们看待与消费商品的崭新方式，引发了诸多商品广告的仿效，特别是类似戒烟药、滋补药之类商品广告的模仿，它们纷纷效法艾罗广告的政治化修辞策略，将商品、消费同种族、国家等政治层面问题联系起来，同时配以大量消费者的谢函、保证书来佐证。以下聊举几例。

像"德华公司始创二十世纪第一奇药——种族养生液"的广告词约有 2 000 余字，采取一层一层递进的叙述手法，完全像一篇当时流行的种族论述而非一个商业广告：

> 生存之道必自强其种族始，种族强而后社会强，社会强而后家国强。当此二十世纪竞争世界，苟种族未强，断不能与东西洋诸国竞争于此世界，则优胜劣败，其不归于天然淘汰者几希矣！是欲图生存，非自强其种族不可，然种族何由强乎？曰必先强于气血。[41]

然后广告借泰西医学博士所著《生理》书，旁征博引，为读者论证血气之重要，申论完毕后，顺理成章推出自己的药物，"本公司主人自幼游学泰西各国，留心黄歧医术，而于研究卫生之法尤属彻底"。终于钻研出此极具功效——"大而且速"的"种族养生液"，"非敢为射利计也，皆以蒿目时艰，每怀忧愤，念中邦之疲苶，实由于种族之不强。自愧空疏，既不能有功于社会，而此药一出，俾我四万万同胞服之皆得盛其气、旺其血，以强其种族，安见不数年后不能与（原文为'于'）白种人竞争此世界哉！此予之所厚望也！"何其冠冕堂皇、何其政治正确的表白！不得不让人叹为观止！

相比起这个"种族养生液"回环曲折的广告，"强种之宝自强丸"的广告词足可并驾齐驱：

> 现在世界日臻文明，百图维新，人之智力与之俱进。强者胜，弱者败。种族争衡日甚一日，处天演竞存之际如今日者，非

自强不可。不但个人自强,并且要人人自强,则国家日强,庶可竞存于列强之间。然民为邦本,必须要人人有自强之精神,方能自强。但是我中国同胞髓气弱者多,若要有自强之精神,必定要靠灵药培补精神气力,挽回造化才好。[42]

这则由"上海万国大药房谨启"的广告接下来还声称,该药物"为强种补剂、尽善尽美之良药,昔在欧洲各国久已驰名,销场之大,日以万计,无论仕女绅商学军界,均皆信服"。亚洲人如果服此妙药,"将来人人身强力壮,奋发有为,直指顾之间事耳"。该药之功用更是无所不治,补脑、补血,增长智慧,健脾开胃,消食化滞,治疗头晕头疼、眼目昏花,以及面黄肌瘦、四肢无力,乃至中风哮喘、烟瘾、男性病、妇女病,还可以强筋壮骨,真的是无病不治,好一个蛊惑人的美丽神话!只是要实现之,顾客必须要付"每瓶一元七角半,每打念元"的高价。

又如五洲大药房的人造自来血的广告中所言:"一国之盛衰在于民气,而一身之强弱则在于血气。血气者,夫固强国强种之原料也。"接着该广告继续发挥,表明自来血有来自英国皇家的"符号效力"和西人无不珍视的现实参考,"自来血乃适出现于今日,此自来血之方为英国皇家医生所定,凡行西土已数十年,西国人民莫不珍之如宝"。现在五洲大药房引进之,就是借鉴其效果及中国人种衰弱的现状,"我华同胞切莫轻视此自来血,盖其中实有绝大之能力也"[43]。如此叙述,再加以俨然权威的"试验法"与连篇累牍的重复广告来辅佐,更有诸如"兴利除害之公启"这样真真假假的大量消费者回应广告出现:

吾国自维新以来,国民思想日趋于文明,无不注重保种。保种之实计安在?卫生是也。卫生之机关,饮食为最,要有滋养品、嗜好品。滋养品固有益于卫生,嗜好品则有害于卫生……我等曾经亲自试验补药之中,最神速、最灵效者,莫如五洲大药房发行之自来血,真有莫大之功……服自来血能却病延年……合肥官绅商各界公启……[44]

经连番广告后,此自来血果然销路通畅,成为五洲大药房发家的凭借,也是清末以后中国最为流行的药品之一。[45]到民国年间,五洲大药房依然不时援用此广告伎俩。如民国初建,五洲大药房即于人造自来血广告中宣称:

国体更新,万端待理。我同胞欲谋共和之进步,急宜服自来血,先养成完全无缺之肢体,然后思想发达,作事有成。且自来血出现以来,海内外莫不啧啧称善……[46]

再如在袁世凯即将复辟帝制时刻,有关国体问题的讨论有成论述的嘉年华会之势。五洲大药房也趁势借用移花接木,不但直接在人造自来血的广告标题中称"国体问题紧要,身体问题更属紧要",在广告内容中也巧妙结合时人的国体讨论热潮突出自家药品的疗效与重要:

国非民不立,民无食不生,无居不安,无医药无以资养生,无强健之精神,无以图存于商战、学战竞争剧烈之世界。

> 无论海通以后，无论未通海以前，强国必先强种，已公认为惟一之要图，故国无论为民主为君主政体，无论为立宪为共和，必有强健之人民，方得有强健之国体。朝野上下，群议纷纷，谈国事者盍先研究夫国民之体质。本药房发行一种人造自来血，对于体质上扶助能力有历年经验之证明，有实际补血之依据……[47]

五洲大药房另外一个药品树皮丸的广告亦是采取同样的方式，而且广告名称《报国聚精》谐音双关，更为哗众取宠：

> 强国必先强种，尽人皆知，但不知种族之强，强在精神，而不在形式……经历强健则百业振兴，精神涣散则一事不举，所以培补精神为人身第一件……树皮丸专治用脑过度，神经衰弱，头晕目眩，精力短少，疯癫麻木……阳痿无能……强邻日迫，时局日危。凡有心国事者，正宜聚精会神，研究保身体强种之方法，庶几聚个人之精力，以营卫一身，聚人人之精力，以救护一国，合举国之精力，以与强邻相接。种强则国强，国强则人无敢轻视也。[48]

再如一号称能"强种育子"的壮阳药，不但在广告上完美地建构了身体、种族、国家同卫生的大写关系，而且还贼喊捉贼，批评别的药物是造假骗人，自家产品才是货真价实，如假包换。其促销的手法非常高明，将药效判断得非常"真实"，对顾客的消费心理也拿捏得极度到位：

> 当今切要之图,首曰强种。强种必先卫生,卫生必先却病。欲得体育健全、脑力富足,具大智慧之新国民,非有先天充足之父母养育之不可。本药局利济为怀,欲弥其憾,因特首创精制参茸芝术虎筋,海狗肾种子衍庆丸、种子衍庆酒,及妇科第一神方——最易受孕之降生丹。以上三药,问世第一,男女同服,如无效验,可还原洋。与世上牟利之徒但事夸张、毫无实际者,截然不同。此三药既平素可得卫生之益,望子者又得必孕之功云,为今世界固本培元之利器,制造健全新国民之妙药,实无愧色。近百年来,行销颇广,远近驰名,其药性之王道和平,行房之助阳耐久,服之者自能知本药局之言非虚,而愿推称及于他人也……[49]

由于对传种改良的重视,从而引起对妇女地位的重视,鼓吹兴办女学,提醒妇女注意自己身体的论述就多起来。一些商家在妇女用药中也利用了这种风气,将之体现在妇女专用品的广告中。如五洲大药房的"女界宝""月月红"的广告,其标题就明示为"鼓吹女界之自由",一语双关,很好突出了该产品的象征意义与"实际"效果:

> 世人偶有疾苦,即不能自由,而女界为尤甚。中国女子,闭塞不通,郁而成疾者,不知凡几。种种受病之原因,几于不可思议,昔人所谓人生不幸为女子身是也。女界沉沉,言之可悯,近虽风气开通,而女学尚未普及,幼既疏于体育,长又昧于卫生,欲求完全无缺者,百不得一。彼新学家言,国民者,一国之主人翁,女子为国民之母,若坐视其丧失自由,则未来之主人翁,复

得何人教养？只此一端，于中国前途大有影响，是不得不有以鼓吹之者。夫药房营业，医人即以医国，负责颇重，安能默睹情形，不为补助。是以本药房有"女界宝""月月红"两药之制，饷之女界，大可鼓吹自由。发行以来，二药已大受女界之欢迎，女界亦大受二药之幸福，但愿国民之母，得以完全无缺，则中国图强之基础，日益坚固，可拭目以俟雄视五洲矣。[50]

戒烟药广告中的政治化修辞体现得更是明显。如名中医汪惕予发布的戒烟茶广告词：

> 今日忧时爱国之士，动大声疾呼，云鸦片为亡中国之具。其言不可谓不警且，实足以唤醒我酣睡之同胞。虽然极鸦片之害，岂特亡国已哉！实欲亡种耳！盖鸦片之耗人气血、吸人精液，竟可使雄武之丈夫，顷刻成一颓唐之弱子，其弱人体质，竟有如是之速且烈！嗟！我中国课染此毒者，已占一大部分。任其蔓延，不为挽救茫茫，后顾中国，尚可言耶？况我国人大都蜷其背、龟其首，已奄奄无生气，若再加以鸦片之毒，有不速灭亡之惨祸耶？恐吾国将演第二之美洲矣！莫谓予言之过，问今日红黑两种尚能存于天演界耶……[51]

诸如此类"去病强种""却病强种""强种圣品""强种开智"的商品广告，特别是一些滋补、戒烟、补肾壮阳之类的药物广告，在清末民初上海报刊上非常之多，多数都采取类似的修辞策略和消费建构，借爱国、强种、卫生、体育、自由等新名词来煽惑顾客，销售各式各样的伪劣药品与商品。正如清末时人借小说家之言所指出的：

> 忽见一个卖报的走过，遂叫住了，买了一张《中外日报》，先看新闻，后看告白。只见满纸满幅都是商家的广告，其中有一半是药房的，所有的药，不是强种就是益智；再有一半就是书局所有的书，不是教科就是小说；余者就是各种行商。却大半总带些"挽回权利""抵制洋货"的话头。在下方知我病夫国中所最有道理的，还是商界中人，商界中人最有道理的，还是香海……[52]

此类广告充斥于报章杂志中，自然易向人展示或建构中国人集体身体出了问题的"东亚病夫"形象。

当然，不止以上这类商品广告在利用与表现当时改造国民身体和强种爱国的论述，当时诸多其他商品，包括新书、招生、香烟之类的广告中，都存在这样的情况。其中著名的南洋兄弟烟草公司即是此道高手，非常善于打爱国牌在各种报刊上做香烟广告。如其"大爱国香烟"广告："君果有爱国之决心乎？君吸大爱国者香烟，即可表示爱国之决心。发于心者形于外，人皆得而见之，且必赞曰：此良好之爱国男儿也。"[53]另外一家自命为中国烟公司的商家也曾反复做"中国烟"广告，采取的是类似的宣传手法："中国人吸'中国烟'，努力振兴'大中国'。"[54]

可以说，晚清民初的广告内容尽管五花八门，但从以上所引这些广告的叙述结构与修辞方式来看，它们均在情节编织上具有逻辑性，努力在建构与夸大卫生、医学、商品同身体、种族、国家的同构关系，借此营造一种"使命感""救护感"的"真实性"，进而创造出顾客的消费需要、消费品味及身份区隔，向消费者表明其产品之于消费者身体与中国民族主义的重要性，以及其产品生产的崇高动机，借机将顾客的消费需求从个人身体转移到种族与国家这样的宏大政治话题上，突出强调这些商品是顾客的"真实"需求，以及顾客消费其商品之行为的高尚性与造成的理想效果。同时，这些广告也制造或暗示出一种能导致身体健壮、种族强盛的愿景和图像，唾手可得的生活方式，唤起顾客或读者的焦虑心态、思慕"文明"之情，而购买或消费其商品就是抚慰焦虑，实现"文明"，将"愿景"变为现实的终南捷径。

概言之，这些商品广告中习见的大写修辞策略、习用的论证方式，无不是在展示着那些流行的关于身体、种族和卫生、爱国论述的作用与影响，以及商家对之的攀附与挪用。正如陈独秀一针见血的批评：

> 什么觉悟、爱国、群利、共和、解放、强国、卫生、改造、自由、新思潮、新文化等一切新流行的名词，一到上海便仅仅做了香烟公司、药房、书贾、彩票行底利器。[55]

稍后，陈独秀更是针对南洋兄弟烟草公司的广告特别发表评论道：

> 自来各日报杂志所登广告与报中言论无涉，所以他的善恶好歹报社当然不负责任。惟报社对于特别有害于社会的告白，也应该加以裁制。香烟虽不是特别有害于社会的东西，但他的害处却

甚普遍。南洋兄弟烟草公司在各报所登广告，好用肉麻的新名词和离奇的图画，实在恶劣不堪，令人看了发生一种恶感，我以为于他营业的目的有损无益。本志前几号因经济的关系，登出该公司的告白，随即接到好几封责备的信，实在感谢而且抱愧。本号该公司送来的告白稿中，竟然扯到什么"罗素博士名言"的话（此广告详本书第五章，引者注），实在可厌已极，已由编辑部查出送还改正，并通知经理广告的先生，以后凡属用新名词来做射利的广告，一概谢绝。[56]

类似陈独秀，鲁迅后来也针对"科学"之类表达被滥用的情况有过相似批评："每一新制度、新学术、新名词，传入中国，便如落在黑色染缸，立刻乌黑一团，化为济私助焰之具，科学亦不过其一而已。"[57]只是像陈独秀这样抨击和拒绝南洋兄弟烟草公司广告做法的报刊主持人太少了，这样的表态并不能阻止类似广告现象的泛滥。

可以说，广告中的高调表白，其实是滥用新的思想资源，将商品神圣化，同时又将其使用价值政治化，以迎合社会上正在提倡和流行的改造身体、"强种""保国""爱国""欧化主义"风气，所谓"高等社会华人喜学步泰西"[58]，此举正是商人的生财之道与高明之处，"盖商人非借用新学，则其名不尊；非上攀官僚，则其势力不固"[59]。商家借用这些易得的、正在流行的"符号资本"，再利用官方尚存的符号权威与传统的官本位崇拜，去欺诱那些幼稚的趋新人士和有经济实力的消费者入彀，只要花钱消费这些商品，就是强身、强种与爱国的表现。毕竟，对于晚清民国的许多消费者，尤其是那些相信西药、西医、欧化的人来说，他们自己无法用"科学"手段来验证市场上正在销售的商品、药品之成分结构和效能，社会和政府也没有专业的监管机构进行化验与监察，即或有一些所谓官方、租界或医生、化学家出面的化验保证，或者化验要求，多成为具文和做秀，或者往往变调，成为软性广告，等于为神通广大的某些商家、医家变相做宣传。[60]

第四节　花样百出的广告

不止如此采用广告叙述的政治化，在营销策略上，广告掮客黄楚九根据顾客心理，吸收孙镜湖等药商的广告经验，还做出许多新的广告宣传尝试，接下来就让我们见识一下黄楚九使用过的各种广告手法。

首先，黄楚九在广告中不仅自夸艾罗疗效，更要借真真假假的"消费者"之口来吹嘘艾罗："本药房自经营此汁以来，未及一载，蒙本埠、外埠诸君曾服此汁者，纷纷投函交赞，可见灵药益人，足称殊品。"[61]如孙镜湖一样，黄楚九非常注意刊登这些大量"来自消费者"的感谢函，即所谓保证书，在《时报》《中外日报》《申报》等上海报纸上连续刊载。如早在1904年11月14日刊登的《艾罗补脑汁——请看真正实验之保证书》的广告中，就有"曾超""陈子文""江宁蒋廷均""岑远村""侯官林奋志""张子甫""西冷冷叟""孙玉声"等诸多艾罗"消费者"的谢函，各个谢函或强调其强身健体，或强调其治头疼、花柳病，或强调其能治疗失明，或强调其补肾壮阳、传宗接代，或强调其补脑益智，像"陈子文"的谢函：

第三章 补脑的政治学 111

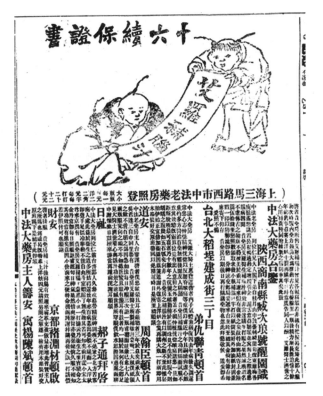

图十七 《时报》1905年11月29日

弟幼而失怙，中年经营，操劳太过，致患虚损之症，精神日就萎靡，百药罔效。闻宝号经理之艾罗医生补脑汁，功效极大，因购归，如法服用，果然药到春回。三月以来，其病若失，真续命之灵丹，培元之良药也。喜而书此，藉鸣谢忱。[62]

其中亦有来自台湾的谢函和邮购要求：

中法老药房：列位仁兄大人阁下，弟自桂月由申渡台，转瞬间菊灿东篱,梅香庾岭,遥想诸君,公私畅适……弟寓海上之际,适患脑病。因闻贵药房艾罗医生补脑汁神效非常,遂购半打服之,果然,诚所谓名不虚传。古之韩康,不得擅美于前耳!迩来似有复发之象,故特由邮局寄上金陆圆五十钱,至恳照数领取,求发小瓶补脑汁半打,以纸篓装好,外加油纸封固,并戳一印,以防弊端。即恳分神速交邮局,妥递来台,至盼至祷……台北大稻埕建成街三丁目。[63]

此类谢函对艾罗某方面疗效的肯定,还被黄楚九专门拿出来作为标题,借机吸引读者:如陈子文的为"续命灵丹",蒋廷均的为"调经止痛","武林学生许承绶"的为"智慧日聪",林奋志的为"重易双眸"[64];"同春祥张子甫"的为"废人不废",西冷冷叟的为"续嗣真凭","维县王承照"的为"不老药而今始信","寓汉萧德明"的

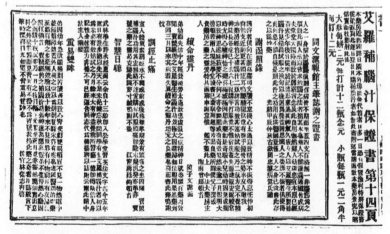

图十八 《时报》1905年3月26日

为"立止头痛","梁溪李之芳"的为"琼浆玉液不是过也"[65];等等,诸如此类标题的谢函都深悉消费者心理与需求,也很契合当时欧美流行的广告理论,其推销艾罗补脑汁的效果自然会不错。

其次,买通媒体及报人发论说文,鼓吹艾罗补脑汁效用的神奇,是黄楚九的另外一个广告手法,这个手法之前孙镜湖没有采用过,但同孙镜湖相竞争的大隆燕窝糖精公司曾经采用过,这里也被黄楚九袭用。黄楚九在各报大作艾罗补脑汁广告伊始,上海一些报刊就发表文章开始配合,发"社论"文鼓吹艾罗补脑汁的神奇效果。如当时上海发行量最大、商业性最强的《新闻报》上,就发表一篇论说——《论枢垣诸公当有幕僚赞助》,文章最后说:

> 夫政府者,元首也,脑部在焉;疆吏者,手足也,手足皆有脑气筋贯注……世之病中国者,皆有指为麻木不仁之病……则今日之医中国,不必医其手足之麻木,而当首医其脑。脑得补助,则四肢百脉之脑气筋融会贯通,手足之力自然复矣!艾罗医生之言曰:"艾罗补脑汁者,最能补助脑力者也。"记者曰:厚给枢垣诸公之公费,使得自延幕僚,最能补助中国之脑力者也。夫脑之功甚大,脑之性甚骄,误触之,则为祸不可收拾,故艾罗补脑汁不求速效,而取和平。我政府最重资格,跻显要而入枢垣者,大都任衰老之年……以繁重之政事,责之三五老翁,鲜有不偾事者。吾故有自延幕僚之说,冀有英俊之才,以辅助政府,明知其无速效,以和平之法也。[66]

该文以脑与手足作喻,强调补脑之重要,借此描绘现实中的中央同地方关系,以及暗示要用和平手段督促中央官僚体系自我改革(补脑)、任用新人。行文中很自然地隐喻和突出艾罗医生及其补脑汁之功效。较之此文的含蓄,《世界报》上刊载的一篇论说,则露骨多了,就是在宣传艾罗补脑汁之于国家的意义,等于直接为艾罗做广告:

> ……天欲别人界,于万类乃先重其脑。脑者,造物之根原也,义理之旨归也……人之所以别于禽兽者,即此脑也……独人为万物之灵,非以脑力胜者不克压服其众。呜呼噫嘻,执是以观吾人之脑,关系于今日者大矣!吾人自问其与西人智力相等乎?抑与禽兽之蒙昧不明不相上下乎?吾爱吾之脑,吾常省吾之脑,吾中国之脑,果何如乎?老者则为利欲所熏,不啻受金钱之耗蚀;壮者又为色欲所迷……少者新矣,可以无虑矣,又皆为教育所误……吾中国全国几于无脑无心肝也……受人之惩创者,不思所以振作;浑浑噩噩,受人之诱胁,不思出其牢笼。中国之人,人脑乎?吾知其去禽兽不远矣。然而,吾中国者,非无人脑之国也,特未善用其脑、警护其脑耳!是故今日之救人济世者,有补脑汁之作也。近有艾罗医生制补脑汁,能使脑之弱者转为强,而今后吾中国饮此汁者:在政府,或可以义利明而取舍贞;在将士,或可以成败明而勇力果;在维新者,或可以处事明,而作为有益;在游学生,或可以见事明而学术猛进;在妇女,提携教诲,不失其天职;在孩提,则聪明发达、日益进步;在田间,则致力于农工……行之十年,吾国之脑补大有胜人处,吾未之信也。[67]

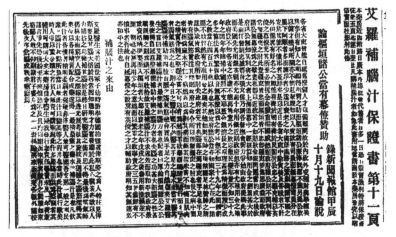

图十九 《中外日报》1905 年 3 月 8 日

鉴于《新闻报》等报刊的流行程度及对于上海社会的影响，这样的论说对许多人应该会产生影响，我们通过中法药房刊载的一则保证书，或可见微知著：

> 中法老药房主人台鉴：敬启者。仆行医数十年，用药尚能取效，惟于己病，虽善为调护，反致日增。十余年来，困苦难言……揽其故，由于少年溺于烟酒，致伤脑筋。近见《新闻（报）》馆言及补脑汁，不觉大悟，偶于友人处得一小瓶，试之，顿觉精神焕发，旧病如失……且仆所诊之病，由于脑筋不足者甚多，定当随时嘱购此汁，则宝药房之生意，自能源源而来也。专此即请。澄东顾山许英汉顿首。[68]

不仅鼓动某些报刊在《论说》中对艾罗补脑汁进行鼓吹，同孙镜湖一样，黄楚九也大量收买各报主笔与上海滩明星文人，让其现身说法，为艾罗补脑汁背书。这些人，包括近代文学家李伯元、吴沃尧、孙玉声等，还有曾经担任过《新闻报》主笔的王楚芳、《中外日报》馆经理张筱卿等。我们且看《华报》馆主笔"惜秋生"的所谓保证书：

> 人之智慧，皆纳于脑，自少至壮，自壮至老，凡事之近于目、经于心者，其何能历久不忘？皆脑为之也。脑有所损，则昏愦矣！脑有所亏，则迷乱矣！惟其损也，则必益之，惟其亏也，则必盈之。而所以益之、盈之之道，药饵是也，医士艾罗创为补脑汁，昨承见惠，偶然尝试，心思勃发，如地涌泉，识见顿开，如天出日，欢喜踊跃，书此存之。重九后十日茂苑惜秋生著。[69]

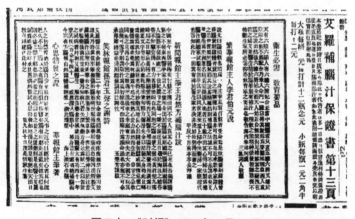

图二十 《时报》1905 年 3 月 25 日

再次，除了借用舆论和文人的力量，与孙镜湖一样，黄楚九还借用西方科学——化学试验以及官方的检验保证，增加艾罗的科学性和公信力。毕竟，对于不少时人来讲，官方特别是"洋大人"，依然非常具有符号效力,而西方"科学"的神奇与准确,更是为上海人在日常生活中耳闻目睹,黄楚九对此自然是心中有数,毫不费力地将之挪用到中法药房的广告中。如艾罗补脑汁及随后黄楚九开发的天然戒烟丸很有销路,引人怀疑,"忽焉有某令以劣生之诬控,上之督辕",故而发生"上海榷宪移请新关税务司密购化验之一举",这个所谓的化学化验结果对中法药房非常有利,因其没有验出吗啡。有人遂自署"苦海过来人",为此大做文章,为中法药房大唱肉麻赞歌,"因此一验,其功效乃大白于黄帝之域,而为中土万不可少之需","此一验也,非该药房之幸,实吾圣清全国四百兆生灵之幸也……"[70]

借此次有人控告中法药房产品含有吗啡的机会,黄楚九立即展开稠密的宣传轰炸,迅速将不利转为有利,在报刊上大作广告批评别人嫉妒诬陷中法药房,并反击有关黄楚九贿赂新关税务司化验师的说法,在自我申明和借官方化验证明自家产品中没有吗啡的同时,黄楚九还呼吁打击假冒艾罗补脑汁的药商,悬赏缉拿造谣之人。[71]对于有人声称的从艾罗补脑汁及天然戒烟丸中检查出吗啡一事,黄楚九说是有人存心栽赃陷害,其实药品并不含有吗啡:"本药房已访得有人购买两药,设计栽害,其居心固其险毒……"[72]

为进一步表明自家药品质量可靠、扩大销量、打击同行竞争者,黄楚九呼吁参照新关税务司暗中抽检中法药房产品的经验,打击假药售卖者,黄楚九亦"大言不惭"地"请各省大府取市上各种之药,一一用西法化而验之,俾卖药者之真伪立分,斯买药者之趋避有准",而在具体操作中,要"特派公正闲员密购于列肆之中,密化于一室之内,万不可假他人之手,致启弊端"[73]。果然,税务司回复沪道说,经过化验,艾罗补脑汁"并无吗啡在内","此汁服后即能使人爽健,确系补脑之品"[74]。

除此之外,黄楚九还借用"保证书"和官方化验结果的反馈来增加广告效果,希图说服更多顾客购买:

> 中法大药房主人鉴:贵药房代理之艾罗补脑汁,五洲各国久已知名,本府游历东洋,见有以此汁相遗赠者讯之。云此汁不寒不燥,于人身增长血气,能补先天后天之不足,人虽老弱,亦可返少还童,欧美卫生家视为奇宝也。目此汁入中国十余年矣,历著奇功,消流日广。自妒忌之徒诬以内含吗啡,欲争微利,实属不明药性,至有此语。两广总督周玉帅见纷争已甚,特饬人化验。曾经广东军医教习、日本药剂师猪子森朋先生及各医生等化验,并无吗啡禀复。护督胡大帅批示此汁并无吗啡,在案细查,此汁为艾罗医生几经考察,自配此良方,为专门特品,与市上向西医书中妄择一二补脑药,而自鸣得意者,大不同也。自此次经周督、胡督两次晓谕并无吗啡在内,从此购者可安心服食,代理者亦可安心发售焉。[75]

借此策略,黄楚九还主动将艾罗补脑汁及天然戒烟丸两药"呈部请验",得到了更"权威"的京城农工商部、民政部、五城总厅的化验报告,以此大作广告,打击竞争对手,借此表明自家有社会责任与道德忧患,跟一般药商不可同日而语。广告最后还信心满满地表示:"以后不论何省官绅,或究心化学之人,欲将两药考验,尽请就近由各售药处随时购验,断无与部验不符之弊……"[76]

另外,拉达官贵人、名流作代言广告,企图用名人效应赚钱,这也是近代商家惯用的广告手法,黄楚九亦不例外。他在广告中说艾罗补脑汁"屡经各名公巨卿奖誉",如由署理两江总督调任两广总督的周馥即曾送匾额两块给中法药房,揄扬艾罗补脑汁[77];出洋考察的大臣戴鸿慈则赠给中法药房"益人智慧"的匾额,说泰西人非常讲究补脑,美国人多服艾罗补脑汁[78];时任湖广总督的瑞澄亦曾送过"斡旋造化"的匾额,吹嘘包括艾罗补脑汁在内的中法药房诸药品功效显著[79]。黄楚九亦曾假托其时已死的曾纪泽及其儿子为之做代言广告。[80]

图二十一 《中外日报》1907 年 3 月 26 日

而时任北京警部侍郎的毓朗，则主动上门，在服用艾罗补脑汁感觉有效后，特书匾额"志立懦夫"，托人带到上海送给中法药房悬挂。[81]

看图说话，用大量图像来展示和隐喻艾罗补脑汁效果，也是黄楚九惯用的广告手法，这则是此前孙镜湖没有采用过的广告手法。如《请看中国二十年后之人才》这一图文并茂的广告[82]，图中非常有精神的两个年轻人分别穿学生服与军人服，学生手拿书卷，军人摩拳擦掌，两人之间桌子上放有"艾罗补脑汁"及水杯，暗示其补脑效果，下面配以煽情的白话文字说明：

> 这是一幅什么图呢？……这是一张新中国二十年后人才的预算表，一个读书人相貌愧悟，满面文明气象；一个武士，雄赳赳气昂昂的，精神百倍。世界上有了这等人物，中国还能不新的么？……但何竟要二十年后呢？只因中国向来卫生一道，不甚讲究，没有调养身体、培植身体的良药缘故，真是可恨。近年始有个大美国艾罗医生，验得人生的聪明财力，都有脑气筋用事，发明了一种奇药，就叫做艾罗补脑汁，吃了他可以培植体质，增长智力，真是独一无二的妙剂……造成二十年后的人才……

黄楚九还将艾罗补脑汁和他推出的另一主打药品"天然戒烟丸"比喻为拯救中国男性的"中流砥柱"，其中特意表明艾罗补脑汁对于全中国及其未来的重要性，"能使脑筋充足，不为七情六欲所伤，非特服之却病延年，且有转弱为强、返老还童之妙"[83]。如果大家都来服用艾罗补脑汁，"中国必有兴旺的日子"，中国人"将来做个顶天立地的奇男子"[84]。

图二十二 《时报》1907年3月30日

虽然艾罗广告的主要针对对象是男性，但对于女性消费者，黄楚九也未忘记，这与稍早时孙镜湖忽略女性消费者明显不同。其实，在最开始的广告《艾罗补脑汁功用录》中，黄楚九就声言艾罗可以"治妇女子宫内之脑气筋不安，赤白带下，经期迟速不准，或痛经闭经，及脑气筋无力运动、终身不育等患"。在稍后的《补脑汁浅近易晓说》广告中，也提到可以为妇女治"脑子"，"脑子好了"之后，"自然身子健旺，便可以生男育女了"，比去求神拜佛的效果"高到万分"。为加强广告效果,黄楚九亦采用图像示例加白话故事宣讲手段,试图说服妇女尤其是学堂女生购买艾罗补脑汁。如一篇连载的白话故事《胡淑芳女史小说》,让女患者"胡淑芳"现身说法,讲述自己的脑病由来,即使到日本医治,虽有效果,但病根难除,影响学堂读书,直到"今年哥哥到上海办货",听说艾罗补脑汁"专治脑筋百病",遂购买一些带回家,胡女不信其效果,到学堂请"化学师"化验,发现"药中燐质居多,真为补脑圣品",服用后,"旧病竟没有发过",因感念艾罗恩德,于是写此保证书。[85]

图二十三 《时报》1905 年 4 月 11 日

清末时期,新名词伴随"科学"流行,不少人从不同角度都在利用之,黄楚九也是如此。在编织艾罗补脑汁效用的故事时,为迎合时人尊西崇新心理,黄楚九会特别让外国人在故事中扮演主角,且注意使用新名词与科学吸引读者,这样非但表示趋新,而且还可以利用"西方"的符号效力。黄楚九在这方面尤其擅长,他非常注意在艾罗补脑汁广告中使用新名词与西方新的科学发明成果吸引读者,最典型的是《空气船(一名飞船)》一文[86]。该文先从欧洲强国工业竞争、万国博览会兴起说起,西方"有志之士、宿学之辈"为竞胜"耗尽脑力,丧尽精神",一英国人"多玛司奈罗"参观巴黎万博会,震于美人所发明之空气船,就想改良之,于是"竭尽脑力"去造新机器,未成却患脑病被迫休养,求助于各个西方良医,均无效。后经一医生用X光照射,发现"多玛司奈罗""脑汁已损,脑纲之功用将失",依旧不能治。后"多玛司奈罗"偶遇一运送艾罗补脑汁之马车,遂在医生引导下服用,"服之未及两月,"即已见效。年余后,则旧疾全愈,重新开始计划去改造空气船。该文不但大量利用时新名词如万国博览会、空气船、电气、磁电气、磁电机、负电机、X光等,也表彰西方人勤于探索、不怕失败的科学精神,而这一切都因为一个戏剧化的情节,更显得有意义——在无药可医情况下,主人公命运却因偶然撞见艾罗补脑汁的运输车而发生改变,真可谓是"千呼万唤始出

图二十四 《时报》1905年4月1日

来",前面的一切铺陈,无非是为了最后突出艾罗补脑汁的疗效。同时,为表明该故事之真实性,文中人物在英国的具体住址、交游等,都开列出来。类似情节的故事亦见《毒草》及《钾溴》,目的都是拿西方科学或药品作为陪衬,突出艾罗对于科学家及其他药不能治的病所起的巨大作用,以及其最后畅销英国的经过。

黄楚九还善于利用中国传统的故事情节为艾罗作广告,如《三头案》,即采用传统的官员判案故事,《被难家属转忧为喜》则采用灾难故事。像这篇以"陈锦山"署名的谢函《被难家属转忧为喜》,配以插图,讲的是一个消费者陈锦山乘船在长江落水被救故事,被救后陈因心急脑病发作,西医推荐服用艾罗补脑汁治疗,之后神智渐好,归家后皆大欢喜。[87]

不止于此,黄楚九还采取其他一些促销手段,如在上海民众购买彩票流行时,购艾罗补脑汁者获以赠彩;在新小说流行时,则附送新小说,还雇人编写新小说为艾罗补脑汁作广告;中法药房新的分店开张之时,实行赠彩或打折销售艾罗补脑汁等措施;也不时进行限期打折促销活动。

艾罗补脑汁的处方,据说得自原在华英药房工作过的吴坤荣,却被黄楚九伪托为美国艾罗医生发明,并在瓶贴上加印"Dr. T. C. Yale"字样以迷惑顾客。[88]所谓的能够补脑,甚至能够百病可医,根本是噱头,系编造出来的神话,但其广告内容却十分充满诱惑力,不但借用了当时公共舆论中关于强种、强身、补脑乃至开民智的论述,而且将"补脑"产生的效力无限放大,宣传服用艾罗补脑汁能"长命千岁"[89],还"立可致富"[90],并通过好像来自四面八方、各色人等的大量保证书、感谢信,营造出一种已实现的"真实效果"(reality effect），并将此效果归结为艾罗的功劳，甚或吹嘘其具有"飞播全球之声誉"[91]，"寰球第一"[92]，以此策略来吸引不知情的人购买。由于艾罗补脑汁低成本、高价格，又非常好卖，让黄楚九大获其利。

第五节 读者和消费者的回应

然而，这些广告究竟怎么样影响了消费者的补脑观念？这些广告所建构的消费文化和身体观，意义何在？换言之，读者或顾客是怎么回应这些广告的？又是哪些人在购买这些商品？他们为什么购买这些商品？是为了广告中宣称的那些宏大目标与意义吗？或是为了自己对身体的重视？这些是我们必须要考虑的问题，也是以往对广告及消费的研究中较少探讨的问题。可能是由于消费者对广告的回应资料比较难找，过去对广告的研究较多是关注广告自身的言说，而不太重视读者、消费者对广告及商品的回应。[93]笔者下面以艾罗补脑汁为例，来描述一些评论者、读者、顾客的不同反应情况，试图勾勒出商品与关于商品的广告描述对消费者的影响，希望借此揭示商业对晚清以来中国身体文化建构的影响。但关于顾客服用艾罗补脑汁的材料，限于本人学术积累，能找到的记载主要在清末民初的小说中。

在东海觉我（即徐念慈）的科幻小说《新法螺先生谭》（1905）中，就有关于艾罗补脑汁的描述：

人之生存运动思想，无一不借脑藏。今得取其故者，代入新者，则齿秃者必再出，背屈者必再直，头发斑白者必再黑，是能将龙钟之老翁而改造一雄壮之少年。惜余未尝习其术，否则，余归家后,必集合资本,创一改良脑汁之公司于上海,不独彼出卖艾罗补脑汁之公司,将立刻闭门,即我国深染恶习之老顽固,亦将代为洗髓伐毛,一新其面目也。[94]

透过小说中的描述,可以看出作者对"脑"之作用的认同和强调,以及想通过药物改造国民脑力以开民智的迫切心愿。语句之间虽然显示着他对艾罗补脑汁功能不能遂其所愿的不满,但却展示了作者对艾罗补脑汁能起补脑作用宣示的认可。

像徐念慈这样认可艾罗补脑汁作用的士人,还有名小说家李宝嘉(伯元),他在艾罗补脑汁刚在上海销售时,即在报纸上为文鼓吹:

《说文》曰:"脑,头髓也。"头为一身主宰,五官百骸,皆受命焉。是故脑盛则诸体皆盛,脑衰则诸体皆衰。消长之理,隐隐相通,盖非可忽视也。近来新学家谓人之思想,皆属于脑气筋,其说甚精确,然则补脑之法,诚不可不亟请求矣。艾罗医生为美洲著名岐黄家,操活人术者五十载,兹出其心得秘法,制为补脑汁,经国家试验有效,准其出以问世,运至沪上,归中法药房一家经理代售。吾知此汁一出,其有裨于养生家者,决非浅鲜,故乐得而书之。甲辰十月南亭亭长谨识。[95]

不仅如此,李宝嘉还在小说《官场现形记》中特意提及艾罗补脑汁,表彰它的补脑作用:

梅飐仁一听他话不对,只得挽出师爷同他讲说:"洋提督后天就要走的,这件公事,无论如何,明日一早总得送过去。吾兄辛苦了,敝东自应格外尽情。千万辛苦这一遭罢!"那位教习听说"格外尽情",无奈只得应允。当下就在梅飏仁签押房里调齐案卷翻译起来。梅飏仁跑出跑进,不时自己出来招呼,问他要茶要水,肚子饿了有点心;一回又叫管家把上海艾罗公司买的"补脑汁"开一瓶给他喝,免得他用心过度,脑筋受伤。那位教习见如此,心上也觉过意不去,只得尽心代为翻译。无奈这件公事头绪太多,他的西学尚不能登峰造极,很有些翻不出来的地方,好在通海州除掉他都是外行,骗人还骗得过。当下足足闹了八个钟头,只勉强把制台的意思叙了一个节略,写了出来……[96]

结合李宝嘉广告中的言说,上引描述似乎表明李宝嘉真的相信艾罗补脑汁能补脑,而从"教习"翻译对服用艾罗补脑汁的"过意不去"反应来看,"教习"亦应该相信艾罗的补脑功效。李宝嘉在《文明小史》中也有提到补脑汁,在说及南京康太守的小儿子的头被碰了之后,爱子心切的"康太尊":

赶紧请了中国伤科、外国伤科,看了都不中用。据外国大夫还说,囟门碰破,伤及脑筋。我想我们一个人脑子是顶要紧的,一切思想都从脑筋中出来,如果碰坏,岂不终身成了废人?因此兄弟更为着急,赶紧到药房里买了些什么补脑汁给他吃。谁知那补脑汁却同清水一样,吃下之后,一点效验都没有。如今是刚刚外国伤科上了药去,所以略为睡得安稳些。[97]

李宝嘉借康太尊之口说出"一切私心都从脑筋中出来",表明他的确已经认可"脑为一身之主"这样的提法,但对艾罗补脑汁能否起到补脑作用,可能因为药不对症,李宝嘉似有保留。

一些医生对艾罗补脑汁的疗效也有保留看法。刊于1921年的医书《遯园医案》,就有关于清末病人服用艾罗补脑汁的记载:

> 又尝记余在前清观察李思澄君家教授时,其从叔硕坚先生以得疾自粤东归里,据云因体气素弱,友人劝服艾罗补脑汁数瓶,即得怔忡症,左乳下虚里穴痛,而跃动倍常,因此变症多端,抵家时已属不治,不两月而殁。故并书此,以为不悉药性、轻信喜服者戒。[98]

从上面这则记载里,我们可以看出,病人将艾罗补脑汁当作补品服用,结果却生发异常、延误病情,最后导致不治,而医生则是将艾罗补脑汁视为一种药物,认为不应该轻易服用。

《歇浦潮》中也提及艾罗补脑汁,主要是讲跟邵氏偷情的"光裕"看到艾罗广告,就买来给情人,让其转送公婆李氏:

> 这天光裕仍到傍晚时分才来,他晓得李氏(邵氏原公婆,正生病,引者注)因伤头眩,自己买的膏药,未见功效,急切不得个孝敬法儿。今天偶见报上登着中法大药房艾罗补脑汁的广告,忙去买了半打,兴匆匆的捧着,送到钱家。走进门也不先往老太太处问安,一脚走进李氏房内,放下药包,掏出手巾,抹一抹额角上的汗,笑嘻嘻对邵氏道:"那天的药不灵,今儿这个药,

治头眩最有效验。"说时便把药包打开,将补脑汁取出,一瓶瓶陈列在邵氏面前。自己拖一张凳在她旁边坐了,面有德色。邵氏因他前回买的药膏,满口灵验,用时非但无益,而且有害,此时不十分相信,见他来意甚盛,却之不恭,只得含笑称谢。光裕得意非凡……[99]

从作者的描述中,我们可以知道艾罗补脑汁的广告轰炸带来的效果,"光裕"正是看了报刊上刊登的艾罗补脑汁广告,相信艾罗补脑汁确能起到这样的作用后,才购买送给"邵氏"用以给"李氏"治病的。由此,我们也可以略微察觉出"邵氏"对艾罗补脑汁等药品的态度,"用时非但无益,而且有害"。之所以如此,大概像"邵氏"这样一个思想尚比较守旧的女性,经常看报并受到报刊上广告影响的可能不大,对她这样比较依赖生活经验的人来讲,艾罗补脑汁的广告对她的影响不会很大。

著名文学家老舍在小说《赵子曰》中亦曾提及艾罗补脑汁:"可是对于以害病吃药为一种消遣的人,你最好说:'你还得保养呀!"红色补丸"之外,还得加些"艾罗补脑汁"呀!'"[100]通过老舍的叙述,我们可以知道小说里的这些青年学生亦是将艾罗补脑汁当作补品来服用的,这或许也代表了老舍对艾罗补脑汁作用的认知。

同样,四川小说家李劼人在初版于1936年的小说《暴风雨前》中也两次提到艾罗补脑汁:"老爷也起了床,服过艾罗补脑汁了……"[101]"气接不过来,艾罗补脑汁不中用,还是把鸦片烟盘子摆出来。"[102]从这个非常中性的描述中,我们可以察觉出李劼人对艾罗补脑汁的滋补作用的认可,还可以看出,当时一些四川有钱人家,是将艾罗当作补品和药物来用的。

以上虽然是小说中的描述，但应该大致能反映出小说作者和一些消费者对待艾罗补脑汁的态度，以及艾罗补脑汁的应用场景与流行情况。

然而，相比上述对艾罗补脑汁的基本肯定或不反对态度，还有文人特意写文章，赞扬其为"奇药"：

> 脑为人身之主，智愚之分，亦出于脑，此等新说已成世人深信不疑之学矣。西医名艾罗者，因念有用脑力之功、无补脑筋之物，故人到中年记性渐劣。职是故也，乃亟思创制专补脑力之药，药成，试之极验，购者日多。近因销售更广，上海由中法药房中一家代售，并代出保证书，以言服汁之法，服后如何征效，真奇药也。[103]

从该处叙述可以看出，作者对艾罗补脑汁大力揄扬，且居然相信此补脑汁的确是美国医生艾罗发明的，真心相信艾罗广告所言——艾罗补脑汁来自美国，补脑功效显著，各地谢函、保证书之类神乎其神的夸奖为真。[104]

同藜床卧读生态度类似的颇不乏人，《申报》上一则呼吁预防脑病传染的文章，也说如果脑病太严重，"虽有华佗再世，剖脑而去其头风，艾罗奇方补脑而用其药汁，亦不足解非常之危机"[105]。从这样的描述中，我们明确可以看出作者对艾罗补脑汁补脑疗效的认可。

浙江余姚的官宦子弟朱鄂基（朱鄂生，1880—1956）也服用过朋友赠送的艾罗补脑汁，感觉"味甜气香"。[106]还有人将艾罗补脑汁作为壮阳药看待。像清末低级官员符璋即认为："艾罗补脑汁及贡邦药水壮阳有效，每打十二瓶，价三十余元。据云两种久服，如不泄，必致阳具肿烂，泄则否。"[107]

· 相反相成，从清末开始，也一直有消费者和舆论洞悉黄楚九艾罗补脑汁内幕。如据当时身居浙江台州的黄秉义记载，他经常阅读上海各报，听闻有本地人购服艾罗补脑汁，他一度也想购服之，托一个懂行的朋友"子霖"从上海代买，但"子霖"告诉他此汁"是电气水，食之非独无益，尚有见损"[108]。东北也有消费者"吴蒙"曾投书《盛京时报》，揭发艾罗补脑汁形同吗啡，服用后害人无穷：

> 大主撰先生足下启者：仆近见城内药铺出售艾罗补脑汁，各洋货铺亦有代售者。该药仿贴上铺张其词——"大可增长精神""终日不倦"等语。不知此汁别无他药，全以吗啡造成。试问未染鸦片烟瘾之人而饮以半匙之吗啡水，其精神有不顿长者乎？况近日朝旨戒烟，欲祛数十年之恶疾，予海内以自新，异（当为以，引者注）免东方病夫之诮。若任此毒药输入内地，与贩卖吗啡何异？虽贩者、购者或未悉此药之性质，而仆既有所知，不禁大声疾呼，广劝我同胞，嗣后万不可购服此鸩毒之汁，以重卫生……[109]

再像晚清趋新报人汪康年就几乎以最直接的方式，揭露他的浙江老乡黄楚九以艾罗补脑汁骗钱的伎俩，包括艾罗命名的由来，与夫外国滑头假冒艾罗后人勾结律师讹诈黄楚九等事情。[110]后来名报人曹聚仁也说：

洋人把我们身体主宰从"心"搬到"脑",因此,现代化的补药,他说要补脑。楚九找了一位西医朋友,开了一张带磷质的补剂方子,加上一些可口的果汁,让小姐少爷老爷太太们爱吃。他定了一个药名,叫做"补脑汁",他知道那是崇洋时代,中国的医生的方子是不会有人信任的,一定找一个洋人;他就照了一张犹太朋友照片,印在上面,称之为"艾罗"。"艾罗"(Yellow)者黄也,拆穿来还是姓黄的人发明的补脑汁。在月亮还是外国圆的世纪,他就发了财了。[111]

清末《中外日报》上连载的小说《商界鬼蜮记》,讲述了清末几个上海滑头药商靠假药发家的故事。该小说第二到四回主要是在影射黄楚九(王太医)的发家史及其遭遇律师伙同外国混混冒称艾罗后人讹诈的事情。[112]小说的大致内容是针对黄楚九、席裕麒(亚支奶拥有者)、孙镜湖(燕窝糖精发明者)等上海奸商的生意经进行揭露和讽刺,虽然未明确写出这些奸商及药品的本来名字,但用谐音、隐喻等方式,读者一阅,即知作者之笔所针对之人物和药物。小说中对"王太医"遭遇外国混混讹诈的描述,大概即为前引汪康年对黄楚九的批评之本。[113]

另外一讽刺小说《医界镜》的作者"儒林医隐"借胡镜荪(即讽刺燕窝糖精发明者孙镜湖)对王湘皋(暗指黄楚九)之言,道出时人对补脑的重视,以及补脑药"补天汁"(暗指艾罗补脑汁)的"发明"缘由,其广告取得的效果与"补天汁"的购买群体:

现在支那的人,似文明非文明,似野蛮非野蛮,智识似开非开，内无实际，外竞新说，这等人最容易受欺。目下人人口头，不是说的人身以脑气筋为重么？我即乘着这句话，迎机而入，趁这混混过渡的时代，说脑为光天，创立一种补天汁。假托西法真传，说西人服之，如何聪明，如何强壮，现在我中国人种孱弱，非大补天元不可。只要说得好听，自然生意兴隆，时哉不可失呢……[114]

接着小说作者总结道："报纸上（指补天汁的广告）诸如此类不一而足，使人阅之，安得不入其彀中？即使号机警灵敏的人，亦被其赚过的。大约赚到的钱，又有数万了。"[115] 在稍后的部分，作者又继续描述了黄楚九被律师和外国混混串通遭遇讹诈事[116]，其内容同前引《商界鬼蜮记》中相关描述大致类似，并说事后，为弥补损失，王湘皋（黄楚九）又发明了一个新药"阴阳铁血丸"（即阳光铁丸）：

> （王湘皋）自从被小蒲葙敲了竹杠以后，要想弥补这项亏缺，思想再创造一种新名字丸药。究竟善于颖悟，想了几日，又造出两种丸药，名阴阳铁血丸，先登报说明铁之功用，与血如何关系，说是人身红血输多，则肌肤鲜红，身体强健，白血输多，则肌肉淡白，身子薄弱。服了这个阴阳铁血丸，自然红血输日长日多，白血输日减日少了。这等说话，外面看似明白晓畅，说得有理，其实只好欺那不懂生理的人。要知道人身的白血输为人身治病的元素，救命的至宝，杀微生物的主帅，人身一有伤损，那白血输即来医治，一遇微生物，即奋勇向前鏖战，必灭尽微生物而后已。试看那平常之人，每有毛病，不服药，亦往往会好的，

即白血输自治的功能。是以这阴阳补血丸，实又是一骗人的花样。[117]

民初小说《人海潮》中也有对黄楚九及其中法大药房、艾罗补脑汁的描写，借用了暗喻双关（汪初益、海落补脑粉）的方式，挖苦黄楚九发家手段狠辣，事或有夸张，但作者对黄楚九及小报文人的讽刺则跃然纸上，让稍懂内幕的人一阅读，即可悠然神会：

> 璧如笑道："算你小报记者中的起码货。上海几位小报主笔，谁不是资格老到，吃过官司，带过高帽的。"复生道："现在上海小报，已经衰落，自从龙病生出过毛病以后，大家不敢轻于尝试。"衣云插嘴道："不知龙病生出的什么岔子？"复生道："龙病生这起案子，也叫棋高一着，措手不及，他要想汪初益老鸟的好处，你想呆鸟不是呆鸟，汪初益在上海滩上，三岁小孩，也晓得他的大名，病生自不量力，在一张繁花报上，大骂初益药房里出卖的'海落补脑粉'。初益为人忠厚之至，晓得他们那批文丐，无非想几个钱，当下借着登他广告为由，送他十、二十块钱。谁知病生嫌少，越骂得起劲。初益忠厚不过，还托人去招呼他别骂，要钱好说的，改日一定送过来。病生捺下几天，不见送来，顿时又大骂起来。初益再忍不住，当下自去会他，送他五十块钱。他依旧嫌少不受。初益觉得病生逼人太甚，不得已设下一个圈套，一天晚上托人约他吃酒，当场塞给他二百块钱钞票，他才始收受不响。谁知走下酒楼，在人丛中一轧，一只手给旁人拉住了，硬派他扒手，窃去了身畔一叠钞票，两人扭到捕房里，在

病生身畔搜出二百元钞票,那人一口咬定是他的,钞票上有图章,那时亏得病生有见地,实供向汪初益敲竹杠敲来的。堂上心下明白,当敲诈罪办。监禁西牢半年,逐出租界。从此以后,小报风潮稍息,不敢公然敲诈。"[118]

混迹于上海洋场多年名小说家包天笑,早对上海药商的底细洞若观火,特意在《上海春秋》中专列一章"开药房乱卖虎狼药,设医院徒多花柳医",借一纨绔少年"陈老六"之口,挖苦上海药商的发家伎俩和药界乱象,其中亦暗及艾罗补脑汁等药:

> 还有什么补脑液更要骗到有职业的人,说是你这脑子用得太费了,非吃一点药补补它不可。人家听得他说得好听,也就整打来买了……[119]

尽管有时人不断揭发黄楚九造假、艾罗补脑汁为假药,但对于今天我们这些研究者来说,笼统以真假来判断艾罗补脑汁的广告及保证书的效果,借此来评价黄楚九的商业经营活动,有些太过简单化。这正是我们阅读戴维斯(Natalie Zemon Davis)的名著《档案中的虚构》所受到的启发,她关注的既不是16世纪的那些赦免状的"真实性"如何和到底有多大"真实性",亦不是求赦者在赦免状里所叙述事情的真假与否和案情的真实经过,而是这些赦免状的虚构叙述及修辞,特别是其背后呈现出的集体心态、文化与社会行为的互动以及文本赖以形成的社会脉络。[120]在此意义上,商品广告叙述中的夸大、商品及其效用的真假,对于我们这些研究者来讲,或许就真不是最重要的考虑了。黄楚九的艾罗补脑汁广告宣传与保证书固然为假，但仍然吸引了诸多的消费者，激发和创造了他们"补"的真实需要与心理渴望，塑造了人们用药品、食物可以补脑的想象和认知。当有关的脑论述及补脑宣传成为一种风气和时髦之后，"稍开通者无不知灵机觉悟、才智精神，皆在脑不在心，而思有以补养也。故补脑名词亦渐出世"[121]。脑力不足，需要补脑逐渐成为当时很多人的共识，对于一些趋新者和脑力活动比较频繁的人来讲，尤其如此。[122]这其中，清末以来形形色色的补脑药、健脑法自然都发挥了作用，塑造了人们用药品、食物可以补脑的想象和认知。在诸多的补脑品中，艾罗补脑汁无疑是持续时间最长、经营最为成功，也应该是影响最大的补脑药。

综合上述对艾罗补脑汁及其广告的回应个案，再结合艾罗广告中宣传的它百病可医，具有"起死回生""返老还童"功能，乃至诸多的保证书署名人身份，可知艾罗补脑汁及其广告预设的、影响的，也是其主要销售对象，应该是一部分趋新知识分子、官员、商人、学堂学生、发育中的儿童、吸食鸦片者、各种病痛患者等，以及一些在经济上较为富裕、思想上较为趋新的家庭，还包括一部分赶时髦的消费者，女性也被纳入艾罗的广告考虑与治疗范围，但治疗目的只是为了让其更好传宗接代。

进而言之，消费者购买艾罗补脑汁等商品的行为，仍是有其主体性在，并没有完全受制于广告中的言说。他们一般并不在于消费这些商品所建构的那些宏大意义，即或拿广告中的"消费者"的"保证书"所言，只有善于"谀药"的像《同文沪报》主笔"笑鸳"，是侧重于从种族与国家角度来讲消费补脑汁的意义的：

……华人不能护脑，通国皆成病夫，堂堂大国，降而致于孱弱。言念及此，良用怃然。敝人幼岁患疳，本原已经斫丧，少年后日从事于记述，思虑过甚，神气久废。友人以艾罗医生所制补脑汁见馈，劝试服之。浃旬以后，迥异曩昔，因思国人之委靡不振者，俱使得此，何患不能自强，是则此汁之功用，直堪医国，岂仅一人之身已哉！书此存之，以讽妙药。[123]

另外一个曾跟随曾纪泽出过洋的军官周明清的保证书立意也相仿：

予少负不羁才，壮岁出山，随郭钦使嵩焘、曾袭候纪泽，乘风破浪，远涉重洋，得遍游英美德法俄比荷兰等国，留心政学外，始知西医以脑为主宰，曾在美京购办补脑汁一打，因闻袭候喜嗜此汁，得以动劳王事、精神不倦。顾余生平从不食参茸等品，惟此汁西人考验信服，故亦乐于从事也。归国后颇思此汁，奈航海梯山，求之不易，惟恨当时未曾多带而已。今秋忽得罗游戎楚材馈贻中法药房之艾罗补脑汁一箱，察之与美利坚京城所购色味如一，试服月余，果觉耳目一新，精神一爽。窃念我国四万万黄种，至今日衰之极、弱之甚。推究其原，良由脑气筋不振之故。今得运载来华，我知挽狂澜于既倒，敷元化于无形，未必不从此起点也。爰志数语，以告黄种。[124]

其他人基本从个人角度立论，根本上，他们接受商品广告并购买商品的意图还是着眼于个人身体或表现自己的"卫生"品味，如对于脑的重视，希望通过消费这些产品能促进身体的康健，或有利于对身体的使用，建构自己"卫生"的生活方式。那些广告中的宏大叙述对于他们来说，可能只是一种认识的媒介，更易吸引或说服他们购买有关商品而已。

　　抑有进者，这些商业药品及广告宣传，还可能推广或改变了晚清以降人们对身体尤其是"脑"的看法，包括"脑为一身之主"的观念更加得到普及，晚清兴起的与脑有关的新名词，如补脑、脑筋、脑袋、主脑、脑子、脑际、脑门、脑力、脑病（脑气病）、首脑等，借助像艾罗补脑汁这样无孔不入的商业广告，也愈加为普通民众接受。如同样有黄楚九入股的万国大药房在其一则广告中所言，自近年"西医艾罗以补脑汁输入中国，上自王公卿士，下至商贾农工，始知补脑之益，而脑气筋乃各日强一日。凡曾购服此药之人，以今较昔，灵蠢特异，强弱悬殊，以是我黄种于卫生开智一事，竟俱日有进步"[125]。该广告虽然非常夸张，但还是道出一些艾罗对于时人的影响及时人对"脑"的见解之影响。同样，艾罗的广告对于反对所谓"迷信"怪力乱神[126]，提倡有病看医生的观念，或许也有一定作用。

　　转言之，艾罗广告中的政治化宣传与保证书中信誓旦旦的证明，并非全部为假，它们这样的表述，亦为时人提供了一种认识与想象当时现实世界的物质方式及解决之道，其所使用的语言、修辞方式，都是当时趋新人士乐于使用的，所讲述的故事和做出的保证，也是消费者乐于听到与向往的，而从广告与保证书中展示出的心态，乃至对卫生现代性的追求、补脑、补血、强身、强种的关怀，均显现当时人的心理焦虑状况与西来资源的符号效应，这些都是当时"真实"的存在。利用这些"真实"，精明的商家挪用为商机，将之付诸商品生产，体现在商业广告和商品营销中，从各个角度打造身体和"新国民"的"卫生"与"政治"标准,将商品及商品消费赋予承担种族、国家兴亡的意义,企图建构消费者以身体健康、种族振兴为导向的消费文化与物质观,进而尽可能地销售自己的商品,获得最大限度的利润。

况且,消费绝非仅是一经济过程,绝非仅为了商品的使用价值,也可以为了欲望的释放和满足,为了实现身份的建构和区隔。像艾罗补脑汁补脑的效果究竟如何,恐怕在当时和现在都无法用"科学"手段准确测试出来,这就给黄楚九夸示其功效提供了可以充分发挥的空间。尽管艾罗补脑汁根本就不具有补脑和治百病的实际作用,但高明的黄楚九结合社会现实及正在流行的启蒙论述,通过大量的、重复的和充满隐喻色彩的广告提醒,创造出一个差异世界,建构出艾罗补脑汁的莫大功效,暗示消费者,大家的脑子都有问题,需要补,大家身体都有病,需要治,而补与医疗的最好手段就是服用艾罗补脑汁。因之,受此引导而来的消费者,与其说是在消费艾罗补脑汁的实物,毋宁说他们是在消费艾罗补脑汁广告所建构出的象征价值及社会文化意义,并借此建构与凸显他们的消费品味。职是之故,与其说"补脑"的渴望来自身体的自然需要,毋宁说来自商业与文化的建构,来自黄楚九的生意经,来自"补脑"的政治学。

第六节　成功之后

艾罗补脑汁推出不久,即靠各式各样的广告及促销手段大卖,到后来,它在各地销路愈发通畅,迅速成为补脑类药物的标杆与模仿、赶超对象,像一个宣称来自日本的补脑药在其广告中就刊出一封

"消费者"来函,说"日本帝国补脑丸实效","不在艾罗补脑汁之下,而价则较廉两倍"[127]。这时,艾罗补脑汁亦被大量运往日本占领下的台湾销售,"近来大稻埕南街香港郊之广兆昌号,由上海中法药房办来之补脑汁,现之采买者日繁接踵,其畅销地不特台北一方,则新竹及台中亦皆致邮购买。如诸商人多由该号买入贩卖,已获利者,亦不乏其人"[128]。艾罗后来还被作为国货名牌来宣传[129],成为民族品牌的一个神话。[130]如一个报刊宣传中所言:

> 国产新药在海外市场向无地位,惟中法大药房出品艾罗补脑汁,行销欧美及南洋各埠甚广。得有英美意德等国之金牌奖状,实为我新药界无上光荣。是药发明已四十年……[131]

再如另外一个表达所言,"艾罗补脑汁为首创补脑药,艾罗补脑汁为本埠中法大药房出品,发行迄今,已历四十余年,为补脑药之首创,治理神经衰弱、耳鸣眩晕、心惊失眠等症,应效如神,服者转相介绍,医家一致赞许,虽外间极多类似仿制之品,卒以艾罗补脑汁功效翔实、信誉卓立,故销额逐年步增,售价一仍旧惯"[132]。据其残留的档案资料可知,该补脑汁产量以1945年为最高,月均能生产41 600瓶。[133]在1946年上半年,艾罗补脑汁更是求大于供,中法药房半年内只生产了2 500斤,销售数量却能达到3 000斤,据中法药房估算,如果产能跟上,半年内的销售量还可增加1 000斤。[134]在1949年前福建莆田的涵江镇药店,从国内购买的药中就有艾罗补脑汁,因为人们认为艾罗补脑汁"能治疗头昏和记忆力衰退"[135]。

后来艾罗补脑汁已经符号化,转化为补脑汁类药物的代称。如在

1970年的广西,乡下的一般民众还知道要去买艾罗补脑汁治病。[136]更有意思的是,艾罗补脑汁还被新近的一些文学家不断写进小说里,足以表明艾罗这个符号在晚清以来文人间的知名度。[137]甚至到现在,还有自称为中法药房的香港商家在生产"艾罗补脑汁",并在网上发卖。

借艾罗补脑汁成功的东风,黄楚九接下来又推出系列艾罗医生的药品和中法大药房的药品,如艾罗疗肺汁、艾罗解毒药、艾罗白灼丸、天然戒烟丸、日光铁丸、月光铁丸、黑鬼血、白鹤诞等各种名目

图二十五 《时报》1906 年 11 月 23 日

新奇、疗效号称奇特的药品，亦对之采取类似花哨的广告手法，但除了天然戒烟丸（黄楚九在广告中将其与艾罗补脑汁打造成"神州二宝"）[138]依靠清末政府推行戒烟政策的大环境取得一定成功，其余药品销路似乎都不佳。

类似孙镜湖燕窝糖精的遭遇，由于"艾罗补脑汁"很畅销，这激起了当时诸多药房的仿效，争相赶制各自牌子的补脑汁赚钱。如有最直接模仿艾罗牌子的"佛罗补脑汁""爱乐补脑汁"等药，亦有上海华英大药房的嗳哆补脑汁、中英大药房的极品补脑药、英商勒喊大药房的格尔士原牌补脑汁、中英大药房的养身培元补脑药，以及中日大药房的"原牌补脑汁"，乃至还有打着"英京伦敦伟罗有限公司"的"伟罗保寿汁"、"广济祥"的"濂制牛脑汁"、日本"丹平商会大药房"的"健脑丸"、日本山崎帝国堂补强脑丸等形形色色的补脑药丸、补脑汁纷纷现身。

这些药品不但模仿艾罗补脑汁的创意，甚至还会照搬其广告叙述模式。像冒充"艾罗补脑汁"的佛罗补脑汁，即谓该汁："现今欧洲各国无人不服，无地不售，大抵白种之能心思灵巧、身体壮旺，皆赖此汁之功居多。"[139]又如另一"爱乐补脑汁"宣称："无论男妇老少，立服此汁，脑筋自强，百病消除矣！运送华以来，争购者接踵于门，奖誉者不绝于口，足征奇效非凡，实与寻常补脑之剂炯乎不同。"[140]类似的夸张叙述和修辞，在在显示出艾罗补脑汁广告的影响力。但很明显，此种表达完全是向壁虚构、危言耸听，该类商品之真实品质和对身体之实际效用，自然是不言而喻。

不仅如此，还有一些假冒艾罗牌子的补脑汁出售，导致中法药房不断地刊登打假广告，到会审公堂或借助日斯巴尼亚领事（黄楚九化

第三章 补脑的政治学

图二十六 《时报》1907年11月22日

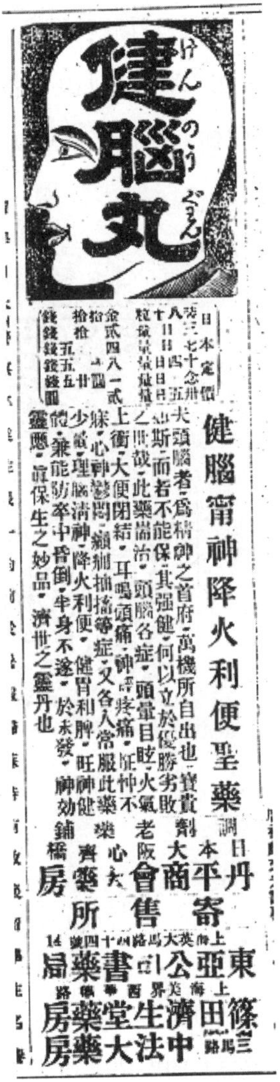

图二十七 《时报》1906年12月26日

名黄胜，入籍日斯巴尼亚即西班牙）控告仿冒者，结果到 1905 年 9 月时候，艾罗补脑汁就获得了"中法药房独用商标""不准仿冒"的合法性[141]。另外，黄楚九还在报上公布打假结果，提醒消费者认准真正的艾罗商标，到正宗的中法药房分销店与艾罗补脑汁的寄售处购买。[142]

图二十八 《中外日报》1906 年 3 月 31 日

第七节 小 结

凡此，均可显示艾罗补脑汁及其广告的巨大影响力。而伴随艾罗的畅销，黄楚九的中法大药房也不断扩张，在 1905 年初时，艾罗补脑汁在外埠的销售主要依靠三十多家药店寄售。[143]到 1906 年底，寄售处已经遍及中国本部二十二省省会，而且《时报》馆苏州分馆、上海和北京有正书局，也都成为艾罗补脑汁的寄售处。到了 1908 年 11

月1日，在所谓二十周年纪念时候，中法药房在各地直接所设分铺，已经达到四十余所了。[144]黄楚九去世之后，中法药房生产的"各种制剂不下数百余种，销路遍及全国及南洋群岛等地"，工人人数达一百二十人，年均可生产艾罗补脑汁三十六万瓶。[145]而其分店广设在重庆、成都、昆明、长沙、贵阳、相关等地，在国内、国外南洋群岛、北美洲、欧洲等处有"经售处"约三千余户，销售中法药房旗下的"自制家用良药五百余种"[146]。到了1950年代初期，艾罗补脑汁业已被认为是有钱人的消费品。如在批判资本家时，曾有这样的顺口溜：资本家"远看像猪猡，近看像弥陀。进出用车拖，还要吃艾罗"[147]。这时，大概不仅所谓资本家在消费它，一些干部与市民也喜欢服食此物，艾罗依然被时人视为是一种营养丰富的补品或补药，很容易被人滥服。[148]因此，公私合营后的中法制药厂仍旧在生产艾罗补脑汁，不过其名字已经改为"艾罗补汁"了，一度还曾在当时影响颇大的《健康报》上登广告，只不过限于环境，其广告词已经很平和了，且只声称其为"神经系滋补剂"，适应症状为"神经衰弱，头晕目眩"[149]。而其自身的产品说明则稍微详细，依然延续了过去广告中一直强调的补脑及多种多样的作用：

> 本品为神经系统营养剂，含有甘油磷酸钠、咖啡因、维生素乙等。功能促进消化机能，改善全身营养，增进大脑（原文如此，引者注）工作效率，促进碳水化合物之新陈代谢，维持神经系统之正常功能，促进神经疲劳之恢复，及神经组织变性之再生。适应脑力衰弱，头晕目眩，精神疲倦，记忆力薄弱及因营养不良而致神经衰弱等症。[150]

1957年8月7日后,因为原料蔗糖的稀缺,已经公私合营的中法药房接受上海卫生局要求修改艾罗配方,药厂不得不重新提出四种处方,供药房负责人裁决选定何种。药房负责人又担心蔗糖减少后会引起消费者不满而有所犹豫,于是请求上级主管部门上海市医药工业公司定夺:

> 鉴于服用艾罗补汁者,神经较为敏感,如果新处方制成之样品,在色香味方面,以处方(1)与原处方比较接近,可使减少服用者之心理(原文如此,引者注)。究以采用何种为宜,仍候核示,以便再向卫生局审批。[151]

卫生局1958年3月5日进行了批复,决定提高配方中蔗糖所占比例。[152]此后,几经调整,艾罗补汁系列产品的拥有者变为中国医药工业公司上海分公司,直到1966年7月20日,上海卫生局同意中国医药工业公司上海分公司提出的将艾罗补汁改为"维磷补汁"的申请,相应的其他艾罗命名的系列产品也一并修改,但初期在"使用新名称的包装品上,暂加原名"[153]。至此,艾罗的名字逐渐淡出上海医药界的舞台,但该名字的符号意义及围绕它所存在的历史记忆却并未远去。

上述这些情况或都表明艾罗补脑汁及黄楚九广告策略与经营手法的成功,也表明艾罗补脑汁给予时人与后人的长远影响。后来黄楚九涉足各种生意,风头一时无两,成为上海滩"广告王":"计黄君所经营之商业机关,有九福公司、有中法大药房、有中西大药房、有大世界、有日夜银行、有福昌烟公司,此六家商业机关,资本均雄厚,皆赖广告以宣传。"[154]无怪乎后世会有人认为,"黄氏生前之提倡自造新药,与外商抗衡,为国家挽回利权,杜塞漏卮,其对国家之贡献,岂浅鲜者?"[155]故此,连后来黄楚九传记的作者都理直气壮声称,黄楚九"没有卖过假药,更没有卖过毒药"[156]。其然哉?果其然哉?

通过前文对燕窝糖精广告和艾罗补脑汁广告的分析,同时参考前引时论和小说中基本可以相互印证的描述,读者对近代上海药房的广告造假情况或不难心中有数。而黄楚九在艾罗补脑汁广告中采用白话小说、白话家常故事、大肆利用西方科学术语、让女性现身说法、广告叙述的政治化等策略,又超越孙镜湖主要靠文人作文称颂、购药者录名、药品广告主要针对男性等广告方式,亦为广告手法的创新。

孙镜湖、黄楚九的相继成功,不仅影响了上海华人药商的广告策略,甚至也影响了包括韦廉士、兜安氏、东亚公司书药局等在沪的外商药房[157],各中外药商纷纷采取类似的广告策略。一些药商进而还大量发布有外国人的照片和署名的保证书,借此强化药品的疗效及权威性,像韦廉士、兜安氏、东亚公司书药局这些外商在华药房,以及个别冒称外商的像震寰药厂、罗威药房等,他们在销售自己的主打药品韦廉士红色补丸、兜安氏秘制保肾丸、中将汤、爱理士红衣补丸、红血轮时,都非常频繁地采取了这种做法,且都获得了一定的效果。像清末一个游幕为生的安徽人何宗逊在各报上读到大量韦廉士红色补丸广告,即被其迷惑,"阅各报均载西医韦廉士红色补丸,无论老幼男妇服之,功效不可殚述。海内登报鸣谢者,日不绝书"。再加上两位朋友的推荐,以及《大公报》上刊登的有咳症的广西张姓知县服该药病好的先例,同样患有"痰咳"的何宗逊马上用洋三元购买了两瓶该药服用。[158]此种广告模式延续到民国时期,亦是同样如此。而在他们发布的众多广告中，比较能吸引读者或消费者眼球的，仍可能是那些名人医药广告，那么这些名人医药广告的真相如何呢？接下来的第四章就关注此问题。

注　释

1　《人之神灵在脑论》，《新学报》第 3 册，1897 年 9 月，收入全国图书馆文献缩微复制中心：《晚清珍稀期刊汇编》(第 4 卷)，全国图书馆文献缩微复制中心，2009 年影印本，第 127—130 页。有关"脑"知识在晚明至晚清的一些传播情况，可参看邹振环：《〈泰西人身说概〉与"脑主记忆说"》，收入氏著《晚明汉文西学经典：编译、诠释、流传与影响》，复旦大学出版社 2011 年版，第 344—354 页；祝平一：《君官异位：传教士、朱方旦与明清之际的心脑之争》，台中中国医药大学，"医家与史家的对话——中医学术知识的历史传承与变革"国际学术研讨会会议论文。此文蒙祝平一教授惠允引用，特此感谢。

2　《论脑》，《汇报》第 52 号，1899 年 2 月 22 日，收入《近代报刊汇览·汇报》(第 2 册)，第 180—181 页。

3　《论脑》，《汇报》第 52 号，1899 年 2 月 22 日，收入《近代报刊汇览·汇报》(第 2 册)，第 183 页。

4　《说脑》，《汇报》第 94 号，1899 年 7 月 19 日，收入《近代报刊汇览·汇报》(第 3 册)，第 167—168 页。

5　《一体相争·心与脑争》，《女学报》，光绪二十九年(1903) 第 1 期，第 45 页。

6　郑观应：《医道》，收入夏东元编：《郑观应集》(上册)，上海人民出版社 1982 年版，第 520 页。

7　《道异说》，《申报》1887 年 9 月 24 日。参看《续道异说》，《申报》1887 年 9 月 27 日；《中西医药论》，《申报》1888 年 5 月 7 日；《论电气》，《申报》1889 年 7 月 7 日；《行军以医生为要说》，《申报》1894 年 12 月 19 日；《说脑》，《申报》1897 年 9 月 26 日；等等。

8　《医会秋季题目》，《申报》1886 年 9 月 19 日。

9　《新知识之杂货店·脑精代谢》，《新民丛报》第 1 号，光绪二十八年元月一日，第 101 页。

10　丁福保：《增订第四版卫生学问答九章》，辛丑九月无锡畴隐庐重印本，第 14 页。

11　见邵之棠辑：《皇朝经世文统编》卷九十九，上海宝善斋，光绪辛丑年秋月石印本，第 24—

25、32 页。
12 孙宝瑄:《忘山庐日记》(上册),上海古籍出版社 1983 年版,第 86 页。
13 参看上海魂:《说脑上篇》,《江苏》第 1 期,光绪二十九年四月一日,第 57—67 页;上海魂:《说脑下篇》,《江苏》第 2 期,光绪二十九年五月一日,第 1—8 页。
14 杨翠:《吾妻镜》,转见张仲民:《出版与文化政治:晚清的"卫生"书籍研究》,第 370 页。
15 宋教仁:《宋教仁日记》,湖南人民出版社 1980 年版,第 143 页。
16 上海魂:《说脑上篇》,《江苏》第 1 期,光绪二十九年四月一日,第 62 页。
17 关于黄楚九,目前并无他的专业传记出版,唯有两本极具想象力的传记可以参考:秦绿枝:《海派商人黄楚九》,上海书店出版社 1999 年版;曾宏燕:《上海巨商黄楚九》,人民文学出版社 2004 年版。两本全无注释的传记旨在阐发近代海派商人的荣光,以为现实服务,但皆有不少史实错误,后书更是出自黄楚九曾外孙女之手,辩护之情与自豪之感弥漫于字里行间。
18 张宁教授说在艾罗补脑汁出现之前,"不见以滋补脑气筋为号召的药品",这个判断当为误。参看张宁:《脑为一身之主:从"艾罗补脑汁"看近代中国身体观的变化》,《"中研院"近代史研究所集刊》第 74 期,第 18 页。
19 《上海百补贡邦药水》,《申报》1888 年 3 月 31 日。
20 参看张宁:《脑为一身之主:从"艾罗补脑汁"看近代中国身体观的变化》,《"中研院"近代史研究所集刊》第 74 期,第 19 页。笔者没在上海书店影印本《申报》1903 年 1 月 4 日找到该广告,笔者所用的该广告词,是根据 1903 年 6 月 1 日《申报》录出,据张宁教授说,年中的该广告,内容仅比年初的多一图像。
21 《申报》1903 年 6 月 1 日。该广告又见《世界繁华报》1904 年 2 月 23 日。
22 邹弢著,方兴便、赵明华校点:《海上尘天影》(下册),民族出版社 1994 年版,第 676 页。
23 该药也经常在报上做广告,从其广告中透露出的功效看,它还是借用西药的招牌,号称能"补肾壮阳";但早期该药的广告只讲其能治疗"远年咳嗽及虚劳乏力等症",能使吸烟之人强壮,"并治精寒不育诸病"。参看《佛罗斯贡邦药水》,《时报》1907 年 12 月 27 日;《妙药回春》,《申报》1882 年 9 月 8 日。
24 参看《奉劝中国的众同胞不买美国的货物》,《安徽俗话报》第 21、22 合期,乙巳年八月望日,第 23 页。
25 儒林医隐:《医界镜》,收入金成浦、启明主编:《私家秘藏小说百部》(第 76 卷),第 106 页。
26 顾颉刚 1919 年 1 月 29 日记,《顾颉刚日记》,台北联经出版公司 2007 年版,第 81 页。
27 汪康年:《汪穰卿笔记》,上海书店出版社 1997 年版,第 37 页;参看《沪事评论》,《神州日报》1910 年 5 月 2 日。《中外日报》上连载的《商界鬼蜮记》小说第二一四回,对王太医(黄楚九)及蒲缎补身汁(艾罗补脑汁)的得名、成分及发家史有很刻薄的描述。
28 张宁教授说艾罗补脑汁的广告,"原以《新闻报》为主",1905 年 4 月后才扩大沪上另一大报《申报》。这个说法不很确切。参看张宁:《脑为一身之主:从"艾罗补脑汁"看近代中国身体观的变化》,《"中研院"近代史研究所集刊》第 74 期,第 21 页。
29 《艾罗补脑汁保证书·叙》,《中外日报》1905 年 3 月 2 日,《时报》1905 年 3 月 18 日。
30 《艾罗补脑汁保证书·补脑汁之来由》,《时报》1905 年 3 月 23 日。
31 《艾罗补脑汁保证书·叙》,《时报》1905 年 3 月 18 日。
32 《艾罗补脑汁五续保证书·艾罗补脑汁运华之缘起》,《中外日报》1905 年 1 月 24 日、《时报》1905 年 1 月 28 日;又见《艾罗补脑汁保证书·艾罗补脑汁运华之缘起》,《时报》1905 年 3 月

20日。民国初年黄楚九在推销自己新发明的"第一总统牌精神丸"时又曾召唤黄国英出马，广告方式类似。参看《香山黄国英君试验书》，《神州日报》1914年5月12日。

33 有研究者说艾罗补脑汁的广告不太使用传统元素，应属误判，因为艾罗补脑汁非常善于运用中国传统文化和西方现代结合的形式做广告。参看黄克武：《广告与跨国文化翻译：20世纪初期〈申报〉医药广告的再思考》，见王宏志主编：《翻译史研究》2012年号，复旦大学出版社2012年版，第154页。

34 《艾罗补脑汁保证书·补脑汁浅近易晓说》，《中外日报》1905年3月6日、《时报》1905年3月21日。

35 《艾罗补脑汁保证书》，《中外日报》1905年3月1日。

36 《学堂要品！！！艾罗补脑汁——请看真正之保证书》，《时报》1904年11月28日。

37 此君后曾在黄楚九支持下任《笑林报》主笔，因管理不善，且因"包揽词讼"、伪造"亚支奶"骗钱等事，被人在报上连续抨击。参看《声明禀究〈笑林〉报馆主笔》，《时报》1906年11月11日；《宣布王湘衡即各报不齿之主笔金陵王楚芳包揽词讼罪状》，《时报》1907年7月1日；《声明〈新报〉馆主王楚芳即王湘衡潜逃》，《时报》1907年8月4日。

38 Tim Dent著，国立编译馆主译，龚永慧译：《物质文化》(Material Culture in the Social Word)，台北书林出版有限公司2009年版，第35页。

39 此广告《申报》1906年6月21日等期，《新闻报》1906年6月15日等期，《时报》1906年6月23日等期，《中外日报》1906年6月20日等期，《南方报》1906年9月11日等期，以及《卫生学报》等报刊，都有多期刊登。

40 《新中国之利器》，《时报》1904年12月22日、《中外日报》1905年3月10日。

41 《新闻报》1905年11月15日。

42 《申报》1909年5月19日。

43 《全球为记——人造自来血》，《神州日报》1908年11月3日。

44 《兴利除害之公启》，《神州日报》1910年5月18日。

45 《上海近代西药行业史》，第267—268页。

46 《人造自来血》，《太平洋报》1912年4月14日。

47 《国体问题紧要》，《上海亚细亚日报》1915年10月15日。

48 《保国聚精》，《新闻报》1915年5月17日。

49 《同胞注意——强种育子要药》，《时报》1908年10月28日。

50 《时报》1908年8月21日。

51 《汪惕予医生创制戒烟茶广告》，《申报》1906年1月11日。

52 废物：《商界鬼蜮记》，《中外日报》1907年10月19日。

53 《大爱国香烟》，《中华新报》1921年8月23日。

54 《中国》，《中华新报》1921年7月11日。

55 陈独秀：《再论上海社会》，《新青年》第8卷第2号，1920年10月1日，第1页。

56 记者：《编辑室杂记》，《新青年》第8卷第4期，1920年12月1日，第2页。

57 鲁迅：《偶感》，《花边文学》，人民文学出版社1973年版，第50页。

58 《中国绅士各喜仿效泰西》，《新闻报》1915年5月15日。

59 志达：《男盗女娼之上海》，《天义》第5卷，1907年8月10日。

60 《沪道函催试验戒烟丸药》，《中外日报》1907年10月12日；《慎重戒烟药品》，《神州日报》

1908 年 10 月 5 日。
61 《学堂要品!!! 艾罗补脑汁——请看真正实验之保证书》,《时报》1904 年 11 月 28 日、《中外日报》1905 年 2 月 12 日。
62 《艾罗补脑汁——请看真正实验之保证书》,《时报》1904 年 11 月 1 日。
63 《艾罗补脑汁保证书十六续》,《时报》1905 年 11 月 29 日、《中外日报》1905 年 12 月 3 日。不知道广告中的此人与下文的台北大稻埕"广兆昌"号有没有关系。
64 《艾罗补脑汁保证书》,《时报》1905 年 3 月 25 日。
65 《艾罗补脑汁保证书》,《时报》1905 年 4 月 6 日。
66 《论枢垣诸公当有幕僚赞助》,《新闻报》1904 年 11 月 25 日;转见《艾罗补脑汁保证书》,《中外日报》1905 年 3 月 8 日、《时报》1905 年 3 月 23 日。
67 《论脑》,原见《世界报》甲辰十一月初十日;转见《艾罗补脑汁保证书》,《中外日报》1905 年 3 月 7 日、《时报》1905 年 3 月 22 日。
68 《艾罗补脑汁保证书十七续》,《时报》1905 年 12 月 30 日。
69 《艾罗补脑汁保证书》,《中外日报》1905 年 3 月 11 日。
70 《论新关税务司化验艾罗补脑汁、天然戒烟丸之功》,《时报》1907 年 5 月 6 日。
71 《祸福所判,是非立辨》,《时报》1907 年 2 月 28 日。
72 《祸福所判,是非立辨・捏名禀帖胡言之荒谬》,《时报》1907 年 2 月 28 日。
73 《敬告天下大府》,《时报》1907 年 6 月 7 日、《中外日报》1907 年 6 月 9 日。
74 《税务司致沪道函(为查明各药店私售吗啡事)》,《申报》1906 年 12 月 27 日。
75 《上海三马路中法药房经理创制之艾罗补脑汁、天然戒烟丸,俱无吗啡确能补益脑筋、断除烟瘾之铁证》,《时报》1907 年 8 月 29 日、《新闻报》1907 年 9 月 2 日;等等。
76 《农工商部、民政部、五城总厅化验艾罗补脑汁、天然戒烟丸,俱无吗啡立案准售之铁证》,《时报》1907 年 8 月 3 日、《新闻报》1907 年 7 月 26 日。
77 《赐匾志感》,《中外日报》1907 年 6 月 23 日;《上海三马路中法药房经理创制之艾罗补脑汁、天然戒烟丸,俱无吗啡确能补益脑筋、断除烟瘾之铁证》,《时报》1907 年 8 月 29 日、《新闻报》1907 年 9 月 10 日。
78 《钦命紫禁城骑马经筵讲官参预政务大臣法部尚书戴少怀尚书来函》,《中外日报》1907 年 4 月 23 日。
79 《斡旋造化》,《申报》1911 年 9 月 24 日。
80 《艾罗补脑汁得此证书又增身价》,《申报》1910 年 7 月 10 日。
81 《警部侍郎服药赠匾》,《申报》1906 年 6 月 20 日。
82 《请看新中国二十年后之人才》,《中外日报》1907 年 3 月 26 日、《时报》1907 年 3 月 30 日。
83 《中流砥柱》,《时报》1907 年 3 月 30 日。
84 《请看新中国二十年后之人才》,《时报》1907 年 3 月 30 日。
85 《艾罗补脑汁保证书》,《时报》1905 年 4 月 11 日;《艾罗补脑汁保证书》,《时报》1905 年 4 月 12 日。
86 《艾罗补脑汁保证书》,《中外日报》1905 年 3 月 17 日、《时报》1905 年 4 月 1 日;《艾罗补脑汁保证书》,《中外日报》1905 年 3 月 18 日、《时报》1905 年 4 月 2 日。
87 《被难归家转忧为喜》,《时报》1907 年 10 月 12 日、《中外日报》1907 年 10 月 20 日。
88 参看《上海近代西药行业史》,第 46、49 页。

89 《服艾罗补脑汁长命千岁》,《时事报》1911年3月4日。

90 《服艾罗补脑汁立可致富》,《时事报》1911年3月9日。

91 《艾罗补脑汁飞播全球之声誉》,《天铎报》1911年6月8日。

92 《寰球第一——中法大药房主人特别广告》,《中外日报》1907年7月4日、《神州日报》1907年7月14日。

93 参看黄克武:《从申报医药广告看民初上海的医疗文化与社会生活》,《"中研院"近代史研究所集刊》第17期下,1988年,第141—194页;朱英:《近代中国广告的产生发展及其影响》,《近代史研究》2000年第4期,第87—115页;Karl Gerth, *China Made: Consumer Culture and the Creation of the Nation*, Cambridge and London:Harvard University Asia Center, 2003;王儒年:《欲望的想像:1920—1930年代〈申报〉广告的文化史研究》;杨祥银:《卫生(健康)与近代中国现代性——以近代上海医疗卫生广告为中心的分析》,《史学集刊》2008年第5期,第52—59页;等等。

94 东海觉我:《新法螺先生谭》,收入于润琦主编:《清末民初小说书系·科学卷》,中国文联出版公司1997年版,第11—12页。

95 《学堂要品!!! 艾罗补脑汁——请看真正实验之保证书》,《时报》1904年11月28日。

96 李宝嘉:《官场现形记》(上册),第957页。

97 李宝嘉:《文明小史》,上海古籍出版社1982年版,第266—267页。

98 萧琢如撰,湖南省中医药研究所整理:《遯园医案》,湖南科学技术出版社1960年版,第33页。

99 海上说梦人(朱瘦菊):《歇浦潮》(中册),第487页。

100 老舍:《赵子曰》,商务印书馆1928年版,第50页。

101 李劼人:《暴风雨前》,作家出版社1963年版,第191页。

102 李劼人:《暴风雨前》,第216页。

103 吴县藜床卧读生编:《绘图上海杂记》卷三,文宝书局1905年版,第2页。据郭长海教授考证,此"吴县藜床卧读生"当为管斯骏。参看郭著:《蠡勺居士和藜床卧读生》,吴晓峰主编:《中国近代文学史证:郭长海学术文集》(上册),吉林人民出版社2005年版,第300—303页。

104 作者这里还盛赞美国人"麦克劳根"发明的长命电带之效用,他也应该是受到长命洋行广告的影响,盲目崇洋所致:"西洋向称多宝,由是观之,实由人材质兴盛、学力只进速耳! 中国人向自以为文明之邦,加人一等而妄自独尊,今闻麦君之能造长命带、艾罗之能创补脑汁,人智我愚,一为比较,未识一动愧心否?"吴县藜床卧读生编:《绘图上海杂记》,第1—2页。

105 小孤山人:《预防脑病危险症传染各省区广告》,《申报》1917年1月5日。

106 朱炯整理:《朱鄂生日记》(第1册),凤凰出版社2021年版,第148页。

107 符璋宣统二年七月廿一日日记,陈光熙点校:《符璋日记》(上册),中华书局2018年版,第391页。

108 黄秉义乙巳九月二十六日日记,周兴禄整理:《黄秉义日记》(第1册),凤凰出版社2017年版,第391页。

109 《来函照录》,《盛京时报》光绪三十二年十一月初八日。

110 汪康年:《汪穰卿笔记》,第37页。

111 曹聚仁:《傅雷、大世界》,收入《万里行记》,生活·读书·新知三联书店 2000 年版,第 69 页;参看曹聚仁:《黄楚九其人其事》,收入《上海春秋》,生活·读书·新知三联书店 2007 年版,第 407 页;参看《上海近代西药行业史》,第 53 页。

112 分别见 1907 年 10 月 23、24、25、26、27、28、29、30、31 日各期的《中外日报》。

113 除了像汪康年这样的时人接受《商界鬼蜮记》中的描述外,《竞业旬报》上也有评论援引《商界鬼蜮记》,指出市场上流行的"补脑汁""禁烟药"等商品普遍造假的情况,并自道其依据:"诸位不信,看看《商界鬼蜮记》,就知他们的真历史了。这是药房,其余各种买卖,大概也是尽拿屁出来混钱,还有甚说头呢。"参看父近:《尊屁篇》,《竞业旬报》第 31 期,戊申年十月朔日,第 6 页。

114 儒林医隐:《医界镜》,第 77 页。

115 儒林医隐:《医界镜》,第 78 页。

116 儒林医隐:《医界镜》,第 126—127 页。

117 儒林医隐:《医界镜》,第 127—128 页。

118 网蛛生:《人海潮》,湖南文艺出版社 1998 年版,第 418—419 页。此事或暗喻黄楚九与《寓言报》馆发生的官司,参看《公共公廨早堂案》,《申报》1907 年 7 月 13 日;《控惩〈寓言报〉馆案不得已之详情》,《时报》1907 年 7 月 29 日。

119 包天笑:《上海春秋》,第 236—237 页。

120 参看戴维斯著,杨逸鸿译:《档案中的虚构——十六世纪法国司法档案中的赦罪故事及故事的叙述者》,台北麦田出版社 2001 年版。

121 《医学士梁培基燐质补脑丸告白》《时事画报》丁未年(1907)第 21 期,转见广东省中山图书馆编:《旧粤百态:广东省立中山图书馆藏晚清画报选辑》,中国人民大学出版社 2008 年版,第 247 页。

122 如有自称为"中学校教师"的人在《每周评论》上撰文,挖苦林纾的《荆生》小说:"此篇小说,其文之恶劣、可谓极矣,批不胜批、改不胜改。设吾校诸生作文尽属如此,则吾虽日食补脑汁一瓶,亦不足济吾脑力,以供改文之用。"《每周评论》第 13 期,1919 年 3 月 16 日。再如一个幽默讽刺小品中所言:"那女子红胀了脸,说:'哈利,你忽然这样宣示爱情,使我几乎不知所对,可震坏吾的脑筋了。'那少年化学家答道:'吾早防你这样,身上带着一瓶吾自制的无上补脑药。'说时,从衣袋里掏出一个小瓶,疾忙拔去瓶塞,将瓶里的药水倾入一只羹匙里。这羹匙也是随身带来的,又说道:'这可平除过渡的激刺,安神健胃,每瓶吾售价银一先令三便士,这是成年人吃的分量,亲爱的,你吃了罢。'"天醉:《补脑药》,《紫罗兰》第 2 卷第 9 号,1927 年 5 月 15 日,第 4 页。

123 《艾罗补脑汁保证书》,《中外日报》1905 年 3 月 12 日,《时报》1905 年 3 月 25 日。

124 《周子安参戎保证书》,《新闻报》1910 年 5 月 30 日。

125 "万国广告",《时事报》1908 年 5 月 14 日。

126 如一则自称为"天台张守敬子恭氏稿"的《辟佛谈》,作者就以个人服用艾罗补脑汁病好转的经历诫说:"宜破除迷信,有病弗再求神,究宜服药为是。"《辟佛谈》,《神州日报》1909 年 10 月 22 日。

127 《照录山东荣成县署奎合卿先生来函》,《新闻报》1907 年 1 月 16 日。

128 《补脑汁之畅销》,《汉文台湾日日新报》明治四十年(1907)十一月十日。此材料来自台北"中研院"的《台湾日日新报》全文检索数据库。

129 中法药房"亦系黄楚九组织,以自制之艾罗补脑汁著称于时,任用得人,故营业亦甚发达,本牌药品,年有增出,实为国货之好现象也"。见上海市特别社会局编:《上海之工业》(1930),第65页,无其他出版信息。

130 吊诡的是,在其初现市场时,艾罗补脑汁因借用"美国艾罗医生"的招牌相当成功,阴差阳错,竟在抵制美货运动中被激进人士作为"美货"中的"美国药料牌号"来抵制。参看《奉劝中国的众同胞不买美国的货物》,《安徽俗话报》第21、22合期,乙巳年八月望日,第22—23页。

131 韦纮:《艾罗补脑汁在国外之荣誉》,《铁报》1937年1月1日。名字、作者不同但内容相同的该文(佩:《艾罗补脑汁在国外空前荣誉》)又见《戏世界》1937年1月4日。该消息又同样载于另外一个上海小报《晶报》1937年1月1日。显示其背后的广告运作色彩浓厚。而所谓的获得欧美之荣誉,无非是自吹自擂,系中法药房在广告中杜撰的一些所谓来自欧美的奖励而已。

132 《市场短简》,《申报》1938年12月16日。

133 参看《上海近代西药行业史》,第242页。

134 参看《中法药房股份有限公司主要出品生产及营业情形统计数》,1946年上期(即一月至六月),上海档案馆馆藏,资料号:Q78-2-14798。

135 蔡玉麟:《解放前涵江商业概况》,收入氏著《琐忆杂记》,《莆田晚报》印刷厂2002年版,第17页。

136 参看灌阳县社员新德:《管得紧》,桂林地区文艺创作组:《迎春集——庆祝广西壮族自治区成立二十周年(短篇小说集)》,桂林1978年版,第1—5页。该小说应系文人代"社员"立言的歌功之作,讲述的是1977年《毛泽东全集》第5卷发行时的故事,文中多次提到社员万来福为妻子"管得紧"买治疗头晕的药"艾罗补脑汁",最后却买了《毛泽东全集》第5卷这个"宝书",意图在于说明:"宝书,毛主席的宝书!有了它吃万瓶补脑汁还清醒呢!"(第4页)

137 参看崔复生:《太行志》,河南人民出版社1977年版,第781页;袁养和:《秦淮之恋》,新华出版社1989年版,第334页;顾亦礼、王琳蒂:《白俄珠宝行劫案》,浙江文艺出版社1990年版,第90页;晨昏:《我的蝴蝶兰》,作家出版社1991年版,第91页;马阳:《回龙山庄》,中国文联出版社2002年版,第151页。

138 参看《神州二宝》,《时报》1907年5月23日。后黄楚九又加上"艾罗疗肺汁",称之为"神州三宝"。《神州三宝》,《时报》1907年10月17日。

139 《佛罗公司补脑汁声明》,《中外日报》1905年4月25日。

140 《新到爱乐补脑汁有绝大治病之能力》,《中外日报》1908年1月2日。

141 《冒牌售药案断结》,《申报》1905年9月22日。

142 参看《详录冒牌艾罗补脑汁案之结果》,《时报》1908年5月21日;《禀查影戯》,《中外日报》1905年5月17日;《查办冒制伪艾罗补脑汁人赏格》,《中外日报》1908年6月30日;《假艾罗补脑汁者须知》,《时报》1907年5月23日;《苏州罚办冒牌艾罗补脑汁案》,《时报》1907年11月3日;《冒牌艾罗补脑汁又经查获》,《时报》1907年11月18日;《百假不如一真,千虚难逃一实》,《时报》1909年4月1日;《艾罗补脑汁屡获戯牌、冒牌之历史》,《闽报》1910年5月10日;等等。

143 《艾罗补脑汁声明影戯·各埠分销处》,《时报》1905年4月10日,《中外日报》1905年4月11日。

144 参看《中法大药房二十年大纪念》,《时报》1908 年 11 月 1 日。
145 参看《上海中法药房有限公司概况》,1948 年 5 月,上海档案馆馆藏,资料号:S65-1-33-32;《中法药房股份有限公司概况调查报告》,1946 年 5 月 8 日,上海档案馆馆藏,资料号:Q78-2-14798。
146 《中法大药房商标名称图样及注册日期》,《国货商标汇刊》1940 年第 1 期,第 213 页。
147 转见桂勇:《私有产权的社会基础》,立信会计出版社 2006 年版,第 209 页。此材料由林盼提供。
148 《补剂和健康》,《讲卫生》1957 年第 6 期,第 12—13 页。此材料由周永生提供。
149 《艾罗补汁》,《健康报》1957 年 11 月 12 日。此材料由周永生提供。
150 中法药房档案,1956 年 11 月,上海档案馆馆藏,资料号:B89-2-60-79。
151 中法药房档案,1957 年 8 月,上海档案馆馆藏,资料号:B89-2-60-224。
152 中法药房档案,1958 年 5 月,上海档案馆馆藏,资料号:B89-2-192-18。
153 中法药房档案,1966 年 7 月,上海档案馆馆藏,资料号:B89-2-653-93、94。
154 微尘:《黄楚九为上海广告王》,《晶报》1928 年 3 月 27 日。
155 姜明秋:《我所了解的黄楚九先生》,《余姚市文史资料》第 5 辑,余姚市政协文史资料委员会 1988 年版,第 98 页;参看姜明秋:《黄楚九》,《余姚文史资料》第 13 辑,余姚市政协文史资料委员会 1995 年版,第 24—26 页。
156 秦绿枝:《海派商人黄楚九》,第 243 页。
157 这些跨国药商在近代中国的部分广告可能就是由其母国的广告直接挪用或略微改造而来,但也极大采用了当时上海华商药房普遍采用的"保证书"的广告方式。有关一些跨国药商在华的广告同其母国广告之间的关系,可以参看:张宁:《阿司匹灵在中国——民国时期中国新药业与德国拜耳药厂间的商标诉讼》,《"中研院"近代史研究所集刊》第 59 期,2008 年 3 月,第 97—155 页;吴方正:《二十世纪初中国医疗广告图像与身体描绘》,《艺术学研究》第 4 期,2009 年 4 月,第 87—151 页;黄克武:《广告与跨国文化翻译:20 世纪初期〈申报〉医药广告的再思考》,《翻译史研究》2012 年号,第 130—154 页。
158 何宗逊宣统元年二月二十八日日记,何宗逊撰、韩宁平、夏亚平整理:《何宗逊日记》(下册),凤凰出版社 2019 年版,第 702 页。

第四章
名人与医药广告

武人弄枪,文人弄墨,自古皆然。然而,不论古代、近代,总会有层出不穷的文人写"谀文",犹如总会有某些武人甘作帮凶和独夫一样。在古代,最常见的"谀文",大概要属"谀墓"文和"谀寿"文了;而到了近现代,最常见的"谀文",除了古已有之的"谀墓"文和"谀寿"文、御用文人的献策外,比较常见却又不太为人注意的"谀文",或者当属某些名人的"谀药"文、"谀医"文了,尤其是这样的"软文"多在报刊的"广告"栏出现,并不易为一般研究者重视,且多未收进相关人物的文集或全集中。以下笔者就以近代上海报刊广告中刊登的诸多名人医药广告,试着对此现象做一番叙述和钩沉。

第一节 晚清篇

晚清有几个著名文人尤其善于谀药,他们在报刊广告中公开发表的谀药文字,不但文情并茂,善于讲一个动听的故事,还高自标榜、故作中立状,是文人同药商相互勾结牟利欺骗读者的典型案例。这些文字内容多是采取现身说法、大演双簧的形式,歌颂药品的疗效或医生医术的高明。除了极个别的例外,这些文字皆是变相的广告软文,其实质则是借声名卖文谋利、蓄意造假骗人。在这些并非他人代笔的谀文中,文人曾经出版的小说或著述,文人个人的办报经历和声望,其本人同外国人的联系,文人自身的见识与喜好等,都成为可以转化的"符号资本"(symbolic capital)和"社会资本"(social capital),在经由药商或医生的收买后,迅即转化为"经济资本"(economic capital)。

近代上海较早为药商撰写谀药广告的著名文人是沈毓桂(1807—1907)。上文提到年近九十高龄的沈毓桂曾为燕窝糖精撰写肉麻广告,其他如当时的学界领袖俞樾、吴趼人等都曾为燕窝糖精撰写吹捧广告,其余做过医药广告代言人的名人还有很多。以下再聊举数例佐证之。

近代著名文人孙玉声(家振,1864—1940)是个典型的喜欢谀药的文人,他经常和孙镜湖、黄楚九等滑头药商合作,为之撰写谀药文字。如他曾为孙镜湖开办的富强戒烟善会撰写过颇为煽情的广告,先说明鸦片流毒中国的危害和严重程度,再赞扬个别志士为挽救烟毒流行付出的努力,其中孙镜湖创办的戒烟善会就是一个能扫除烟害的重要机构,借此高调赞美孙开办富强戒烟善会的意义:

光绪辛丑孟夏,海上创设富强戒烟善会成,主其事者孙镜湖司马也。夫鸦片之流毒中国也,深矣!消磨人志气,萎顿人精神,废弃人事业,上自公卿,下迄士庶,习俗所趋,靡然一轨,几乎驱当世四万万人尽隶黑籍,日就贫弱,无所作为。其所以幸

> 未尽隶黑籍者,赖有一二有志之士,苦口劝戒,与夫戒烟之良法在耳!然而志士不多得,良法不多有。彼悬鹄于市,自以为秘术鸣世者,牟利耳!卖药于途,自谓异方独得者,吗啡耳!土皮耳!以牟利之人,吗啡、土皮之药,欲冀烟害渐消,嗜者日少,是犹拔根而不竭其力,锄莠而不利其器,鲜有能济者也。鲜有能济,则烟之为害,举世滔滔,伊于胡底!方今我欧洲(原文如此,引者注)当新机渐辟,力图自强之秋,安可使此消磨人志气、萎顿人精神、废弃人事业之物为害于世,无人焉为之大声疾呼驱除尽绝,此富强戒烟善会之所以急为创办欤?善会创而烟害除。而向之志气消磨者,今而后志气奋向之;精神萎顿者,今而后精神锐向之;事业废弃者,今而后事业振,而富强之基即肇于是,何待智者始知?是故,此善会之成,微特能为斯世除烟害,直可辅斯世维新基也。因乐为之序,其大略如此,盖以彰当局者之用心,并拭目而观成效焉![1]

实际上,孙玉声这里是在昧着良心编制谎言,完全是在助纣为虐。富强戒烟善会发行的声称能快速戒烟的富强戒烟丸,不过是由吗啡构成的假戒烟药,哪里能够帮助中国扫除烟害?只会让更多人沉迷其中而已。而之后富强戒烟丸被查禁,孙镜湖也从此一蹶不振,白白浪费了海上著名文人费心谀药的良苦之情。

稍后,孙玉声非但不以富强戒烟丸的覆辙为鉴,又再度现身说法以自己的所谓服用经验为黄楚九的艾罗补脑汁做代言广告,在其中亦大说假话欺骗读者:

艾罗医生与余缔交垂二十年矣！知余素患头风，发时疼痛难禁，百药周效。谓此乃终生从事笔墨伤损脑筋所致，服补脑汁则痼疾自除，因出所制艾罗补脑汁以赠。时适笔政之暇，戏著《海上繁华梦》一书，焦思劳神，倍于往昔，而服药后旧疾竟未一发，乃知病已若失，深佩药力奇效。为赋二绝以告世之同病者，并谢艾罗医生：服君良药愈头风，灌顶醍醐大有功。四十一年鏖宿疾（时余年四十一），感恩深入脑筋中。补身昔有铁磷糖，补脑而今别有方。脑补自然诸体补，糖浆一满比琼浆。海上漱石生稿。[2]

上文中一个明显谎言是：所谓美国的艾罗医生本无其人，全系黄楚九杜撰，孙玉声谈何同其有"二十年"的交往？转言之，既然两人有二十年友情，又了解病根，为何艾罗医生那么晚才赠药给孙？但根据孙后来的自述，他确曾患有"头风"，"中年时患偏头风，发时头之右半部作痛甚剧，且必牵及齿部，须三四日方能平服，深以为苦"，"乞医疗治，不获奏效"，只是孙玉声此病并非用脑过度引起，而是"蛀牙"作怪，拔牙之后才不复发作。[3]艾罗补脑汁根本没能治好其病。由此不难看出，孙玉声替黄楚九艾罗补脑汁背书的广告，其实是别有意图的巧语花言，存心在误导读者、欺骗消费者。

晚清著名小说家吴趼人（1867—1910）除了代言过燕窝糖精外，还曾为黄楚九的艾罗补脑汁撰写过代言文《还我魂灵记》，这是另外一个药商同文士串通、合演双簧的好个案。在1910年6月下旬的《时报》《申报》《新闻报》《舆论时事报》《天铎报》及7月下旬的《汉口中西报》等报刊上，中法药房开始连续刊载《大文豪家南海吴趼人君肖影并墨宝》广告,该广告为吴趼人亲自撰写的《还我魂灵记》,以吴半身照片插入其间,旨在鼓吹精神困顿、文思苦涩的吴趼人服用"老友"黄楚九赠送的六瓶"艾罗补脑汁"后的神奇效果。文末附以吴致黄楚九的说明信件,特意矫情地自陈《还我魂灵记》一文仅为"自娱,录以呈政","不必以之发表登报。盖吾辈交游有日,发表之,人转疑为标榜耳!"广告中所附中法药房的按语也颇有意味,实际是道出了吴趼人和黄楚九一起合演双簧情况,同时说明吴趼人在这个过程中的主动性:

> 吴趼人君为粤东名士,作海上寓公,频年在虹口办理广志学堂,与敝药房经理黄君朝夕把晤。近患精神衰弱之病,因以艾罗补脑汁为赠,果幸克奏奇效。吴君贻书并以所著《还我魂灵记》,及近日所摄肖影致谢,嘱勿登报以避标榜。惟念吴君文章经济,卓绝一时,斯世仰望风采,及钦慕其著述之人,不知凡几,何敢深秘?因重违其意,录付各报,俾读其文且如见其人,未始非艺林佳话也。标榜云乎哉?爰附志数语如右。[4]

只是这出拙劣的诪药双簧戏,虽使吴获润笔三百元,却让时人讥其晚节不保,希望其早死十年,成为所谓"完人"[5]。

事实上,吴趼人"所作酬应文字,类此者不知凡几"[6]。他自己很清楚,类似的药商广告并不靠谱:"药房多捏造伪信,以作保证书。"[7] 可以说,为燕窝糖精及艾罗补脑汁撰写现身说法的保证广告,吴趼人实是因利所诱而言不由衷。

图二十九 《时报》1910年6月20日

名小说家李宝嘉为艾罗补脑汁所做的谀文则伪造艾罗医生其人及其历史,这在上文第三章第五节中已详述。不管李宝嘉谀文从何讲起,如何夸耀药品的来历和作用,究其实质,皆是被收买后的蓄意作伪。而周病鸳、李宝嘉等海上文人在广告中大肆颂扬的所谓燕窝糖精和艾罗补脑汁乃至亚支奶、人造自来血等形形色色的药品,不过是上海药商精心制造包装出来的假药,内部成分主要是吗啡,这些药何尝有让人康健的物理效果?只是在被文人大肆吹捧、药商大做广告后,其声价自然也就非同一般了,颇能迷惑一部分消费者,让之相信其效用果如广告中所言的神乎其神。

再如郑孝胥、辜鸿铭、虞洽卿等名人还曾为中法大药房延揽的谢天保鼓吹,介绍其留美的学历和经历,进而吹嘘其专治疑难杂症,医术能够妙手回春,"是大国手"。[8]

第二节 民国篇

到民国后,这类文人暨名人谀药、谀医的流行程度也丝毫不弱于晚清,且有后来居上之势,特别是民初临时政府中的一些官员纷纷下水,只是其花样仍然不出晚清文人谀药、荐医的窠臼。这里只简单举几例说明之。

图三十 《大共和日报》1912年8月2日

民国肇建,临时政府中诸多官员都曾借助个人职位所带来的影响力具名在报刊上推荐医生与颂扬药品。如教育总长蔡元培即曾在报上署名推荐一个叫杜同甲的医生:

> 杜君同甲,研究医学,垂二十年,苦心孤诣,实事求是,其所治愈,鄙人尝亲见而深知之,谨为病家介绍。杜君现寓上海武

昌路太平里口绍兴杜寓内，门诊五角，出诊二元。[9]

后来蔡元培在任北大校长之时，还曾与严修等名流一起推荐过"医学士丁仲杰"的医术。[10]其他民初高官或将领如黎元洪、伍廷芳、蓝天蔚、王芝祥、王人文、温宗尧、陈其美、汤寿潜、张謇、王正廷、顾维钧和杨度等都曾刊出过类似的荐医，尤其是荐药广告。像蓝天蔚即具名致谢上海外科医生杨嵩帮其疗伤：

> 余偶为手枪击伤胸部，同人延请杨嵩先生取出弹丸，尽力疗治，未及匝月，伤部已全愈。神乎其技，特此鸣谢。君为无锡丁福保先生之外科助手，现寓新马路昌寿里五十八号无锡丁氏医寓，善治一切外科诸症，而伤科及花柳病尤为擅长，谨以介绍于病家。[11]

而众人推荐的药品主要有东亚公司书药局的仁丹、中法药房的精神丸、席裕麒的亚支奶戒烟丸、徐锡骥的戒烟药、罗威药房的药品等。[12]像张謇和汤寿潜为徐锡麟之弟徐锡骥的戒烟药联合具名刊登广告所言：

> 徐君锡骥留学卒业得药学士，凡东西戒烟药品无不一一化验，如有烟灰即吗啡，每易致疾。徐君另选药品，悉心研究，实地试验，其效非神。去冬，奉委浙江省立戒烟局长兼技师之职，复得此种方药，切实化验，制成新药。考其成绩，无论巨瘾，七天内丁克完全戒断。尤喜戒时不服吐泻等药，眠食如常，戒后不

必再服药粉,绝无他病。屡试屡效,不一其人。现在鸦片禁绝届期,戒烟迫不待缓,鄙人等人道为怀,用劝徐君于上海租界内特设新药戒烟药社,广为劝戒……张謇、汤寿潜同启。[13]

该内容同以往的诹药和荐医广告相比,其叙述模式并无新鲜之处。但由于徐锡骥为革命先烈徐锡麟的弟弟,其生产的戒烟药得到浙江当局大力的推荐和推广。稍后,《大共和日报》上又专门发表评论称赞该戒烟药之效果,"七日断瘾,毫无痛楚,试验者数千人,虽体质极弱者,亦无妨碍"[14]。此后,据此药广告中的声言,该药还得到了前大总统黎元洪、现大总统冯国璋、参众两院议长、各省省长"诸巨公题序嘉奖"[15]。

值得注意的是,类似《大共和日报》发表的评论或报道文字,其实也是变相的植入性广告,却不容易为批评者察觉。像《申报》上的此类文字就非常多。如仅在1890年2月,它就两次发表署名为"高昌寒食生"的《赠药鸣谢》和《戒烟糖引言》,为孙镜湖假冒北京同仁堂的药铺"京都同仁堂"发售的几种药品进行鼓吹介绍。[16]《医学新报》上则曾发文称赞谢雅堂制造的清醒丸和黄楚九制造的人丹之价值,并说"爱国之士乐购之,他日之发达正未可限量也"[17]。这些报道亦等于是替某些药商及药品鼓吹的巧妙广告。到民国时期,报刊上刊出的宣传医学卫生常识的文字或一些医药问答,很多都植入医药广告,借机介绍药品或招徕病人。[18]

不让黎元洪、陈其美、汤寿潜、张謇等民国官员专美于前,刚卸任临时大总统的孙中山也未能独善其身,他亦曾几次具名在报刊广告上荐医:

图三十一 《申报》1922 年 12 月 26 日　　图三十二 《申报》1913 年 7 月 1 日

　　章君来峰，浙之东瓯人，精岐黄术，已易二十寒暑，济人无算。文在海外，久闻其名，中医学识如章君，诚不易得。兹遇来沪，文因挽留悬壶，以便同胞之顾问，患疾者幸勿交臂失之也。住处现寓英租界昼锦里维新旅馆。医例：上午门诊洋一元，过午不候；下午出诊，洋三元；远邀另议。挂号一角，贫病不计，友谊同乡均不在例。[19]

有意思的是，孙中山自己是西医出身，且不信中医，这里居然肯公开赞美一个中医，实在无法轻易将其从"谀医"队伍中排除！稍后，孙中山还为一个日本药房安住大药房题匾"博爱"（黎元洪则以副总统身份赠送该药房自身照片一张，让其登报以示表彰），表扬其药品；孙中山之所以如此做法，原因在于 1913 年初孙中山在日本时曾经受到该药房的接待,所谓"敝药房主人东驰西聘,欢迎尤力"[20]。十年之后,孙中山又发布过一个类似的荐医广告——《孙文介绍名医医界革命之巨子抵抗疗法之元祖高野太言翁来沪》,以自身患胃病被医好的情况作为经验,现身说法,介绍和夸奖一个所谓日本名医的医术、疗养法及疗养院:

> 翁日本九洲人,幼学汉法医术,后研究西洋医学,窥破药料万能说之大误,乃苦心殚虑,考求适当于人体之食品,以助胃肠之蠕动,卒发明人工的蠕动法,应用于各种病人,无不立奏神效。翁自名其法曰:抵抗疗法焉。余之识翁因陈英士患胃肠病血痢四年,中外名医束手,旋以某人介绍,受翁治疗,不数月痼疾全瘳。余当时亦患胃病,延翁诊视,犹疑信参半。盖以翁主张病胃之人忌食滋养品,宜食坚硬物,所说全与西医相反也。不期受疗未几,着效非常。据翁所说力避肉类油质,而取坚甲蔬菜,及能排流动物之硬质食物。余依其法而行,躯体渐次康健。一旦复食原物,宿病又再丛生。至此知翁所说全非臆造。其后七八年以迄今日,废止肉油等物,得保逾恒之健康,皆翁所赐也。元来吾国人民极嗜油肉,伤害天质,不知凡几。国民身体改良,非行高野主义不可,为余夙所倡道(详《孙文学说》第一章)。翁感于余说,思有所贡献于吾华,特提七十老躯,不辞跋涉,来至沪上,开设治疗院。余亦乐为之介绍于国人,翁寓美租界文监师路江星旅馆,疗治院未开设以前,暂在此授诊,求医者按址往访可也。[21]

此外，孙中山还曾列名于以孙洪伊为首的一个启事中，为一个新成立的震东牙科医院做推荐介绍广告，同时列名的其他推荐人还有温宗尧、郑观应、王正廷、沈定一、郑曼陀、蒋智由等名流。[22]

之后，时任民国大总统的徐世昌也曾为牙医徐景明兄弟制造的牙粉题写过匾额和推荐广告，突出其国产国货性质："徐君景明、景文，博通科学，究心物理，特就中国原产物质配成牙粉，以我所用，供我所求，可谓知本矣。乐题四字'金玉同坚'为贺。"[23]

不独从政者荐医、谀药，民国很多文人墨客更是经常粉墨登场。近代经史大家、民初担任国史馆馆长的王闿运就曾经为五洲大药房的药品广告册子《卫生指南》撰写过序言，吹捧该药房发行的人造自来血疗效：

> ……近世医学久废，而泰西各国发明方技，考证经络，立为专科，撷百草之精英，成诸病之主治，于是西医西药遍天下，病者亦乐其简易，喜购服之，致每岁入口又巨万万。五洲大药房有鉴于此，聘我国之通西医者，制为自来血，以挽救之。盖人生之要，不外气血。顾气可以吐故纳新，而血必资乎补养，又其药之原质几经化验，俱有依据，非若诡诈之人托名秘方以欺世惑众者，使他日扩而充之中华医院，行且见夫泰西，岂非学者之至愿乎？余故乐为志，其缘起如此。乙卯六月甲辰朔王闿运题。[24]

在王闿运这篇序言之后，还加有五洲大药房经理项松茂（即项世澄）的按语——"谨按：现任国史馆长王湘绮先生，实为吾国经史大家，

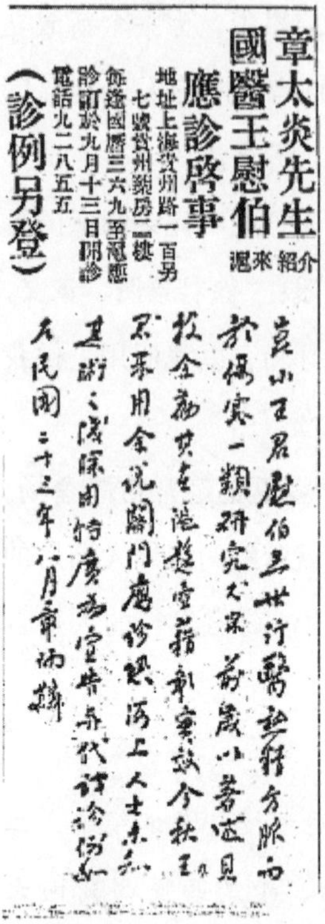

章太炎先生介紹
國醫王慰伯來滬
應診啓事
地址上海貴州路一百另七號貴州藥房二樓
每逢國曆三六九至滬應診
診訂於九月十三日開診
電話九二八五五
（診例另登）

图三十三 《申报》1934年9月11日

已轰传朝野。当前清同光宣之际，即有南王北孙之称……著述等身，名播中外，凡事一经品题，莫不声价十倍，兹幸《卫生指南》一书得荷九鼎之言，弁诸卷首，则是编将随先生不朽矣！五洲药房主任项世澄谨志。”短短几句话，可以看出五洲大药房对王闿运肯为之鼓吹的兴奋与希望。

与王闿运相比，学术大师章太炎也不逊色。晚年章太炎至少两次曾公开在报刊上发布推荐医生广告，这两次的广告文字都未被章太炎的研究者所注意，故而也未被收入其文集中。第一次的广告文字为：

> 国医陈苏生为名幼科沈仲芳之入室弟子，复为医隐钟府卿之高足，大小方脉均有根底。悬壶以来，所遇疑难痼疾，均能应手奏效，或经登报鸣谢，或书额以志感念，声誉遂因之益振。值兹炎夏，百病丛生，因劝其送诊，以利病家。现定自八月一日起，每日午前八时至十时送诊，不收诊金，逾时仍照旧例……[25]

第二次广告则附有章太炎亲笔撰写的推荐文字影印，以增加推荐广告的真实性和对于读者的影响力：

> 昆山王君慰伯，三世行医，熟精方脉，而于伤寒一类，研究尤深。前岁以著述见投，余劝其在沪悬壶，借彰实效。今秋王君采用余说，辟门应诊，恐海上人士未知其术之浅深，用特广为宣告，兹代订诊例如右。民国二十三年八月章炳麟……[26]

两次具名推荐的医生都系"国医"，显示出章太炎对中医一以贯之的支持态度，但显示不出章太炎与这两个医生之间是否存在利益交换。

寓住上海的名医兼商人丁福保很善于为自己医术、药品和编译的书籍做广告。像他扬州旅行回沪后，马上登报声明自己已经回沪，病人可以到自己住所看病。[27]不仅如此，丁福保也非常愿意为别的药商、医生或补品做代言广告。如他曾为韦廉士（即韦廉氏）药房代言过韦廉士红色清导丸的广告，只不过该广告是以丁福保来信的方式呈现的，信中丁氏现身说法，以个人服用经验向消费者推荐此药之疗效，韦廉士遂借此顺势出示该药之邮购方式：

> 丁福保医生，沪上名医中之一，系《中西医学报》总编辑也。其来书云："红色清导丸功效甚好，因清导丸余曾亲自服用，性极和平，为润导之妙品，使大便通利畅适，不伤肠胃，较之别种，尤为稳妥。故余临症时常竭力推荐也。"如尊处无从购买，请寄邮票洋六角至上海四川路九十六号韦廉士医生药局，原班寄奉一瓶。[28]

丁福保还曾为"高丽人郑君"的所谓高丽人参作代言：

兹有高丽人郑君运来真正最上等之高丽人参，在敝寓东首（即大马路泥城桥西首静安寺路一百念五号）开设人身行（丽昌行），货真价廉，与市上之所售者，有天渊之别。敝寓近在咫尺，已经尝试，故知其详。勉赘数语，以告世之服参者诸君。[29]

丁福保亦曾为中法大药房的假药精神丸做过代言广告，说该丸"其方出自维也纳大学病院……其功效能补血液、养脑筋、健胃腑，强壮剂之最新者也。凡一切虚弱病，服之最宜。药内并无吗啡等品，敢以一言介绍之"[30]。类似的代言广告还有很多，凡此均表明丁福保在当时的知名度以及他热衷于浑水摸鱼欺骗消费者的伎俩。讽刺的是，如前所引，他当年曾是这一现象的批评者。

如其先辈孙玉声、李伯元、吴趼人等一样，民国上海著名小报文人张丹斧亦曾为黄楚九（九福公司）1920年代初新开发的百龄机补品发出过谢函，此谢函1924年底开始在《晶报》上发布，其模式一如之前吴趼人为艾罗补脑汁所代言情况："九福主人台览：仆向苦脑寒齿痛，入冬尤甚，以卖文为活，病作则不能执笔。自今秋日服百龄机，遂觉旧恙如失，且精力弥满。虽昼夜伏案，未以为劳。因念此药真神药也，理宜申谢，并候财安。张丹翁手启，十月廿五夕。"[31]同于艾罗补脑汁的价格，此百龄机同样昂贵，大瓶二元，小瓶一元，每打分别为大瓶二十元和小瓶十元。

民初活跃于上海、北京、天津的袁世凯次子、著名文人兼京剧名角袁克文（寒云）在上海影响很大，也曾现身说法为上海浦子灵戒烟所做过推荐广告：

予在戒烟时摄一影,戒后四月又摄一影,丰瘦悬殊,恍若两人。今特题赠以证戒烟之效。此赠浦子灵速戒烟院。戊辰正月袁克文。[32]

除了亲笔推荐外,袁克文并附上戒烟前后的两张照片对比作为该院戒烟效果良好的证据。

图三十四 《晶报》1928 年 3 月 12 日

其他如上海当地名人虞洽卿、项松茂和报界名流严独鹤、赵南公等都曾做过不少类似推荐广告。他们曾为一所谓治疗花柳病的大中华医院联名推荐,推荐中郑重其事地说:

沪上医院遍地林立,触目皆是,使患者鱼目混珠,真伪难辨。本院慈善性质,道德为怀。对于花柳一科之临症,见多识广,无论凶险梅毒,均能根本解决,负责除根,并用新法注射、科学电疗,不受痛苦,妥速全愈。白浊新浊刺痛,一经注射,止痛净浊,老浊最短时间除根,横痃未溃,可勿开刀,无痛消退,已溃妥速全愈,下疳不论软硬性及男子下身,一切毒症,均可计日告愈。六〇六每针五元,德国治淋圣药静脉注射每针五元,清血针一元。[33]

京剧名角梅兰芳亦曾为英国在华药商韦廉士大药房撰写过亲笔具名加附照片广告,称赞该药房出产的两种药品效果很好:

韦廉氏大药房台鉴:径启者,兰芳夙知尊处出品家用良药,誉满杏林,良深引领。而红色补丸及婴孩自己药片二种,尤所习用,特敢具书保证。专此布陈。顺颂筹祉!梅兰芳谨启。十二月一日。[34]

之后梅兰芳又再次为该药出具亲笔署名广告,该广告以梅兰芳将要从上海离开赴美国演出之际的留言为广告标题,借此炒作韦廉士红色补丸。梅兰芳在广告中说"服用之后,精神日振,体力健强","红色补丸之功用,匪独补血强身,百病皆可调治,刀圭圣品,实为世界药中之王"[35]。如前所述,该药其实是假药,梅兰芳这里的广告代言明显属于言过其实,根本不能采信。

与上述别的名人类似的文字相比,梅兰芳这里对药品的称赞就太过离谱,不过考虑到1930年代上海医药广告作假的恶劣程度,梅兰芳如此叙述在当时属于司空见惯。因为这时候药商与医生买通报馆和

图三十五 《医界春秋》第 32 期，
1929 年 2 月

文人为之鼓吹的现象非常严重，双方合演双簧，罔顾事实、大肆吹牛，欺骗读者、误导病者，造成的危害很大。最甚者，连一些报刊中的"医学特刊""医学问答""国医周刊"等专栏，专门出版的《国医指南》《医药指南》《卫生常识》《医药常识》《医药顾问》《大众医学》《家庭医学》类书籍，甚至于如范守渊的《范氏医论集》这样比较专门的医学书籍，实际都是变相的药品或医生广告，或者至少被植入大量显性和隐形的医药广告。其中，影响和发行量最大的《申报》《新闻报》所开设的《医药周刊》等栏目即是明显例证，此类栏目被评论者"文夫"认为是"最贻害一般社会的广告"，属于报纸不顾自己社会责任，"以学术刊物的名义"存心欺骗，"明明是医生自己宣传的广告,却当作讨论学术的刊物,这是误人者一。并且其中所述者,满纸淋病、梅毒、生殖灵之类,此则关系社会善良风俗,为害尤不可胜言!"[36]

第三节 "论说"中的医药广告

当然,这种谀药、谀医情况由来已久,在晚清时就已经非常严重了。当时一些文人不仅投身于医药广告的署名代言中,他们有时甚至会高调在报刊报道中甚或最重要的"论说"栏目内故意制造广告软文,公然替某些与报刊主事者或同本人有利益输送关系的药商鼓吹。王韬在香港主持的《循环日报》就是始作俑者之一。该报曾刊发出一篇《利济为怀》的论说,特意为屈臣氏药房及其主打药品戒烟精粉鼓吹:

泰西药房,以英国屈臣氏为巨擘,不独驰誉于欧洲,蜚声于西土。凡在中国,上自名公巨卿,下逮妇人孺子,无不识其名。屈臣氏……固已心存济世,功在活人,非庸医下走之所能几其万一也。屈臣氏于一千八百四十一年,即我朝道光二十二年创设大药房于香港中环,至今盖四十有三年矣。四方来者,辄相奖许,既眄睐之有加,亦揄扬之恐后,播传遂广,遐迩咸知……惟是屈臣氏年来所蒿目而伤心者,则在斯人之溺嗜乎鸦片,疾已中于膏肓,证有同于痼瘤,劝者一而吸者百,未尝不叹其治之难也。今世所传戒烟诸方,几于汗牛充栋,而取效者殊鲜。其故在采用之药,其性质不能与鸦片相克治也。而屈臣氏所制之丸,则有与寻常迥别者。其中有精粉一种,博采旁求,至数十年而始得之,甲以涤除积垢,驱扫宿症,扶元补衰,益精辅气,其功效不能殚述。会试之于一二人而有效,推而广之至于千百人,无不皆验……屈臣氏利济为怀,功德及于遐迩,不可于此见一斑哉?[37]

王韬这种谀药文字煞有介事,旁征博引,巧舌如簧,其实格调一般,同文人的谀墓、谀寿文字类似,读者不能信以为真,问题是当载之于新式报刊后,其影响力就会被放大,更会对后来的报刊起到恶劣的示范作用,使人尤而效之。

或许是受到其先辈王韬和《循环日报》的影响;或许是惯于写作谀墓、谀寿类吹捧文字,早期《申报》主笔均是此道的擅长者。如其主笔之一的何桂笙(即"高昌寒食生")即曾为在上海开药店的日本人岸田吟香所著一医书写序,在《申报》上公开赞扬岸田吟香(即岸吟香)为名医,所著医书对于治疗时疾非常有用。[38]除了不断在报道中赞扬某些药商和医生,《申报》也曾率先在"论说"栏发表过貌似打假实则为某些药品代言的广告文《论伪药之害人》。[39]此风既开,后来效尤者众,且有愈演愈烈之势。像当时在上海商界颇有影响力的报纸《新闻报》就经常在最重要的"论说"栏发表广告软文称赞药商及其广告。如它曾刊发《论药局告白之有益》一文[40],公然赞美登录在各报尤其是该报上的各大药商广告诚信可靠,并颂扬广告药品的功效;后则又发表《书方药奇验事》的"论说"[41],专门为一些药商的药品广告吹法螺;进而又刊登《寿世药言》的"论说"[42],稍后又登载《医国药言》[43],专门发布两专论替大隆公司发卖的燕窝糖精吹嘘。两篇"论说"发布之后,大概取得的广告效果良好,大隆公司遂趁机涨价。⁴⁴再像《游戏报》馆主李伯元也曾在《游戏报》"论说"栏发表过一篇《惠济大药房摄生金鉴跋》，歌颂该药房主人洪锡九医术高明，所著书籍水准也高。⁴⁵《苏报》的"论说"栏也曾刊出过一则自谓为新闻报馆主人（实际即主笔）为燕窝糖精所作的代言广告《饮食不忘》。⁴⁶而《世界报》上刊载的一篇《论脑》论说，也曾公然宣传艾罗补脑汁之于国家的重要意义。⁴⁷《中国商务报》则曾发表过一篇《艾罗补脑汁能保寿险之奇特》的白话论说，专门吹捧艾罗补脑汁的所谓保寿功效。⁴⁸在丁未正月十二日的《世界报》上，则发表有《论服亚支奶者不可不一辨》的论说，公然为假戒烟药亚支奶大唱赞歌。⁴⁹稍后的八月十二日（1907年9月19日），《同文沪报》也同样发表了肉麻的谀药文《论戒烟药注意尔藤亚支奶》。⁵⁰《时事报》附刊之《图画旬报》，则为五洲大药房出售各药写有赞词。⁵¹教会主办的《汇报》亦未能免俗，曾经在该刊"答问"栏刊出一则读者问答，询问培德斋内所售治不寐之药戒烟白丸的功效问题。⁵²该问答无疑是在变相替该杂志上新发布的培德医馆广告背书。

其实，我们只需浏览一下《新闻报》上发表的《论药局告白之有益》"论说"内容，即可对此类多出自主笔之手的"社论"型谀文实质一目了然：

> 近闻各报后幅告白，以售卖丸散膏丹者为最多。药名之繁，不胜枚举。自西药盛行，药水精粉，每获奇效，药房之开，日增月盛，于是争登告白，以为招徕之计。大都详述功效，历举用法，连篇累牍，更仆难穷。究其利济之功，亦实有不可没者。即以本报昨日告白言之，如京都同德堂、天宝斋、广东保寿堂、养

元堂、益乏堂、积善堂、济世堂、寿全堂、杏林轩、同仁半济药局、赵同春堂、永安堂、区承和、普太和、普济老药房、漱石斋、式良医局、德济医局、粤省保寿堂、寿荣斋、守知大药局、施云山药局、颐寿堂、壶中妙、四川仁济堂、闵小槎医室、王蓉甫兰台药局、吏隐医馆、徽州孙家存德堂、屈臣氏、老德记、中西大药房、中法大药房、华英大药房等处,或售秘制妙药,或夸海国奇方,或云方系祖传,或称药由仙授,莫不绘图贴说,使人明白易晓。而又表明住址,免误人于桃源……[53]

接下来该社论又详细列举广告中的各药名称与功能,甚至公然犯禁为某些春药辩护:"虽壮阳种子等药,不免蹈诲淫之弊",但对于缺乏子嗣的人仍有极大作用,"功首罪魁,实足相抵",端赖服药者如何取用。之后该文又鼓励病家病愈后"饮水思源","登报扬名,藉申谢悃"。文人如此绞尽脑汁、称颂各家药商,为此小利,而罔顾黑白,实属下作至极。只是这些为药商大吹法螺的报刊主笔,不以为耻,反而视若寻常,再三为之。恰如周桂笙指出的:"日报主笔如病鸳、云水、玉声诸君,且受庸药肆、剧场,专事歌颂。"[54]

非但诹药,很多文人或者说名人还诹医,其间存在一定的利益交换关系自属无疑。像游戏报馆馆主(李伯元)曾为住在该馆的常州某医生代登广告《治毒妙手》,进行表扬和推荐。[55]著名报人汪康年除了同严信厚、刘学洵、赵凤昌等人一起连续发布过《名医来沪》广告,[56]亦和徐庆沅一起发布过《壶中隐名医》的广告,[57]还曾单独具名发布过《名医正宗》,[58]替一些医生弘扬医名和绍介病人。吴趼人也曾同其他人一起在《采风报》上发布《世医回沪》的广告,替一个叫吴菊舫的医生鼓吹,称赞其医术高明、秘制药品灵验。[59]周病鸳则曾以自身患病及治愈经历,替一个来沪的浙西医生张敬和吹嘘,手法同之前其吹嘘燕窝糖精与之后吹嘘艾罗补脑汁一模一样。[60]其他如严复、李平书、李孟符、沈仲礼等海上名人,均曾亲自具名在报上刊登广告,去介绍与推荐某些和自己有同乡或戚友关系的医生。[61]这些推荐虽然比较简单,但基本上将所推荐医生的接诊、出诊时间、收费情况都详细说明了,有的还会附上关于该医生的师承、医术的情况、推荐者的颂语等。

到了 1930 年代,此类现象之流行程度更是变本加厉,所以邹韬奋才会不点名批评《申报》《新闻报》等大报已经沦为"广告报","报格"低下,为了获取广告费,昧着良心为某些药品或医生大吹法螺:

> 但我国的大报过于营业化,却是一件无可为讳的事实,简直是广告报!报价并不因广告之多而特别减低,国民的购买力既每况愈下,费了许多钱买着一大堆广告报,反而不及费较低的价钱买一份小型报纸看看。尤其可怪的是竟将特刊的地位当广告卖,大发行其"淋病专号",满纸"包茎之害","淋病自疗速愈法",替"包茎专家"大做广告,替"花柳病专家"大吹牛,"一经着手,无不病根悉除","方法之新颖,手段之老到,可谓无出其右",于每篇文字下面还要用"编者按"的字样,大为江湖医生推广营业,好像报馆所要的就只是钱,别的都可不负责任。在这方面真打破了各国报纸的新纪录!为全世界著名报纸所不及!关于评论和新闻方面,也许还有一部分可推在环境的压迫上面,但

是大出其"淋病专号"的盛举,却不能说是受着那一方面的压迫了。[62]

而当时新闻界人士所做的一个专业调查也表明,因为《申报》设立的《医药特刊》栏目,让一些读者认为此栏目"使《申报》之地位减低不少"[63]。

针对当时整个报界都大量刊载虚假医药广告的现象,很多学者和医生都有检讨反省。像钟惠兰就批评道:"夫报章杂志,乃言论机关,一言片语,都关重要,岂可自贬声价,为药商宣传秘制药与专卖药,以博得些微之利?"[64]还有人则担心《申报》《新闻报》上刊登的梅毒淋病广告之多,不但"最贻害一般社会"、危害"社会善良风俗",还会让外国人印象不佳,"使外人见之,不将以我为梅毒、淋病之国乎?"[65]庞京周亦检讨说:"国内之新闻界,号称启发民智,应负此责。诓各报文字,非特不能维持科学医之信誉,更多为旧学邪说张目,言之痛心!"[66]范守渊更是痛斥报界堕落的危害:"可痛心的,是中国的新闻界,大都昧着良心,替伪医、伪药做宣传,国民经济的牺牲,民众健康的损失,当然不在他们的心中了。"[67]

第四节 结　　语

雇佣专业文人谀药、谀医的做法,最擅此道的晚清上海药商是孙镜湖与黄楚九,始作俑者是孙镜湖,后来居上者为黄楚九。他们的这种广告手法,影响很大,不只影响了近代上海华人药商的经营方式与广告方式,甚至也影响了包括韦廉士、兜安氏、东亚公司书药局等在沪的外商药房。这些跨国药商也极大采用了当时上海华商药房普遍采用的"文人谀药"的广告方式。随着各中外药商乃至医生纷纷采取类似的广告策略,职业谀药、谀医的文人群体就出现了。职是之故,在近代中国商业最为发达的上海,药商和医生的广告花样最多,也最能欺骗消费者。

至于那些自甘堕落或误上贼船的文人、名流等特意撰写的阿谀文字,则是这类医药广告能够不断获得读者青睐的助纣为虐者。

但是正如文人的自辩,"古之人有为文谀墓以致重金者,今人独不可以谀药乎耶?"[68]在他们看来,主动去充当御用文人都可,何况去撰写谀墓文字?既然谀墓谀权可以,谀药当然也可以,甚至自己制造假药销售自然也未尝不可[69],毕竟"一号为文人,便无足观",即或有下水失足之事,又何足道哉?所谓笑贫不笑娼、有奶便是娘也。故而,无论喜欢与否,大量文人投身于医药广告的制作和代言活动中,对药商及医生生意的促进与医药广告影响的扩大,意义匪浅,尽管由此导致的危害也罄竹难书,恰似范守渊所揭示的:"这种夸大无耻的吸引广告,在有识者看来,固易洞明其奸,不会受其骗术,上其勾当,而对于一般无知民众的受害中毒,却是不堪设想啊!"[70]

尽管招致各种各样的口诛笔伐,这种雇佣名人打广告的手段仍旧广为近代上海各药商和医生广泛采用,医生尤乐于使用此法。这正如一个上海开业医生所言:"此以名人之介绍,博社会之信仰,为现今流行之最佳之广告法,其效果颇显著","夫病家选医之动机,大都闻他人患重症危病,经某医所治愈,因之起信仰心而求治于该医,盖欲收同样之效果也。一般医士深悉病家此种心理,乃有鸣谢之广告法以吸收患者,甚见效。鸣谢广告由病者出面启事,刊于流行之新闻日报中"[71]。何以如此？由于容易在病人中建立口碑。像医生陈存仁即认为："医生业务的发展都是靠口碑，因为病家最喜欢打听医生，有人介绍才肯信赖，登门就诊。"[72]同样按照学者范守渊的分析，这是因为民众总是很盲目，需要了解医生的口碑后才能决定求医对象，"以为某某名人介绍过推荐过的医生，总是大医生，不会多差的，看他说得诊务这样纷忙，总是红医生，某某大人物，给他治好了，向他登报道谢，总是了不得的好医生了……"[73]不过就像余岩所指出的那样，现实中名人向医生致谢这类事情多是"运动"得来，"联合都市缙绅以介绍之者，昔或有之，今皆以运动得之矣；使治愈者登报鸣谢，昔或有之，今皆以运动捏造为之矣！"[74]故此，这样的广告作伪手法让人司空见惯后，其欺骗效果不但大打折扣——"至今已稍失却其效力矣"，还臭名昭著，引起有识者对整体医生广告的批评，"社会人士每以医士之广告为不道德之行为，非难排斥，不遗余力"[75]。

值得进一步思考的是，这样的名人医药广告，在美国19世纪中叶之后的报刊中也普遍存在，当时的美国药商亦经常在报刊上简单刊登一些名人的保证书和推荐函，希望借此劝服读者购服自家药品。[76]还有药商以赠品为饵，与报馆互相勾结，在报刊上征求谢函或大登欺骗性广告。[77]而1870年前后到20世纪初叶这段时间，一些德国药商也经常在广告中刊登病人的谢函，一些德国医疗术士在医疗广告中同样会发布这类病人谢函，目的都在于卖药与招徕病患求医。[78]日本明治时期的医药广告亦存在类似情况。[79]根据祝平一的研究，在明清中国，医生为了获取社会声望，"提高自己在医疗市场上的能见度"，也会敦请有名望的官员或学者为自己的医书写序推荐，希望通过这种方式为自己树立口碑，以获得更多的病人信任。[80]"东海西海，心理攸同",这对于我们理解清末民初的名人谀药和谀医情况,也提供了一定的参照和启发。遗憾的是,后来很多医药广告或类似问题的学术研究者,居然相信近现代报刊上这些名人或文人广告(包括一般患者具名的广告)中的宣传为真,居然不加批判就照单全收,这实在有些托大和危险。

下一章以近代上海医药广告的借名造假现象为中心进行探讨,着重考察当时医药广告中的署名匾额与消费者的谢函是如何被生产出来的,即药商与医生是如何在广告中借名造假"制造"出康复的病人,又是如何借重名人之名打广告,并试图展现这种借名造假背后的近代上海商业文化。

注 释

1 孙家振(玉声):《富强戒烟善会序》,《同文消闲录》1901年8月24日等。
2 《笑林报馆孙君玉声之谢诗》,收入《艾罗补脑汁——请看真正实验之保证书》,《时报》1904年11月14日;《艾罗补脑汁保证书》,《中外日报》1905年3月11日、《时报》1905年3月25日;等等。
3 孙玉声:《退醒庐笔记》,收入沈云龙主编:《近代中国史料丛刊》(第80辑),台北文海出版社1972年版,第177—178页。
4 《时报》1910年6月20日;《天铎报》1910年6月20日;《申报》1910年6月20日;《新闻报》1910年6月21日;《舆论时事报》1910年6月21日;《汉口中西报》1910年7月18日;等等。
5 周桂笙:《新庵随笔》(上卷),上海古今图书局1914年版,第35页。
6 周桂笙:《新庵随笔》,第36页。

7　吴趼人:《沪上百多谈》,收入《吴趼人全集》(第8册),第242页。
8　《是大国手》,《申报》1908年10月10日。其实留美出身的内科医生谢天保与其他五位学医者一起在清廷1906年举行的留学生考试中,被授为"医科医士"——相当于举人头衔,其中谢获评最优等。当时这帮医学留学生获得正途功名造成的影响颇大,乃至于他们被谣传为获得医科进士头衔。参看《京师近信》,《时报》1906年10月22日;《京师近信》,《时报》1906年10月29日;《京师近信》,《时报》1906年11月11日。
9　《蔡元培谨为儒医杜同甲君介绍》,《大共和日报》1912年4月1日、《民立报》1912年4月1日、《申报》1912年4月1日。
10　《介绍医学士丁仲杰》,《益世报》(北京)1919年2月9日。
11　《蓝天蔚敬谢良医》,《神州日报》1912年1月15日。
12　《中华民国与常备神药仁丹》,《申报》1912年3月5日;《沪军都督陈示》,《申报》1912年7月13日;《中华民国军政府沪军都督陈示》,《大共和日报》1912年7月19日;《黎副总统》,《大共和日报》1912年8月2日;《介绍良医黄莘佽》,《申报》1912年12月27日;《上海新药戒烟社》,《大共和日报》1913年4月2日;《徐景明先生无愧新世界之牙科第一》,《大共和日报》1912年8月19日;《核准世医顾文俊先生开诊》,《益世报》1927年12月10日。
13　《上海新药戒烟社》,《大共和日报》1913年4月2日。
14　起:《介绍新药戒烟社》,《大共和日报》1913年4月5日。
15　《徐锡骥先生制戒烟新药》,《时事新报》1918年8月4日。
16　两文分别见《申报》1890年2月4日、23日。
17　《清醒丸、人丹之价值》,《医学新报》1911年第2期,第60页。
18　范守渊:《灌输医学常识的方式问题》,《范氏医论集》,上海九九医学社1947年版,第88页。
19　《孙文介绍名医》,《申报》1912年3月30日。
20　《恭祝中华民国成立》,《申报》1913年7月1日。
21　《孙文介绍名医医界革命之巨子抵抗疗法之元祖高野太言翁来沪》,《民国日报》1922年12月24日、《申报》1922年12月25日。
22　《震东牙科医院成立广告》,《申报》1918年10月1日。
23　《徐大总统题额赞扬本牙局所制之牙粉》,《商报》1921年12月22日。
24　《卫生指南·序》,上海五洲大药房1915年版,上海图书馆藏。
25　《章太炎为国医陈苏生送诊启事》,《申报》1933年7月29日。
26　《章太炎先生介绍国医王慰伯来沪应诊启事》,《申报》1934年9月11日。
27　《丁福保先生回沪》,《新闻报》1910年10月30日。
28　《名医丁福保云彼何以服用韦廉士红色清导丸》,《大公报》1915年9月18日。
29　《丁福保医生介绍真正高丽参》,《时报》1916年6月29日。
30　《介绍书》,《时事新报》1918年6月17日。
31　《〈晶报〉主笔张丹翁先生之谢函》,《晶报》1925年5月18日。参看念四先生:《张丹斧吃百灵机》、天乌:《通红老头子与百灵机》,《社会三日刊》1925年1月31日,第2版。
32　《晶报》1928年3月12日,无标题。
33　《大中华医院》,《申报》1931年10月7日。
34　《中国伶界大王习用天下驰名二种良药于其家庭》,《申报》1928年12月24日。该广告的彩色版见《医界春秋》第32期,1929年2月号。

35 《梅兰芳临别赠言》,《申报》1930 年 3 月 15 日。
36 文夫:《报纸的广告》,《文化建设月刊》第 2 卷第 5 期,1936 年 2 月 10 日,第 3 页。
37 本文转载自《申报》1883 年 5 月 24 日,原文后有选录香港《循环日报》之谓。
38 何桂笙:《岸吟香先生〈痧症、花柳辨症要论〉序》,《申报》1888 年 7 月 27 日。
39 《论伪药之害人》,《申报》1892 年 10 月 19 日。
40 《新闻报》1896 年 1 月 26 日。
41 《新闻报》1896 年 6 月 17 日。
42 《新闻报》1899 年 3 月 28 日。
43 《新闻报》1899 年 4 月 20 日。
44 《暹罗大隆燕窝公司燕窝糖精、糖汁涨价》,《新闻报》1899 年 4 月 28 日;等等。
45 《游戏报》1897 年 11 月 17 日。
46 转见《中外日报》1899 年 9 月 27 日,《饮食不忘》广告。
47 《论脑》,原见《世界报》甲辰十一月初十日(1904 年 12 月 16 日);转见《艾罗补脑汁保证书》,《中外日报》1905 年 3 月 7 日、《时报》1905 年 3 月 22 日;等等。但该文原文笔者没有看到。
48 转见《新闻报》1911 年 4 月 4 日;等等。
49 该文转见《时报》1907 年 3 月 7 日、《世界报》原文笔者没有看到。
50 该文转见《南方报》1907 年 9 月 22 日、《神州日报》1907 年 9 月 30 日;等等。因为上海图书馆保留下来的《同文沪报》不多,刊载此文的这期《同文沪报》刚好不存,所以笔者没有看到。
51 转见《春满五洲》,《时报》1909 年 3 月 14 日。
52 《答问》,《汇报》第 104 号,1899 年 8 月 23 日,收入《近代报刊汇览·汇报》(第 3 册),第 330 页。
53 《论药局告白之有益》,《新闻报》1896 年 1 月 26 日。
54 周桂笙:《新庵随笔》(上卷),第 36 页。
55 《游戏报》1898 年 9 月 21 日。
56 《中外日报》1902 年 7 月 12 日;等等。
57 《中外日报》1902 年 10 月 2 日;等等。
58 《中外日报》1903 年 8 月 5 日;等等。
59 《采风报》1900 年 5 月 25 日。
60 《屈留吏隐》,《同文消闲录》1900 年 10 月 24 日。
61 分别参看:《紧要广告》,《中外日报》1906 年 3 月 31 日;《敬告病家》,《中外日报》1904 年 3 月 4 日;《绍介良医》,《时报》1906 年 8 月 10 日;《沈仲礼介绍西医眼科专家》,《神州日报》1909 年 2 月 20 日;等等。
62 邹韬奋:《大报和小报》,原见 1935 年 11 月 16 日《大众生活》创刊号,转见中国韬奋基金会、韬奋著作编辑部编:《韬奋全集》,上海人民出版社 1995 年版,第 291 页。
63 万叶:《上海读者与上海报纸》,《新闻记者月刊》创刊号,1937 年 6 月 5 日,第 24 页。
64 钟惠兰:《秘制药与专卖药》,《医学周刊集》第 3 卷,丙寅医学社 1930 年版,第 191 页。
65 文夫:《报纸的广告》,《文化建设月刊》第 2 卷第 5 期,1936 年 2 月 10 日,第 3 页。
66 庞京周:《新医学与新闻界》,《同济医学季刊》第 1 卷第 1 期,1931 年 3 月 31 日,第 1 页。
67 范守渊:《报纸与虚伪广告》,收入《范氏医论集》,第 193 页。

68 周桂笙:《新庵随笔》(上卷) 第 36 页。
69 如担任过多家清末报刊主笔且曾为艾罗补脑汁代言过的王楚芳即曾伪造过亚支奶戒烟药发售。参看《声明禀究笑林报馆主笔》,《时报》1906 年 11 月 11 日; 等等。
70 范守渊:《新闻界应有的觉醒》,《社会医报》第 180 期, 1932 年, 第 3508—3509 页; 该文又见范守渊:《范氏医论集》, 第 189 页。
71 胡安邦:《国医开业术》, 胡氏著医室 1933 年版, 第 54 页。
72 陈存仁:《我的医务生涯》, 广西师范大学出版社 2007 年版, 第 12 页。
73 范守渊:《名誉与良医》,《范氏医论集》, 第 384—385 页。
74 余岩(云岫):《贬新医·广告》, 收入《余云岫中医研究与批判》, 第 372 页。
75 胡安邦:《国医开业术》, 第 50 页。参看陆梅僧:《广告》, 第 5—6、194—195 页。
76 参看 James Harvey Young, *The Toadstool Millionaires: A Social History of Patent Medicines in America Before Federal Regulation* (Princeton: Princeton University Press, 1961), Chapter 11. 笔者看到的是该书网络 text 版, 所以无法标注页码。
77 参看江绍原:《国人对于西洋方药医学的反应》(十三),《贡献》第 4 卷第 6 期, 1928 年, 第 22 页。
78 参看 Jmmes Woycke, "Patent Medicines in Imperial Germany," *Canadian Bulletin of the History of Medicine*, 9: 1 (1992), p. 46; Carsten Timmermann, "Rationalizing 'Folk Medicine' in Interwar Germany: Faith, Business, and Science at 'Dr. Madaus & Co.'," *The Society for the Social History of Medicine*, 14: 3 (2001), p. 466。
79 参看山本武利著, 赵新利等编译:《广告的社会史》, 第 16—55 页。
80 祝平一:《药医不死人, 佛度有缘人: 明、清的医疗市场、医学知识与医病关系》,《"中研院"近代史研究所集刊》2010 年 6 月号, 第 26 页。

第五章
移花接木：近代上海医药广告中的借名造假现象

第一节 真假难分

通过前几章的叙述，我们可知近代上海的药商和医生的广告宣传手段高明，其造假技术也登峰造极，不过，其鬼蜮伎俩仍不时会被人识破。如有时论就指出，最讲究登广告的中国商家就是各大药房，这些"药房所登广告，今日某地来函，明日某官鸣谢，花样翻新，无奇不有。而决其要，无非捏造以惑人，售伪以欺世也"[1]。在当时这些熟悉内幕的人看来，这些名目繁多的保证书无非出自药商蓄意托名造假，完全不足采信。如《中外日报》上一则对药商广告谢函的评论：

> 药肆登报，其初不过列名色价目而已；稍扩充，不过自说药之灵验而已；已而托为服药得愈之人登报扬名者；已而又托为他人规病者之辞，戒病者悔过之辞，而中插入一句云幸服某店药得愈者。此等诡谲伎俩，凡住上海者，皆能知之，他方人则咸不尽知矣！[2]

如此欺诈，难怪有时人会认为商人做广告虽应"竭力招摇"，但其"法尤宜正大，人见之而不嫌恶"，不能摹效上海药商的广告手法，"勿袭沪上售药臭态"³。

图三十六 《申报》1911年8月27日

言及于此，或许读者会质疑，近代中国报刊的药品广告中刊录的诸多有名有姓的达官显贵、社会名流之保证书、所赠匾额等，如第四章的研究中所讲的，它们都是造假的吗？这些药商和医生胆敢如此造假吗？再进一步，读者可能还会质疑，一些普通人为某药品或某药商、某医生撰写的感谢函件或揄扬文字也皆不可信吗？尤其是那些附有原文笔迹、签名和真人照片的广告。

根据第二章的研究可知，至少某些达官显贵所赠匾额确系出自伪造。但据此确实不能就说所有广告中达官显贵的保证书、牌匾皆是伪造。像第一次鸦片战争后曾任两广总督的耆英，就曾为治好其皮肤病宿疾的英国医生伯驾赠送过"妙手回春，寿世济人"的对联。⁴晚清像这样的康复中国病人给主治的传教士医生送匾额表达感谢之情，当不乏见。再如虞洽卿等人鉴于1902年上海"时疫流行、死亡枕藉"的

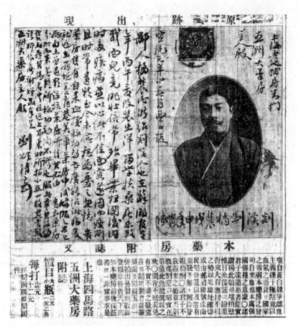

图三十七 《时报》1909 年 12 月 13 日

状况,发起集资活动,"聘请时症名医设立"具有慈善性质的保安施医局,为一些患者治疗,该局不仅门诊收费低廉,还可以对穷人减收。广告中还言及稍早汪康年所患的"喉并发症",曾让上海名医束手无策,最后就是由此次敦请的名医之一石门费晓春先前因事过沪时治愈的。汪康年的《中外日报》馆之所以愿意义务分送保安施医局的诊治细章,汪康年自己也没有否认被治愈一事,也许都可以说明该广告中所述事实为可信。[5] 再像屈臣氏药房曾在《字林沪报》《申报》和《新闻报》等报刊上多年连篇累牍刊登诸多达官显贵所赐的匾额,这些匾额皆是原文照录,且有具体的赠送时间,它们或许并非是屈臣氏的借名造假,应该是神通广大的屈臣氏药房通过各种手段求得或骗取的。又如瑞澂为中法药房赠送的署名匾额,应该亦非伪造,或是黄楚九依靠关系获取或收买得到。[6]同理也可推测两广总督周馥赠送给中法大药房的匾额,可能也非伪造,因为从在署理两江总督任上开始,周馥就曾为黄楚九的天然戒烟丸具名担保过。[7]这种情况很可能是黄楚九通过关系买通周馥或其幕府的结果。如李宝嘉(伯元)《官场现形记》中透露出来的讯息,即表明此类达官显贵的匾额确有属于药商通过各种关系乞求得来的:因开办"贫弱戒烟善会"(暗指孙镜湖开办的富强戒烟善会)所发售的戒烟药被人怀疑含有吗啡,遂遭受调查,"胡镜孙"想找有过旧交的"本省藩台"求助,"前头开办善会的时候,托人求他写过一块匾……"[8]《医界镜》中说道贝祖荫想开设医馆时,也曾托旧时熟识之官员推荐他的医术:

> 欲以行医为生涯,恰好在京所结识的京官,也有放外省,到江苏来做的,祖荫便写信进京,托在京认识的官员致信与各处显要,推荐他的医道……[9]

稍后,小说中又说贝祖荫"学问虽浅,人极灵敏","不到二三年生意也就好看了",他又善于利用官员为之鼓吹,"况且祖荫前在京城里,结识那一班官场,到江苏来者不少,也替他揄扬"[10]。民初一篇"医事小说"中也说及一苏籍"名医"到上海开业后,"新闻纸端先生医例及敬谢良医之广告,无日无之,署名者咸上海有名之苏籍富商"[11]。以上这些小说中的表述虽然不能全信,但无疑也提醒我们,那些达官显贵所赐的匾额、所出具的保证书,并非全部伪造。

进言之,如第二章的研究所揭示的,该种广告手法由来已久,很早就为上海的医生或药商所采用。像屈臣氏药房的药品"戒洋烟精粉"广告,就曾在《字林沪报》等报上连续刊出大幅广告,宣示李鸿章、左宗棠、刘坤一、沈葆桢等高官具名赠送的匾额。[12]而后来的连载小说《商界鬼蜮记》中针对"香海"(暗指上海)的"华佛药房"(暗指黄楚九的中法药房)开业情况时的一些描述,亦能为读者补充一些关于达官显贵所送匾额的背景知识:

> 上面又钉着无数匾额,什么"曾饮上池",什么"有如良相"……在下也记不清这许多,总无非是某省将军所赠,某处督抚所送,这也是医生吹牛皮的习惯,药房摆架子的老套,在香海既不以为奇,又不以为耻。所以看的人,当时也并不注意。[13]

由此处叙述可知,宣示达官贵人或真或假的匾额,扯虎皮做大旗,迎合时人的官本位意识,为一众药商与医生惯用的虚张声势手段,亦为当时医疗广告中的必有之义,上海人对此早习以为常,并不会大惊小怪。

但这些达官贵人署名的广告也的确能迷惑一部分见识短浅者和外地人,李伯元的《官场现形记》对此即有所描述。小说中写到一个身为"候补道"的纨绔子弟"刘大侉子"接了上司三个月戒烟的命令,不得不去找在"梅花碑"开"丸药铺"的"胡镜孙"(即暗讽孙镜湖):

> 轿子未到梅花碑,总以为这爿丸药铺连着戒烟善会,不晓得有多大。及至下轿一看,原来这药铺只有小小一间门面,旁边挂

着一扇戒烟会的招牌，就算是善会了。但是药铺门里门外，足足挂着二三十块匾额：什么"功同良相"，什么"扁鹊复生"，什么"妙手回春"，什么"是乃仁术"，匾上的字句，一时也记不清楚。旁边落的款，不是某中堂，就是某督、抚，都是些阔人。刘大侉子看了，心上着实钦敬。[14]

由此看出，"胡镜孙"摆设这些所谓达官贵人的匾额，确实能迷惑一部分见识短浅者。

第二节　借名造假之真相

尽管确实存在一些真实的情况，但这并不足以否定近代上海医药广告中绝大多数保证书"借名造假"的真相。正像一篇时论所言：

> 有些卖假药的药房，往往做成"子虚""乌有"的某处、某人底道谢来函，说些非常灵验的肉麻的话，再用本店底口气，附加几句认明招牌，庶不致误的话，作为招徕的广告。这种鬼蜮伎俩，明眼人固然很容易觑破，就是一时被佢瞒过的，总也觉得出那些肉麻话，读起来有点教人胸中作恶的。[15]

这类借他人之名"为其登报宣传，作虚伪之证明书"的现象，在晚清民初的上海报刊上，"在在皆是，欺人欺己，莫此为甚"[16]。

对于药商这种借名造假的内幕，陆士谔在小说《新上海》中有比较详细的揭露。该书中，小说作者借"李梅伯""雨香"和"在药房里骗碗子饭吃"的"钱梦花"三人对话，陆士谔道出药房造假的奥妙：

> 梅伯道："然则梦翁担任的是什么？"梦花道："兄弟专管告白一门的。"梅伯诧道："药房又不是报馆，难道也有收告白一职么？"梦花道："并不是收告白，乃是撰告白。凡本药房登载各报上的告白稿子，统由兄弟一个人撰述的。"梅伯道："那是撰了一个告白，总要登到许多时候呢，不是月月有的事。"梦花道："倒也忙得很，日日没得空儿呢。"梅伯道："难道日日有告白的吗？一日登一种药，一年要有三百六十种了。我翻读一张报，也没有一百种药名儿呢。难道一个药名儿的告白，要撰到十多天吗？"梦花道："光是几个药名儿时，也不容专请人撰述了。最吃重的，就是各处的鸣谢函件。那些函件必须日日换花样，并且口气也须各个不同。工、商、士、庶，各尽其妙，稍一雷同，就要给人家瞧出破绽来了。"梅伯道："鸣谢的函件，不是买药的人，为服药有效才写来的吗？怎么说是撰的呢？"梦花笑道："这种药要人家服了有效，是恐怕就等一辈子，也等不到一个呢。"梅伯道："原来这种鸣谢证书，都是伪造的，你不说穿，我们哪里会知道。"雨香道："上海的药房，差不多与江湖卖药的人一般手段，说真方卖假药，都是骗钱的勾当。他们的生意，都靠着这几句的告白，所以编撰告白的，都是几个好笔仗呢。就如梦翁先生，现担任着三家药房的告白，每家每月三十元修金，一个月也有近百金进益呢。"[17]

之后，陆士谔在第四十六回借"一帆""清臣"之口，又揭露药品广告中刊出的来自四面八方的所谓感谢信及致函人的照片等之造假情形：

"药房的告白，都是专请文人撰述的，我也知道的了。只是近来愈出愈奇，感谢人的照片，感谢信的封套，都刊了铜版，登在报上。别的都好假造，那照片是须眉毕现，并且某姓某名，注得明明白白，封套上又有邮政局地址、时日图章，这东西不知他们怎么样弄来的？"清臣道："照片、信封都是真的，不过照片并不是登报这人的姓名，信封并不是寄给他们的。譬如你的照片，他不问情由，替你登了出来，却写上了我的姓名。你瞧见了，必以为天下竟有与我同面目的人，再不会想到就是自己的照片。我见了也只道天下自有同姓名的人，一瞧面目不同，也就不去问他了。那邮政信封，却自向收字纸人买来的，上边图章，有广东寄到上海的，有奉天寄到上海的。好在他只要这几个图章，用剪子轻轻地剪下，把薄浆糊糊裱好了，开过一个信面，叫照相馆一照，再刊上了铜版，那个知道他是假的？"一帆道："应得赚几个钱，心思也想绝了。"[18]

以上两段引文虽长，但对于上海药商广告造假情况的描写却足够详细，还暂无材料能出其右者，所以这里不惮烦琐全文移录，以便读者举一反三。

只是对于商人这样的移花接木造假手法，陆士谔的上述描述仍不够全面，我们还可以用徐珂的记载做某种细节上的补充，尽管他这里

的所指并非专对医药广告:

> 商店所登报章之广告,每以他人赞美之函札胪列其中,或且以真迹摄影。发函人之小像也,邮政局之图记也,人名地名,应有尽有。有知之者,则谓甲地商店自拟函稿,连同邮票寄往乙地,觅一人书写以付邮。至于小像,乃于照相馆中搜买一日久弗取,不知谁何之照相玻璃,以制铜版,而强名之曰某某,旁列颂扬之语。于是昏庸无识之徒,以为是店固货真而价实也。[19]

除此之外,陆士谔在《六路财神》小说中借两个奸商"夏霸喜""赖肖仁"的对话也有具体的揭发造假表达,讽刺的主要是席裕麒(即小说中的"席紫苏")售卖的亚支奶戒烟药:

> 夏霸喜道:"你不见报纸上登的广告,都有服药的人因戒绝了瘾,特行写信鸣谢的证据么?"赖肖仁道:"霸翁,你与我说玩话不是?怎么越问越稀奇了。你也不是第一天到香海,难道连这点子都没有知道么?这广告都是他们自己登的,那函信也是他们自己写的。他们特请了几个蹩脚文人专做各种告白,所以登出来的告白,千变万化,日出不穷。有时像新闻的标题,有时像新书的名目,有时像歌谣,有时像诗题。局种伎俩,无非要惹动人家的心目罢了。这种文人的薪水,每月倒也有三十元、二十元不等呢。这也不是席紫苏一个人这样,香海几个卖假药的有名响主,像黄伯台、崔铭桂都这样办的。"[20]

由上述叙述可知，正是因为诸多保证书广告都是出自若干专人之手，笔法、语气、文风无形中就会留下许多破绽。恰如《时报》上关于药房广告的一则评论所言：

> 上海某某药房（或暗指五洲大药房？引者注）自造之药，五花八门、千奇百怪，报纸中所登告白、杂记、外埠之谢函，为本药房保证书者，皆称其神妙无双，功高造化。然文字一道，尤须精益求精，始足眩人耳目，况以平淡之药，而得神奇之誉，措词更宜审慎。吾谓该药房主人宜捐集公款，设一告白讲习所，广延旧学名家入所研究，务使所登之函，毕肖所登人之口吻，一若实有其人、实有其事，且附设镌刻专修科，学镌图章。凡所登之谢函，谓由某学堂、某衙署来者，必将其地址、姓名刻就篆文，印盖函末，斯愈足坚人之信，而销路亦愈广矣！[21]

这则讽刺文显示：此类药商广告中的保证书，在当时已经引起普遍的怀疑，认为它们实为药商雇人撰写，希图伪装成"实有其人、实有其事"，只是写手文字功夫不够"毕肖所登人之口吻"而已，所以评论者挖苦药房的广告作伪术，需要借"告白传习所"改进提高。稍早，也曾有竞争对手"普惠药行"多次发布广告，讽刺五洲大药房的人造自来血广告中的保证书，造假手段拙劣，劝消费者不要上当购药："试观其各种伪证书，笔法口气同其仿单、告白，均是一路笔法，尽出于一人之手稿也。"[22]

近代上海医药广告中最明显的夸诈表现，即是这种借名造假现象，不只药商采用，医生亦同样采用。[23]《中外日报》上的评论《告白生业》一文，就比较详细地记录了上海某医生借名造假之经过及

其效果:

> 去岁某家宦有患痼疾者,曾登告白募能治者谢银千元,即有一妄人自媒能医。后宦家不信所开方,不敢服。而此人辗转托人商诸宦家,代宦家登一告白,言蒙某医治愈,即赠千金云云。此等诡谋实向来所未有,于是远近颇有求治者。[24]

晚清上海的《游戏报》上也有揭露这种情况的记载:

> 华亭周某隐其名,粗习医理,初次来申,侨寓城西某小弄中。昨为悬壶之第一日,预嘱所匿友制就匾额一方,题曰"功同和缓",鼓乐送至其家,于是贺客盈门,来求医者,亦踵相接也。[25]

这种情况恰如《时报》上一则评论所言:滑头医生到上海开门诊,"悬牌后无人上门,挽亲友介绍登诸报上,大书某某家学渊源,素精岐黄,行道以来,活人数万。真真大话可笑!"[26] 上海医生如此欺骗病家,加之多数人医术又往往不佳,无怪乎时人已经称上海的中医为"滑头医士"、西医为"滑头西医"了。[27]

医生采取此类广告手段,在当时的中国似乎比较普遍。如晚清成都的医生也采取这种手法,"或央亲友送匾额以誉之,或自己假托病家登报表扬"[28]。西医范守渊对民国时期上海开业医生也有类似揭露:

> 要做现社会的良医,必须先要出名,先要做成功"名医",

要做名声显赫的"名医",又必须先要做一番吹牛的宣传工作,把自己的名声,向社会群众去夸大宣传;于是请这个闻人名士介绍,请那位委员官长推荐。诊疗室当真是门庭冷落,病人寥寥无几时,也去做个某某医生诊务忙碌,每日诊察几十百号的新闻,登在报上,表示自己的纷忙。[29]

然而,设若不按此行事,只依靠自家医术本领,便很难成为所谓名医、红医,"不肯迁就民众,不能揣摩病人心理","不去结交几位名人伟人,不会运用种种妙法,吹嘘宣传,当然得不到名人伟人的推荐介绍,社会上也永没有你名字的印象存在,你便自然老不会出名,做成名医、红医了。人家见了你,也当然目为平凡的庸医,请你看病,还会放心得下嘛?"[30]

较之医生,上海药商的造假手段也许要更胜一筹。如席裕麒在亚支奶广告中采取移花接木把戏,就非常高明。他打出曾任日本内阁总理大臣且在中国颇有声望的大隈重信的名字,以大隈赞扬清末社会的进步为话题,引出日本驻韩国总督伊藤博文和所谓的日本名医水野正太郎,以此凸显所谓水野发明的亚

图三十八 《申报》1907年5月7日

支奶戒烟药之疗效及其受到中国人欢迎的程度：

> 大隈氏曰吾国近来程度非凡膨胀，其尤可惊喜者，在促助邻邦，策励同种之进步。政界中有伟人焉，曰伊藤；医界中有巨子焉，曰水野。伊藤君为韩国兴利，而韩国受其赐；水野君为支那除害，而支那食其福。统监勋绩，昭昭在耳目间，无待吾赘。抑支那人有恒言曰：不为良相，当为良医。斯二语，吾欲以水野君当之。君少游欧米，研究医学，制药疗症，动著奇效。现今发行于清国上海，英界寿康里代表席裕麒经理之尔藤亚支奶，实足促助邻邦，策励同种之进步，其勋绩殆不在伊藤下。我闻支那各社会所极注意者二事：一预备立宪，一限期禁烟。立宪问题非单词所能罄，若禁烟则有需于克烟化瘾之良药，无可疑也。君之自西自东、自南自北，既罔不欢迎而信用之，我政府之特许局授以专卖券宜也。而支那贤长官各给示谕，禁遏假药，提倡焉、保护焉，亦固其所。国有良药，民无病夫，而今而后不当为支那同人称贺乎？是用作歌为双方之颂祷歌曰：东方病夫，惯食印药，厥疾弗瘳，终身尪怯，克烟奇品。厥号尔藤，商标放彩，有美一人。我友水野，热忱救种，目的既偿，名誉永永。二十世纪，黄裔雄飞，支那进步，既此可期。留寓富山尔藤代表员英大马路寿康里席裕麒译。[31]

其实，通观广告主旨，该药何尝跟大隈或伊藤有任何关系？但因为他们名字广为诸多中国人所知，所以席裕麒将之作为引子来利用，以吸引读者并加强广告效果。

上海药商将这类无关的名人言行故意嫁接于自己药品广告中的做

法,后来所在多有。像蒋介石1927年北伐受阻后下野,其将与宋美龄结婚的消息传开,即有某发卖春药"生殖灵"的药商三德洋行便将此作为商机,声称要印刷贰佰万张"新中华伟人"蒋介石照片免费送人,同时在广告中发布宋美龄照片,将八卦、商业与政治融合在一起,借此炒作自家药品"金银宝盒中之生殖灵":

> 大丈夫功成身退后,闲卧林泉,与绝代佳人结百年之约,悠然洁处,何等光明磊落!此乃吾侪对蒋介石先生之新婚,倾满腔热情,致贺献祝者也。闻新中华伟人蒋先生现游扶桑江户之山川,拟于下月归沪,与才德兼备、令名夙著之宋美龄女士举行花烛之盛典。故上海三德洋行同人为表示崇拜我国革命英雄起见,特印蒋先生玉照二百万张,奉送各界,函索即寄,不取分文云。[32]

还曾有报道记载了上海春药商人在广告中利用当时政界名人李济深的名字卖春药的类似故事。该报道说桂系军阀李济琛(即李济深)同蒋介石政争失败后,在幽居南京汤山时曾对记者发表谈话:说"昔人云,有子万事足,无官一身轻,余今日竟得尝此中好滋味矣!"该文居然被药商用作"卖药广告",广告题曰"幽居汤山之李济深氏":

> (广告)文之前段录李氏短文,续其后曰:上书送寥寥数行,蓄意简略,然使伯道读之,不免引为憾事。足证子嗣之继绝,实为人生祸福相关。所幸方今科学昌明,出奇制胜,巧夺天工。德国医学界为应时世之要求,绞尽脑汁,始发明一种受孕圣药,名曰"伉俪俜"……[33]

金銀寶盒中之生殖靈

迓老還童術新藥。男女生殖力改造秘寶「生殖靈」。乃德國政府寶驗監製。史坦那博士發明之世界唯一靈品也。故藥效絕大。萬試萬靈。使老畜服。回復青春。生殖力遲少復活老婦服。月經復生。血氣旺盛。還爲少女。妊振千女。青年服元氣百倍。強精強腦。讀書不忘。凡患腸萎腎虧。遺精早泄。宮冷不姙月經不調等。一服此藥。立奏奇效。連服七天。食慾大進。元氣百倍。連服二月。百髮變黑。容顏還少。回復青春。

（一）男女不服「女用生殖靈」服則乳房澎大。變爲女性。女子不可服「男用生殖靈」服則鬚髮蒼生。化爲男性。服藥者特別注意。幸勿自誤。

（二）奉送生殖靈寶驗報告書。及照片。函索即寄。

（三）男用生殖靈。護裝金盒。女用生殖靈。特製銀盒。藥盒底面。並有左揭『德國政府寶驗特許』『上海三德洋行獨家經理』字樣。特書『德國政府寶驗特許』。上海三德洋行黑圖標。封在盒之左右。購認此標。嚴防僞品可也。

图三十九 《申报》1927 年 10 月 23 日

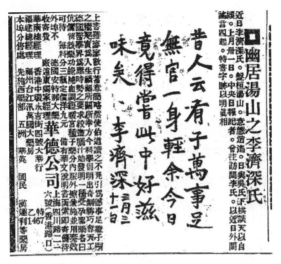

图四十 《申报》1929 年 4 月 6 日

不独药商如此，其他行业的上海商人也不甘落后，他们同样利用过马占山、宋哲元、蔡廷锴、蒋介石等名人的声望来大做商业广告。[34]其中南洋兄弟烟草公司更是此道高手，如在五四新文化运动后期，美国哲学家杜威和英国哲学家罗素等国外名人访华，在国内激起媒体舆论关注，南洋兄弟烟草公司就巧妙借用罗素的言论来为自家"大爱国香烟"做广告：

英彦罗素有言："中国最要紧的需要就是爱国心的发达。"旨哉斯言！可谓一语破的！良以国人爱国之心愈发达，则提倡国货之志趣愈坚，易贫为富，反弱为强，指顾间事耳。诸君热心爱国，幸毋忘罗素博士之言也。[35]

凡此，俱可管窥上海药商乃至各行业商人的广告手法之奇妙。这类借名造假、真假难辨的商业广告，骗了很多不明就里的消费者上钩，毕竟真正被人揭发从而诡谋曝光的只是极少数案例。如徐珂的记载：

> 商店有悬匾以致颂者，药颂为多，不曰"上池神水"，即曰"刀圭圣药"，审其姓名，皆负有时望之达官贵人也。达官贵人深居简出，因亦不见不闻而任其作伪。于是乡愚过客，群以为是真上池神水、刀圭圣药也。[36]

第三节 弄巧成拙

当然，有时药商或医生胡乱刊登借名保证书，也会出现弄巧成拙的情况。如上海三马路（汉口路）的鍊云大药房（即鍊云堂）在报刊上不断发布补肾壮阳类药品的广告与保证书[37]，但其假借湖北某学校学生之名刊登保证书，"捏登告白，招徕主顾"，被较真的湖北提学使看到，认为"有碍学生名誉，即札饬公共公廨查究"，事情遂暴露，药房老板钱甫臣被逮。[38]像鍊云大药房这样的保证书"作伪不工，有其人无其事"，完全经不住查考，让有经验的读者很容易发觉其破绽，相比其他药房类似的"捏登广告"行为——虚构顾客购服药品的疗效，"无其事兼不必求实其人"，就很难为人发觉，而且，借名"捏登广告"也决非"鍊云堂独有之特色也"[39]。

类似情况亦见之于普惠药房（即前引普惠药行）和五洲大药房关于补血药的广告竞争中。像发卖"自来补血药"的普惠药房，曾在《时事报》上刊登一则可能有其人（也可能无其人）无其事、署名"宁垣吕聘怀"的保证书广告，称五洲大药房的人造自来血为假药，被他在上海买来让太太服用后，"腹痛不止，旋即小产，继以血崩……"广告提醒该药对服用者身体危害严重，警告消费者慎服人造自来血，不要相信其广告。[40]五洲大药房也立即发布了《宁垣吕聘怀辩诬告白》，声称原"宁垣吕聘怀"的广告是借名捏造，真正的"吕聘怀"从未到过上海，其妻子亦并未怀孕和服用过人造自来血。[41]再如民国时期曾有某药商（暗讽发售百龄机的黄楚九）擅自将一老翁照片、名字刊于报端广告中，以作为其新出的所谓长生不老药有效力之证明，反被该翁发现而诉诸公堂，结果药商败诉。[42]还有上海一个戒烟医院仁和医院将某不吸烟者的照片刊登于报章广告，说成是该医院治愈的戒烟者，结果被照片中人发现反诉该医院"伤害名誉"，要求赔偿损失，肇事者不得不道歉。[43]韦廉士药房也曾经伪造过黑龙江双城一医生张国华具名的保证书，并借用其照片为韦廉士红色补丸登广告，结果为张氏本人揭发；对韦廉士药房来说，这样伪造消费者谢函的做法是经常性的行为。[44]

转言之，我们不能排除确实会有某些不明真相的人受到医生或药商私下关说的影响或广告标榜的迷惑，为其出具保证书或作推荐或赠送匾额。另一方面，我们也不能完全排除某些普通消费者在服药、求医后，感觉有某些效果或得到治愈，遂写信给药商或医生表达自己的谢意和对药品作用、医治效果的满意。雷祥麟教授即曾以民初长沙病人为教会开办的湘雅医院刊登广告致谢为例，指出这些保证书之类的文献不完全是"医家的宣传品"。[45]当时人对此情况的存在亦不否认，但认为并不常见，"有时有真服这药鸣谢的保证书"[46]。著名反中医人士余岩亦持同样态度,只是认为这些致谢信函一般不可靠:"联合都市缙绅以介绍之者,昔或有之,今皆以运动得之矣;使治愈者登报鸣谢,昔或有之,今皆以运动捏造为之矣!"[47]

之所以存在余岩所谓"昔或有之"情况,除了个别读者存心作弄的游戏之作外[48],多半是因为一些消费者本身没有病,只是想象自己虚弱有病,需要进补、需要吃药,"病"愈后遂自愿写信给医生或药商表达谢意,"病人既有信仰此药力之心理,遂一服而即觉病除,反谓其药性之神奇。究竟揆诸实事,所患者非病,乃人体生理上应有之现象,所服者非药,不过残羹恶酒。而卖药者,则从中获利,此不可以不察也"[49]。还有人认为像本无疗效和滋补作用的燕窝糖精能在晚清社会畅销,其原因在于药商抓住了消费者的心理与"病根":"阔人本没有什么病,无非平日油腻吃得太多,心中闷,火气上升,稍微不舒服,就觉得不得了,萝卜清火润肺,冰糖甜蜜可口,也能降火去油,阔人吃了,顿觉舒服,就是实效,也就是销路,什么燕窝,一点也没有,不过价太便宜,他们一定不相信,贵价钱反而好卖……"[50]前引分析正表明心理暗示也能达到一定的疗效,一些病人能够痊愈并非因为服药所致,乃是人体自然的恢复能力或本来就无恙所致,然而在药商或医生的广告宣传里,却被说成是病人服药后的疗效。其实,如有人指出的那样,写保证书"吃报纸上所登广告药品的人","这人若不服他的药,他的病恐怕还要好的快些"[51]。结果"非惟无补于病,而且往往反致加剧也"[52]。亦像另一个民国学者的分析:

> 广告中的证明书不全是假造的,有的是作证者本人亲手所写的,而且他们深信他们所写的都是实话。这类人约可分为两种:

一种是神经过敏的，本来没有病，因为受了广告的暗示，就以为自己有了某病，解铃还须系铃人，使他得病的广告正好有治他这种病的药。吃了这不管事的药，却治了他的疑心病，这完全是心理作用。第二种人是久病的乐观派，得的是无药可医的慢性病，忽然新见到一样说能治此病的药，这可怜的病者一经服用，心里舒畅了许多，就自以为是病势见轻了，其实是毫无起色。自然只这两种人不能包括一切作证的，但广告中的证明书是不值一钱的，则毫无疑义。[53]

可能同样不能排除的是，有人愿具名刊登保证书，还有借此出风头的考虑。如时人的分析："卖药的商人"，"更不惜以巨大的广告费，来掀动人的闻听了。像什么感谢灵药的启事，还印上一张感谢者的玉照，这不但是吃药，而且还可以在报纸上小小的出一回风头，这便是'名'的效用。不过，像这种炫世盗名的，凡是比较爱惜一点身份的人，是不屑为的"[54]。

第四节　借名造假之普遍

这类借名造假的行为在近代还是一种广泛存在的现象，非独仅限于医药广告中。如由清末《时事报》上的一则评论可知，由很多达官贵人、社会名流署名的所谓商业广告、电文、启事、活动等，参与署名的很多人其实并不知情，也没有真正介入，只是名字被人利用而已：

> 吾国人有一通弊，每好借用他人之名号，大约名愈重者，则借用之时愈多，发电也，具公呈也，登广告也，张甲、李乙随意填写，往往不知会本人，间有事后始知会者，则已为格外周到者矣！

更有意思的是，许多被借名的人竟然全不知情，即使事后知道，也多不以为然，不会自行纠正，但"误人"视听的社会效果已经造成：

> 而被人借用姓名之人，或竟始终不之知；间有知者，则或视为无关轻重，置之不问；或以其于情面有碍，忍而不问。然外人不知情形，以信彼此之故，深信其具名之事业，是虽无害人之心，而究有误人之事。[55]

李鸿章被家乡商人借名造假的事情就是一个很好例证。据刘声木的说法：在甲午之前李鸿章"声势最盛"时，安徽开设当铺钱庄的富人，"多伪托其名"，"开肆之日，即以文华殿大学士、太子太傅、一等肃毅伯、直隶总督等官衔糊灯笼，置于门首，见者莫知真伪"。而当有人将此事告诉李鸿章时，李"一笑置之"[56]。沪上名人马相伯的遭遇则是另一例。马曾被同乡商人尹寿人在开办信义银行的招股启事中列为总董而不自知，1911年初时，马相伯遂受尹破产连累而吃了官司。反之，像张元济就比较警惕和爱惜羽毛，当发现自己被尹寿人"借名"在报纸广告中列为镇江造纸公司创办董事，立即登报更正，与之公开划清界限，防止名声被尹利用："鄙人亦概未与闻，特此声明。"[57]

类似情况不少人都遭遇过。像稍早时上海著名商人曾少卿,其名字也曾被人在广告中借用列为某公司董事,曾少卿见后马上登报声明,表示自己全不知情:凡列名登报,必先咨会,断无贸然列名之理。今登报者并未关白,遽列贱名,贱名不足重,特恐淆人听闻,特此声叙。[58]上海博物教材集成馆的程瑶笙也曾被人冒名致信给奉天提学使,当他收到提学使回信后,马上登报声明表示自己未尝写信给奉天提学使。[59]杭州则有奸商假名法国商人非法销售赌券。[60]可惜在当时的监管条件下,这样明目张胆的借名造假,一般很少被人进行针对性揭发,更没有什么追究之举。

借名造假以谋利的行为不但在清末民初的商界非常普遍,而且也延续到政界与学界。如一些狡猾的上海书商在赶"考市"时为了卖书,也会利用典试者名义伪造一些课艺,以刺激赶考士子购买:"往年凡遇考试时,同业中之黠者,必镌典试者之名,无则伪造数首,题曰某大宗师课艺、某主试课艺。"[61]再像当时名人杨杏佛也被人借名造假,有人曾刻其私章、伪造其名片,借其之名四处募捐。[62]一些小报为吸引读者眼球,则在某些名人去世之时伪造另外一些名人的挽联刊登,章太炎就曾被借名登过挽联,为此不得不登报辩白。[63]名人广告的真假虚实由此可见一斑!

退而言之,即便对于那些实有其人的名人广告,尤其是由名人具名的医疗保证书广告来说,这些谀文虽非借名造假,但多是名人名士为了报答医生投桃报李的结果。如包天笑在回忆中所指出的:

> 如所周知,当时上海医生有一种风气,对于名人名士,以及报界中人,往往不收诊费,但得为之揄扬,也已足了。[64]

这种方式同医生或药商蓄意的作伪欺骗行为，并无实质差别。[65]结合第四章的讨论，我们轻易就能证明这些人尤其是一些社会名流的保证书，确实是由药商或医生伙同文人合作炮制出来的谎言，形同借名造假。

注　释

1　《欧美商家扩充商业之卓见》,《华商联合会报》第18期，宣统元年九月三十日，第8页。
2　《告白生业》,《中外日报》1899年7月12、13日。
3　孙淦函:《汪康年师友书札》(第2册)，上海古籍出版社1986年版，第1464页。
4　转见梁其姿:《近代中国医院的诞生》，收入祝平一编:《健康与社会：华人卫生新史》，台北联经出版公司2013年版，第61页。
5　参看林盼:《清末新式媒体与关系网络——〈中外日报〉(1898—1908)研究》，复旦大学博士学位论文，2013年。
6　《斡旋造化》,《申报》1911年8月27日。
7　《赐匾志感》,《时报》1907年6月23日。
8　李宝嘉:《官场现形记》(上册)，人民文学出版社1963年版，第347页。
9　儒林医隐:《医界镜》,《私家秘藏小说百部》(第76卷)，第46页。
10　儒林医隐:《医界镜》,《私家秘藏小说百部》(第76卷)，第48、49页。
11　朱濂:《名医》,《医学世界》1913年第23期，第1页。
12　《广东省城香港大药局屈臣氏戒烟精粉发售》,《字林沪报》1882年8月11日;《屈臣氏戒烟精粉志略》,《申报》1882年2月4日;《屈臣氏大药房》,《新闻报》1895年1月6日;等等。
13　废物:《商界鬼蜮记》,《中外日报》1907年10月24日。
14　李宝嘉:《官场现形记》(上册)，第328—329页。
15　汉胄:《药房广告式的时评》,《民国日报》1921年3月18日。
16　参看勋:《广告药之内容》,《协医通俗月刊》第4卷第7期，第5—6页。
17　陆士谔:《新上海》，第76页。
18　陆士谔:《新上海》，第214页。

19 徐珂:《清稗类钞》(第11册),中华书局1986年版,第5468页。
20 陆士谔:《六路财神》,收入《中国近代小说大系·胡雪岩外传等》,百花洲文艺出版社1993年版,第465—466页。
21 我梦:《上海应有而未有之事·药房告白讲习所》,《时报》1911年7月23日。
22 《请看自相矛盾》,《新闻报》1909年4月14日;《真正糊闹》,《新闻报》1909年5月8日;等等。
23 实际上,直到民国时期,一般人还是"医""药"不分的,于是有人就提倡要科学化地看待"医"和"药"的分别,并进而让"民众认识医药之真相与医与药的区别"。参看吴冠民:《矫正民众一知半解的医学观念及解释医学的内容》,《医药评论》创刊号,1929年1月1日,第31—34页。
24 《告白生业》,《中外日报》1899年7月13日。
25 《和缓鸣冤》,《游戏报》1897年8月14日。
26 《百可录·滑头医生》,《时报》1911年4月15日。
27 老上海:《绘图滑头世界》(上册),上海改良小说社印行,光绪三十四年七月初版,第26、27页。
28 傅崇矩编著:《成都通览》(1909—1910),天地出版社2014年版,第79页。
29 范守渊:《名誉与良医》,《范氏医论集》,第383—384页。
30 范守渊:《名誉与良医》,《范氏医论集》,第385—386页。
31 《大隈赠言》,《申报》1907年5月7日。
32 《蒋介石先生新婚喜闻》,《申报》1927年10月23日。
33 留青:《李济琛做春药广告》,《秦风周报》第2卷第29期,1936年9月14日,第25页。该广告原文见《幽居汤山之李济深氏》,《申报》1929年4月6日。
34 参看左上:《硝烟下的广告:以抗战初期的〈申报〉广告为中心》,复旦大学硕士学位论文,2013年。其实,类似的广告手法,19世纪的美国药商也经常采用。参看James Harvey Young, *The Toadstool Millionaires: A Social History of Patent Medicines in America Before Federal Regulation*, Chapter 11。
35 《中国之需要》,《中华新报》1921年8月10日。
36 徐珂:《清稗类钞》(第11册),第5468—5469页。
37 《金刚百炼丸》,《时报》1909年2月24日;《金刚百炼丸真是道教遗授,固精有此奇能,唯推独尊之秘宝》,《时报》1909年3月5日;《錬云大药房监制补肾生精壮阳种子寒谷春生酒》,《神州日报》1909年3月11日;《立愈遗精金刚百炼丸》,《神州日报》1909年7月7日;等等。
38 《查究捏登告白》,《新闻报》1909年8月18日。
39 《上海之评论》,《神州日报》1909年8月21日。
40 《留意详查》,《新闻报》1909年5月14日;等等。
41 《公道》,《新闻报》1909年5月14日;等等。
42 参看二栗:《医药广告的道德问题》,《康健世界》第5期,1936年3月16日,第329页。
43 参看《戒烟声中怪事:刊登照片指为绝瘾》,《康健世界》第3期,1936年1月16日,第205页。
44 参看《韦廉士红色补丸证明书之黑幕》,丙寅医学社编辑:《医学周刊集》(第4卷),丙寅医学社1931年版,第302页。

45 参看雷祥麟:《负责任的医生与有信仰的病人——中西医论争与医病关系在民国时期的转变》,《新史学》第14卷第1期,2003年3月,第85页。
46 《滑头药品》,《卫生报》第13期,1928年3月17日,第103页。
47 余岩:《贬新医·广告》,收入祖述宪编:《余云岫中医研究与批判》,第372页。
48 如根据民国时期的一则资料可知,曾有人恶作剧送某医生一匾额"功同良将",挖苦该医生医术不精、杀人无数,却被该医生当作表彰大肆庆祝,结果被人说破。(《名医匾额》,《兴华》第33卷第9期,1936年3月18日,第21页。)再根据清末《舆论时事报》上一则"杂俎"可知,清末上海一些化妆品店"为招徕生意计,每将各埠谢函揭载各报,阅者亦莫辨真伪也",在这些谢函中,确实存在来自真实个别消费者的谢函,"平邑某校学生戏作一函,而以同学生唐姓具名,然唐不知也",该函刊于报端后,为唐某友游历上海时所见,"阅报见所登谢函,语多觕隙,逆料为唐之游戏笔墨",遂有作弄唐之举措。参看穆琴:《变容新法》,《舆论时事报》1909年8月21日。由此类推,在医生或药商刊出的保证书中,或亦存在相似的恶作剧情形。
49 参看勋:《广告药之内容》,《协医通俗月刊》第4卷第7期,第5页。
50 参看《三个半滑头之半个》(无署名),《民声》第3卷第1期,第8—9页。
51 《滑头药品》,《卫生报》第13期,第103页。
52 宓锡盘:《论中国流行之外洋射利药品》,《广济医报》第3卷第2期,1917年11月,第8页。
53 猷先:《秘制药之证明书》,《医学周刊集》第2卷,第264页。
54 陈蝶生:《药广告》,《三六九画报》第18卷第10期,1942年12月3日,第11页。
55 《借名之贻累》,《时事报》1911年4月18日。
56 刘声木:《李鸿章之盛衰情形》,收入刘声木:《苌楚斋随笔 续笔 三笔 四笔 五笔》(上册),第556—557页。
57 《张菊生启事》,《舆论时事报》1909年7月22日。
58 《曾少卿声明》,《时报》1905年10月18日;等等。
59 《奉天提学使张鉴》,《中外日报》1907年1月10日。
60 参看《奸侩假名洋商销售赌券之宜禁》,《天铎报》1910年6月13日。
61 四明语生稿:《杭州卖书记》,《时报》1907年3月6日。
62 《杨杏佛启事》,《申报》1928年8月27日;等等。
63 参看汤志钧编:《章太炎年谱长编》(增订本)下册,中华书局2013年版,第845—846页。
64 包天笑:《钏影楼回忆录》(下册),第663页。
65 参看猷先:《秘制药之证明书》,丙寅医学社编辑:《医学周刊集》(第2卷),第265页;猷先:《鸣谢、介绍、宣传》,《医学周刊集》第3卷,第207页。

第六章
虚虚实实：虚假宣传的真实效果

第一节 应对造假

近代上海医药广告造假现象如此严重，造成的危害又是如此之大，那么时人，特别是官方与租界当局是如何面对和因应的呢？这些造假伎俩和广告手法有没有被人识破？其导致的社会效果如何？

事实上，早在当时就有人指出上海的假药、伪医及其广告尽管非常流行，可其内幕真相已为一般上海人熟知，骗不到高明的上海人：

> 上海各药房之药，自燕窝糖精以狡术获利，于是牛髓粉、牛骨粉、亚支奶及各种戒烟药水相继而起。此等伎俩及其物之价值，上海人人皆知之，内地人不知也。[1]

小说家包天笑曾在小说中借"陈老六"之口道出类似看法：

> 服那种补品的都是内地人，甚而至于乡村间的土财主，他常常信局里几十块几十块来购买。住在上海的人再也不上这当，倘

然病了，就得请医生治疗，再也不去服他的药，所以我们住在上海的从来不服那些补品，因此他所以不惜工本的登报了。²

不但如此，包天笑这里还进一步披露上海药商的发家伎俩和药界乱象，被点名的中西成药就有银耳糖精、半夏、补脑汁、三鞭丸、五鞭丸、治花柳病的药等。有意思的是，这些药品最早本是顺应上海人进补需求生产的，因为上海五方杂处，得风气之先，加之很多人生活奢靡，热衷进补，故"此风惟沪上为最盛，每到交冬之际，稍有资斧之辈"，不管有病无病，均喜此道，"彼以为一服补药，可以添精益髓、却病延年"³。但久经假药及假药广告欺骗后，很多老上海人已不再上当，受骗者愈来愈多地变为外地人和新从外地来上海的人士。而从众多保证书的署名人讯息中，我们也可证实这点：一些保证书的署名者虽然有上海人（以此强化该药、该医在上海本地的效果，借以说服劝诱外地人上当受骗），但更多还是外地人士。这些外地男性所服药品多号称是来源于亲朋好友、僚属等赠送或推荐购买，或是因广告媒介而得知后，由经过上海的亲友们代为购置，外地女性所服药品则多声言由父亲、丈夫或兄长等代为购买。

这些假药及其广告也骗不了内行人。像丁福保在清末时即曾指出："凡世界文明愈甚，则奸诈亦愈甚，辨别情伪之法亦愈严，此皆迫不得已，相因而起也。即如药肆告白，近又愈出而愈奇：有登报言其销数者，有声明信局假冒者，使他方人见之，必惊为销路之广，其实乌有是者。"⁴再像《医界镜》的作者，他也针对王湘皋发明的新药"阴阳铁血丸"（暗指黄楚九发明的日光铁丸、月光铁丸）在广告中乱用关于铁的医学知识与新名词欺骗读者讽刺道：

（王湘皋）究竟善于颖悟，想了几日，又造出两种丸药，名阴阳铁血丸，先登报说明铁之功用，与血如何关系，说是人身红血输多，则肌肤鲜红，身体强健，白血输多，则肌肉淡白，身子薄弱。服了这个阴阳铁血丸，自然红血输日长日多，白血输日减日少了。这等说话，外面看似明白晓畅，说得有理，其实只好欺那不懂生理的人。要知道人身的白血输为人身治病的元素，救命的至宝，杀微生物的主帅，人身一有伤损，那白血输即来医治，一遇微生物，即奋勇向前鏖战，必灭尽微生物而后已。试看那平常之人，每有毛病，不服药，亦往往会好的，即白血输自治的功能。是以这阴阳补血丸，实又是一骗人的花样。[5]

还有行家针对市场上假药、冒牌药横行的情况，在报刊上发文提醒读者要警惕这些成药便药，不要迷信和盲从，因其"成分多有任意增减者"，并提供了自己认知到的欧美经验作为借鉴——欧美各国不太喜欢服用便药，"医之为用在于药，医学既有价值，药品尤易假冒"，"凡疾病者，必延名医疗治，而其服坊间便药者盖寡。何则？便药多属无益之品，甚至劣医与市侩朋比为奸，借图什一，亦或有之。便药之不为世重，而称之曰伪者，职是之故也"[6]。

更有识者鉴于"欧风东渐，名器荡然，唯药与学，所关匪浅"，为了更彻底解决问题，主张对打着外国牌子的成药进行深入考察、分辨真假，还提出具体可行的操作措施：

关于药者质问如下：一、发明者国籍学历；二、发明时期；三、检定所（例如日本药品，非经卫生试验所或警视厅检定者，不得发卖）；四、专卖号次（发明者国）并国数（指特许国而言）；五、商标号次（发明者国）；六、成分；七、性质（即服用应起何种作用）；八、专卖特约店地所名称（发明者国）。[7]

还有人提出可以考核医生的办法。认为可以征收医税，先考试医生，合格后分别等次，发给文凭和证照准许其执业，"今医生既经考校，则学术必精，视其行医何邑，即可檄令查敷何邑之药肆。凡进货制丸等事，必经医者征验而后可行，并为之定价，约照原价加若干以酬其劳，并限令各肆价俱一律，毋得参贰。如此则无作伪居奇之患矣！"[8]还有人同样主张从医生下手，认为要"挽回医道"，较彻底地解决医药市场的弊端，必须"严定药品，严禁伪药，严考医术，严禁庸医，广设医生学校"[9]。但明显这些建议太过理想化与简单化，也缺乏可操作性，即便执行，也难以保证被赋予极大权力的医生不会联合药商作伪，从中渔利。

总体上看，上述的一些主张虽然切中肯綮，但在当时政治不上轨道、又面临接连不断的内忧外患情况下，根本无法见诸实践，完全不能如同时期或稍早时美国、德国与日本政府或立法机构所采取的措施或颁布的法律那样有效。[10]正像时人之言：

> 今吾国虽预备立宪，独医家之法律尚未厘定；医士之取缔，亦未实行；药剂之极量，又未检定。西药之肆既漫无限制，而教会之医书、私家之药学，方互相迻译，层出不穷，或中或日，或德或英，派别既淆，名词互异。[11]

有此乱象，上海的滑头药商正好浑水摸鱼、趁机造假冒充，而又能有几个有识见的顾客真有实力和精力去一一查证并揭发之呢？因为就算揭露之，最终效果也未必佳，特别是对于揭发打着洋招牌的造假药商来说。

席裕麒等发明的亚支奶戒烟药遭到揭发的处理结果，就是一个明显例证。该药打着日本牌子，号称是得到"民政部化验批准"的戒烟良药，其中"无吗啡毒物"[12]。席裕麒"不惜巨资，百计钻营，布置周密，勾通日本人水野正太郎"[13]，在报刊上刊登包括日本人在内做担保的种种花哨广告[14]，甚至称之为"海外奇药"[15]，也刊登两江总督周馥和现任江督端方（光绪三十二年十一月）所颁发的保护告示[16]，借此表明自己大有背景和靠山。即便如此，仍有《神州日报》《时事报》等报不断刊登亚支奶造假及被官厅调查的消息，还有官员周士达等人出面向江苏巡抚揭发席裕麒的亚支奶造假害人：

> 登报诓骗，请示招徕。乡愚受其蛊惑，官长被其欺朦。其名目之新奇、装潢之精致，以及种种骗局，真有令人深信不疑者。自开张迄今三年，积得横财三十余万，正不知残害几许人命矣！[17]

周希望江苏巡抚能出面查办席裕麒，可是席裕麒花钱贿赂调查员，并寻求日本领事保护，同时在报刊上继续大作亚支奶广告，刊登更多安徽、湖南、江西地方官的推荐与保护告示。[18]

尽管最后亚支奶仍被工部局化验出含有吗啡，但在日本领事的袒护下，席裕麒并没有被清廷上海官方和租界当局定罪，而指证其造假者,却被日领事要求"解沪惩办,以正捏诬污蔑之罪"[19]。最后,此案以声明化验出含有吗啡的亚支奶系他人伪造,再由上海会审公堂出具保护亚支奶严防假冒的告示结束。[20]席裕麒完全没有受到惩罚,依旧大卖其假药。目睹此情况,曾不断刊载亚支奶广告的《神州日报》专门为此发表评论,不直接点名批评此事,让熟悉的读者一眼即可看出是在针对亚支奶被查却无效果事:

> 中国真与鸦片之祸相始终乎?鸦片之流毒将穷,戒烟药之流毒复起,药愈灵则吗啡愈多,则杀人愈众。又惧人之摘奸发覆也,于是依托洋牌以为护符,贿赂调查,以乱真伪。中国不乏戒烟良药,而必求之于洋人之剂品,购之于被人告发之市廛,是真自求死所矣!今以明明被人告发之奸商,明明掺杂吗啡之伪药,证据确确,犹复狡赖不认,且运动他人为之辩论陈说。吾谓使非伪药,何必托庇外人?使非伪药,何必贿通调验者?呜呼!人纵不惜金钱,奚必以性命为儿戏?此不得不为购买戒烟者忠告也。[21]

关于此次事件,熟悉内幕的小说家"西泠冬青"曾假借《水浒传》中的神医"安道全"之口揭发席裕麒卖假戒烟药,说"因为他一个同姓本家,借了他招牌去卖,竟打官司你攻我击,同室操戈起来",接着小说又借"周通"之口说道:"他卖的那种丸药,是个小经纪,并不是大宗交易。房金火食是不必说了。就是他每日登报,计算各处告白费用来,也要数百金一月。若再不卖假药赚钱,如何得了?要是他丸药中真正用上等药品,恐防连他妈也要赔贴在里面还不

够。"随后,《新水浒》中写安道全次日的行踪道:

> 到了次日,走来马路上,先到阿九开的店中,买了一包自强丸,又去到席芝孙(暗指席裕麒)那面,买了些滋乳丸(暗指亚支奶戒烟丸)。归到房中,用理化法细细化验起来。原来内中掺杂的都是吗啡。安道全看了咋舌道:"怪不得人说服了上海戒烟丸要成病,烟瘾只有越戒越深,从不见戒脱的。却原来是这个道理。吗啡是鸦片中提出的精液,一厘吗啡,可以抵到七八钱鸦片,而且性最猛烈,服了不但不能戒断,还要加些烟瘾。他竟丧尽天良,将这种品物和在内,只顾自己赚钱,不恤人家生死,真是狗彘不食其余了。"遂将此药取将出来给柴进等人看。柴进道:"安大哥,何不将此药质送到公堂去,问他一个借药杀人之罪,以儆效尤而诫将来。"雷横道:"大官人话虽不错,但终恐徒劳无益,他的牌子明明借外国人幌子,一到事发,便有外国人替他出场,必然说我们外国医生化验了尚且不错,难道你们中国医生便可作准?如今洋势通天,他们哪一桩事不来包庇?一旦动起交涉来,上面反要说安大哥多事,一碗官医生饭就要靠不稳……"22

造假害人被揭发,却没有被惩处——哪怕是证据确凿、人心所向,但这就是华商挂洋牌托庇于外人的妙处,"亚支奶戒烟药丸掺和吗啡,劣迹昭著,舆论佥同,如非托名洋商,华官无所窒碍,势必早已封禁"23。后来直到民初,亚支奶造假一事又被揭露,被民国江苏省政府和上海民政当局控告为以"毒药杀人",请求租界会审公廨从严查办[24],亚支奶才淡出上海医药市场。

设若不挂洋牌,结果就会大相径庭,由孙镜湖出售,同样包含吗啡的富强戒烟丸的遭遇就是一个相反相成的例证。第二章曾说到孙镜湖在1901年6月开办富强戒烟善会被查禁一事,主要在于该会没有挂洋牌寻求保护。时人很清楚,做生意者"不可以不挂洋牌"[25],"凡各商无一不用洋人出名"[26],"中国富室大户,所设之铺栈,不惜岁输巨款,求庇洋商"[27]。如此操作就可以避免清朝官吏的压榨伤害,"其所以致此者,皆官吏任意鱼肉之故。盖民欲为中国之人而不得也。彼既各有其保护主,则有事之时,自有人挺身而出,而官即俯身唯唯,此等之人转可逍遥事外"[28]。对于居住在上海租界内的精明华人药商来说,他们对此形势自然认识得尤为清楚,"若辈侨居租界,华官不能约束,且有外人担任保护,或悬挂洋旗,或托名洋商,欲禁反多窒碍"[29]。在洋牌与租界的庇佑之下,上海药商造起假来更加肆无忌惮,不仅在戒烟药中混入吗啡,还在其他药物中也多加入吗啡成分,以便药品能有实时的效果,才使顾客更易上当。这也让清廷上海当局查禁起来阻挠重重,遂不愿多事过问。难怪有时论批评道:"上自禁烟大臣,下及守土之官吏,未闻有发一言以申

图四十八 《新闻报》1909年9月8日

其禁者,抑又何也?"³⁰由是,药品及其广告即便被揭发作伪害人或名不副实,药商一般也难以受到严厉的惩罚。

对于上海租界当局来说,尽管他们声称要查禁春药及春药广告³¹,但在实践中执行并不得力³²,而对上海药商的其他药品和广告造假行为,他们则基本袖手旁观。因为很多华人药商都会联络某些外国人,打外国牌子,向其外国保护人输送一些赚得的利润。像黄楚九这样精明的药商甚至化名黄胜入籍"日斯巴尼亚"("Espania"的音译,今译为西班牙),冒充洋商,以获得庇护与特权。³³故此,保护华商药房的利益,某种程度上也确如同保护外商利益一样,租界当局心知肚明,对药商的造假行为,自然得过且过,因此才会容忍与放纵日本领事庇护下的造假药商席裕麒。而且,为了做出尊重华人居民医疗需求多样化的姿态,租界当局对大小药房包括医生的造假行为也不愿意过多干涉,毕竟在华外国人一般都不会购服这些药和找这些医生看病,这无疑是纵容或包庇了假药和庸医现象的滋生与流行:"好在上海的租界上并不把医生检查,阿猫阿狗都可以来做医生,唱书的也可以来当医生,卖拳头的也可以来当医生,简直把人命当作儿戏了。"包天笑在小说中借"陈老六"之口对此有一番解释,我们正好可以参考:

> 租界当局的所以不检查却是有原因的,因为西医的流行不过近十年间的事。从前中国人生了病,总是请中国郎中看的,那种中国郎中在租界上开业挂牌子却是写着某某某夫子传,或者写的是世代儒医。中国人当医生都是个人与个人的传授,从来也没有开过什么学校,也没有什么叫做文凭,也没有什么学士博士的名

位,你要想法子取缔罢,当然先要考验,请问这考验如何考验法?倘然教外国人来考验罢,外国人正也不明白中国医生用的什么药;教中国人来考验罢,外国人根本就不相信中国医生。要是在租界上取缔中国医生、不许开业罢,这是个违反民意的事,因为中国人生病他们当然是相信中国郎中看的,而且当时谁也不信西医,直到如今还有许多人不信西医的,说西医看病动不动就是给人家开肚皮,弄得血破狼借,而且开了肚皮也不见得就好,过了几天也还是死了。再不然就是一顶冰帽子把人家冰起来,后来也是不中用了,把个死人冰得和咸腊店里的冰鲜一般,我要是生了病,情愿死,不情愿叫西医去看。[34]

稍后,包天笑又借"陈老六"之口说道:

那时租界当局因为中国人生了病还是要教中国医生诊治,所以不敢取缔,也无从取缔,横竖外国人生了病他们有外国人在那里诊治。那些外国医生到中国来治病的,从前都是那传道之士,不但是本领好,就是道德也好,而且也没有多少人,一问大家都知道的,因此也用不着取缔。中国人既然相信中国医生,也只得由他罢了。但是到了如今,却与以前大不相同了,挂西医牌子的到处皆是,称德医的也有,称日医的也有,并且也有在医学校里并未毕业的,也有仅不过看看书从来不曾实验过的,还有七拼八凑道听途说也算是个西医的,因此常常有打针打坏了人的,吃药吃死了人的。开药房的也是一样。所以上海有些药房里常常有一种不规则的药,有的据人家说有吗啡等毒质在内。制成了一种药，工部局也不抽提化验。近来所说要设立毒药化验局，那就造福不小咧。[35]

与租界当局的态度类似，其他一些内行人虽然知道一些药品及其广告存在造假问题，但鉴于种种考虑，特别是涉及自己的利益问题，并不愿意多事主动揭发，无形中这也起到了助纣为虐的作用。如一个医生所言："药房卖药，虽有巧立名目，或鱼目混珠而信口雌黄，遴盗虚名者，谅不致以毒药杀人。吾人以仁术为怀，亦可置之不论不议之列。"[36]类似的心态，应该在时人之间广泛存在。

第二节　商业报刊与医药广告之关系

就多数商业报刊主持人来说，为了获取更多广告费，维持报馆正常运作，他们会接受各式各样的药商广告，甚至还会代销药商广告中的药品[37]。《新闻报》和《申报》因为广告系利源所在，为了不影响惯常的广告客户，运营上遂不愿改革，"他们以为改革以后，读者将不欢迎，而且对于广告有窒碍"[38]。无他，此类药品的广告费对于报刊，尤其是那些没有官费补贴的商业报刊不可或缺，报刊主事者不能以其广告存在虚假夸大情况而拒绝之。

其实，多数商业报刊主持人不能亦不愿为所刊载之广告内容与实际效果负责；一些有良心的主事者即便知道广告商品为假，广告宣传不真，但为了报刊本身的发展计，他们亦不能拒之门外。[39]如在汪康年主持《时务报》期间，有同乡汪有龄提醒他慎登包括医药广告在内的几种"告白"，但汪有龄也认为《时务报》若是日报，就需要大量广告填充版面，拒绝的余地就比较小：

> 馆项支绌，极应代登告白，以资弥补。惟愚以为沪上各药店，及卜、星、相数种告白，宜斟酌抉拾，庶几取不伤雅。盖以上数种行业，全是胡说乱道，为识者所深厌，不可不慎之也。此层仅就《时务报》而论，若日报则岂能拘此。[40]

故此，后来有人甚至认为药商靠广告卖药赚得的钱，大部分都被报馆拿去了。[41]关于报馆从医药广告中所得到的广告费数目，目前我们还缺少较为可靠的数据，只能通过像商务印书馆所办杂志1915年、1916年获得的广告费总数这样的间接例证进行推估。据张元济1916年6月24日的日记记载，商务印书馆所办杂志1916年一年的广告费收入"已有三千"，而1915年全年广告费收入为二千四百六十元六角三分，接下来根据商务印书馆与代为招揽广告者的约定，自四千零一元起，满五千元，招揽方需要提成百分之十，每加一千提成费多百分之二，至百分之二十为止。[42]由于商务印书馆主办的是杂志而非每日发行的报纸，其所刊载的广告以自家书籍广告居多，外来的广告，尤其是医药广告相对较少，但其广告费每年仍能有三千元左右，显见当时广告业的发达，不难由此管窥广告能为报刊提供的广告费数目之巨大。

　　如果个别稍有良心的报刊主持者看不惯医药广告造假的横行无忌，他们也只能边登医药广告边批评其造假骗人，像上海《时报》

《中外日报》《神州日报》《时事报》等皆曾如此操作过。如《神州日报》《时事报》且曾在1909年多次刊载亚支奶戒烟药造假骗人的讯息，但它们仍然不断刊出亚支奶的广告。[43]其中，《神州日报》的表现尤值得注意，它曾刊载评论揭出黄楚九昔日卖春药被法界巡捕房鞭笞的旧事[44]，后又专文揭露黄楚九的艾罗补脑汁为伪药[45]。同时，《神州日报》馆一边还在与黄楚九就《神州日报》入股金及赈灾款有无等事大打广告仗[46]，一边又继续刊登黄楚九的中法药房广告[47]。《中外日报》上亦曾刊载过挖苦孙镜湖借燕窝糖精、黄楚九借艾罗补脑汁等假药骗人敛财的评论，并曾连载小说《商界鬼蜮记》，讲述戚刚（暗指亚支奶的拥有人席裕麒）、王太医（暗指艾罗补脑汁的拥有者黄楚九）、沈金吾（暗指燕窝糖精的发明者孙镜湖）等药商靠假药发家的故事，但该报大量刊载过孙镜湖的药品及戒烟药广告、艾罗补脑汁和其他中法药房的药品广告、席裕麒的亚支奶广告，乃至众多其他药商的广告。[48]像民初恽代英计划办杂志时的主张："告白加以严格取缔，不使欺诈等类之告白存在，而存在者由本社加以担保，则告白易生效力，可广招徕。"[49]但很难做到。

从药商和医生的立场来说，其主要成本在于广告费之开销。在此意义上可以说，媒体与医药广告实际形成了一种互相依赖、互相促进的关系，一荣俱荣、一损俱损。为了更好获得利润，药商与医生也会努力对报刊施加影响，试图让报刊为自己代言，给予自家广告价格上的优惠，而非让它指责自己造假骗人。如黄楚九早前曾与孙玉声共同创办《笑林报》，并担任经理。[50]1908年，他借入股"茂记"控制《时事报》，之后又接办《舆论时事报》，同时资助孙玉声创办《图画日报》。⁵¹近水楼台先得月,《图画日报》上的广告版面泰半都被中法药房的广告占领了。而《时事报》上的重要广告版面,尤其是收费最贵、最易吸引读者眼球的"论前广告"版面,亦经常充斥着中法药房的药品广告,以及黄楚九入股创办的五洲大药房药品广告。⁵²

面对黄楚九这样办报甚至操纵媒体的情况,时人和时论也曾有所警觉,认为像黄这样品行不端的人控制报纸,会伤害报纸的独立性及其主持公道、监督政府的天职,"淆报界之秩序,而乱国人之耳目","将来危害国家,何堪设想?"⁵³该作者之批评揭发虽然大致属实,但他提出的从报界驱逐黄楚九、不认《舆论时事报》为同业、阅报者不应读该报、代派处不要代派该报,甚至要求地方官封禁该报等建议太过激进,显然无法实施,自然也无法阻挡黄楚九对于该报的掌控利用。

从清末开始,医生或药商自己创办医学报或卫生学报也成为一种趋势,像孙镜湖创办《卫生学报》、何廉臣等人创办《绍兴医药学报》、丁福保创办《中西医学报》都是明显的例子。这些人皆明白通过大众媒体来宣传自己理念与医术乃至自家药品的重要性。到了民国年间,医生创办或参与创办专门医学杂志的案例更多,"几若雨后春笋及过江之鲫也。或以是研究学识而驰名医林,或借此喧传以博社会信仰。其出发点容有不同,然其具有吸收患者之效力则一,要之皆活动之广告法也"。只是后来这种方式逐渐变调,宣传医学知识和研究学术成为幌子,"而以广告营利为目的"⁵⁴。像当时颇有学术声望的《卫生杂志》就沦为这样一种变相为药品或医生背书的广告工具,为此不惜编织学术谎言,欺骗消费者入彀。如其所刊登的一则关于人造自来血的"科学"解释,借用的仍是传统的滋补壮阳理念和似是而

非的常识经验:

> 人之有血,犹树之有浆,浆绝则树枯,人少血则身体弱。此为同理。故世人欲求体躯强壮,宜以多血为主要。因人之五脏六腑,全赖血以滋养……五洲大药房所发行各种良药,其中"人造自来血"一种,行销全国,声明最著。盖此剂主要成分即为化炼铁质。铁乃补血圣品也。故凡血虚者,无论男女老幼,服"自来血"以补血,确为功伟效速,在短时间最显著之效验,能使胃量增加,颜容渐成滋润。如日服不间,久则血旺精足,四肢生力,精神活泼,身体爽健。脑力足则思想灵速,脾力强则胃纳增加……诚现时代之补血健身唯一圣剂也。[55]

此外,还有很多医生直接充当报章杂志的"卫生顾问","时时揭载卫生事项,并设问答一门,以应答读者之质问,久之,其名赖以揄扬焉!"[56]但这样操作中也经常夹带广告,甚至是以变相的医生或药品广告为主。诸多海上名医如丁福保、陆士谔等人均曾长期担任某些期刊的"卫生顾问",借宣传普及一些医药卫生常识做代言广告,以扩大自己的社会影响和巩固自己的医学地位,进而获取更多的经济利益。

第三节 虚假宣传的社会效果

尽管有不少人不断识破上海药商和医生的这些造假把戏,甚至认为上海业已"庸医满市,伪药充廛"[57],但看起来并没有影响到多少消费者买药、求医的热情，特别是上海之外，仍有很多盲从的消费者不断堕其术中。这或是因为中国市场广大，缺乏辨别能力的消费者众多，不管骗术如何低劣，不管如何被人揭发作伪造假，总会有人愿者上钩。如时人之言："吾尝见卖假药、伪物种种广告矣，自识者观之，不值一笑，然而入其牢笼者，比比而是。"[58]药商对此形势自然洞若观火，根本不怕有人会戳穿其把戏、批评其造假，如《医林外史》的作者借"沈征五"之口所言：

> 笑骂由他笑骂，好官我自为之。我们药界中人，不在这话儿上赚他几个钱，更在那里？况且，六合之内，宇宙之大，乡愚多着，只要每人输我银元一枚，我们便一生吃着不尽哩。[59]

是故，这些药品及其造假广告，仍然到处传播，依旧能为药商招来源源不断的顾客。像艾罗补脑汁、人造自来血、亚支奶戒烟药、燕窝糖精、兜安氏补肾丸、韦廉士红色补丸等真真假假的药品、补品，都曾长时间畅销，前两种药还曾被作为国货名牌，一度流行至1950年代后。这让人感觉颇不可思议，却正像时人所揭示的：

> 这种夸大无耻的吸引广告，在有识者看来，固易洞明其奸，不会受其骗术，上其勾当，而对于一般无知民众的受害中毒，却是不堪设想咧！[60]

吊诡的是，哪怕药品造假的危害很大，哪怕已经有时论揭穿药品造假与无良药商造假的真相，哪怕已经多次有人提醒消费者服用这些药品后会有害无益：

> 什么补脑汁呢，禁烟丸呢，吃了这个药如何好，不吃如何坏，好的几可活到千万年，坏的几要暂时死。究其实，不过雇两三个伙计，在家里捏造，所用的药材，无非在吗啡（诸位注意）里打滚。不吃他的药还好，吃了真是百病丛生呢。他们只要生意强，能发财，却在外面放他娘的屁，引得大家来上当……这种屁，简直是有凭有据的毒药！[61]

《时报》上也有评论揭露这些药品不过是添加吗啡的"戒烟药之变相而已"，警告消费者服用后会贻害无穷：

> 一二狡黠不逞之徒，勾结外人之无赖者，潜运马非，制为丸散，美其名曰戒烟，其实乃更烈于烟毒。愚者炫于其价之廉，以省减吸烟之时刻也，无贵无贱，无贫无富，趋之若鹜，甘心堕饮鸩止渴之谋，明知其害而不之避。戒烟毒药之销行，遂乃日盛一日，然其害仅局于吸烟者之一部分，全国之民未至蒙其影响也。黠者见其销场日广也，更谋所以扩充其势力者。今日制一药曰疗肺疾也，明日制一药曰补血虚也，五花八门，莫可究诘，其实皆戒烟药之变相而已。昧昧者试购而服之，未尝不足壮片时之精力，于是堕其术中，举其疑虑之心而悉去之，旬日已后，居然成瘾，欲一日去之而不能矣。胥一国博硕强壮之民族，尽化为尪羸疲软之病夫。转悔夫未厉行烟禁之前，尚不至尽通国之民系沉沦于烟毒之孽海也。[62]

《神州日报》上也有评论揭露道：

> 迩来沪上药房日见其多，而假药害人之事，遂乘间而起。明明华人所制之药也，而偏托名于义同音异之西人。明明以伪药受法庭刑讯之败类也，而偏自命为医生。上海有此医生，有此医生所制之药，华人之生命真可危矣！诸君不爱惜金钱，以购此等之药，诸君独不为生命计乎？上海各药房、各医士，独不为名誉计，力摈是伦乎？[63]

故此，药品或医术能否有让身体、种族立致强健的功效，并非药商或医生的关注焦点，重要的是他们赋予其的意义及背后的各种操作。广告中的花言巧语及所许诺的愿景，实际只是一种手段，是出自商业利益考虑的营销策略。药商和医生借助和攀附公共舆论场域里提倡卫生、改造身体和种族的声音，将药品或名气推销出去，获得最大利润才是其主要追求，至于身体、种族、国家到底会如何，则无暇多计，且其广告所述之情事皆经不住多少推敲和常识的检验。以晚清生产的多数戒烟药为例，其广告宣传与实际效果不啻大相径庭。如时人之言："市上出卖的药水、丸药，能够戒烟的，不能说没有，不过昧着良心，专为自己营利的，实在太多。"[64]因为在戒烟药中添加吗啡，应该是很多药商的共同行为："那些有瘾人要想戒烟，除了吞戒烟丸外，没有别法，遂纷纷向上海买了许多戒烟丸来。其中除林文忠丸药外，又有什么鹅郎草、亚支奶、天然丸、无零丸等名目，记也记不得许多。及至买了归来以后，大家服了，不但一时戒不下，倒反另外生出病来。人人都说上海丸药真靠不住，不是假的，定然有吗啡毒物在内。"⁶⁵无怪乎有不少商家特意打出其戒烟药不添加吗啡的宣传,并施以种种广告技巧,吸引消费者。像普益药房经售的尅烟亚弥莲花戒烟药广告即声称该药"如有吗啡,男盗女娼,雷殛火焚"。⁶⁶而中法药房的广告则宣称,其出售之天然戒烟丸经过所谓官方化验结果表明,"并无吗啡毒药在内",但却称别家戒烟药都有。⁶⁷这里所谓的官方化验,不过是"上海道饬关谳员查禁吗啡戒烟药"札文中所言的化验结果公布,找一"熟悉西医"的人执行,其实际做法及化验"科学"与否,其化验目的,都大可质疑。而且只化验药商送去的药品,而非任意抽样化验,这样的做法,很难有效。

类似化验报告,工部局管理卫生事务处亦曾给华隆药房的戒烟补精汁出具过,说经过"本医生详细化验,瓶内物料并无查出鸦片吗啡之迹,确能扫除烟害,兼可大补身体"⁶⁸。但究其实质,此类的化验宣称,不过是一种更有利地推销商品的广告而已。⁶⁹有的化验员本身就和戒烟药商沆瀣一气,串通作弊,声称戒烟药不含吗啡,欺瞒顾客。⁷⁰更有一些地方官员贪图药商钱财,甘愿为之出具此戒烟药不含吗啡的官方证明。如陆士谔在小说《六路财神》中对此即有揭露,小说在说及"席紫荪"(暗指席裕麒,引者注)靠发卖包含吗啡的假戒烟药发家时,以另外一奸商"夏霸喜"身份质问道:"既这样,怎么官医验过都说没有吗啡,并且节度使也给他告示?"另外一奸商"赖肖仁"回答道:"你也捏过印把子的,难道做官的人与我们有甚么两样不成?做官的也不过要几个钱,有了钱,谁有功夫来管他妈吗啡不吗啡,只要你给他个面子,表面上不标着'吗啡'两字就是了。"⁷¹

实际上,不管药商打什么外国牌子,说得多么天花乱坠,大多数戒烟药"均以吗啡或鸦片为主药",是用一种毒品代替另外一种毒品[72],根本不可能具有戒烟效果,反而其毒效更甚,只是能起到表面上看起来可以戒烟的效果罢了。如戴季陶的批评:"苟戒烟之药儿仍含有吗啡、鸦片,使戒烟者离烟儿不能离药,是戒者如不戒。"[73]如中法药房标榜其天然戒烟丸无吗啡添加,但其每丸的吗啡实际含量约为0.004克,中英药房的"乃安戒烟片"每片的吗啡含量约为0.005克。[74]因之,有时论就感慨:"尝过五都之市,戒烟之药,汗牛充栋,所谓丸也、散也、粉也、膏也、茶也,名目杂出,无不自誉曰能戒绝、能戒绝,而叩其实效,所谓不掺吗啡、不入土皮者,有几乎?"[75]依靠这些戒烟药,鸦片烟瘾当然不能真正治愈,导致"因戒烟反受戒烟药之毒"[76],戒烟反而不如不戒。于是有人就评论道:"自近年热心志士提倡戒烟以来,市上之以此种药品求售者,争寄(或当为'奇',引者注)斗胜,名目繁多,炫秘称神,务动人听,实则皆掺吗啡烟灰,瘾不能除,毒且益甚。此种市井无赖,只知利己,不顾害人,洵商界之蟊贼也。"[77]小说家彭养鸥则干脆借"牛鬼"之口说:"人世戒烟药品,皆骗人财帛,其实戒烟无须吃药,只须立志坚定耳。"[78]由此,他特意写作"醒世小说《黑籍冤魂》",揭露鸦片危害之深及戒烟药之骗人情形。再像李宝嘉的讽刺小说《官场现形记》,其中也有对所谓治疗烟瘾的戒烟药的描绘与揭露,很多戒烟药,不过是另外一种"吗啡","虽然能够抵得烟瘾,然而吃了下去,受累无穷,一世戒不脱得"。但戒烟心切的"刘大侉子"却非常信任"胡镜孙"(孙镜湖)"贫弱戒烟善会"的戒烟药,服用该戒烟药后发现:"丸药果然灵验,吃了丸药,便也不想吃烟。只可惜有一件,谁知这丸药也会上瘾的,一天不吃,亦是一天难过,比起鸦片烟瘾不相上下。"⁷⁹ 最后,"刘大侉子""烟瘾居然撑住,但是脸色发青,好像病过一场似的。且有天不吃丸药,竟比烟瘾上来的时候还难过"⁸⁰。故此,许多人虽明知受骗,还是不得不像《官场现形记》中的"刘大侉子"一样,甘愿上当,主动去吃胡镜孙发明的戒烟药,并被迫在长官面前承认:"职道自从吃了胡镜孙胡令'贫弱戒烟善会'里的丸药,倒很见效。"⁸¹

针对此种情况,早在清末即有识者鉴于戒烟药中加入吗啡现象之普遍批评道,"奸商见利忘义,暗将吗啡混入戒烟药内,而告于众曰无吗啡、无吗啡",为此该君曾特意登报宣示,"以化学之法化分而辨别","俾有志戒烟者照法分析,辨其真伪,不致误购毒剂,欲去毒而不得"⁸²。这种情况延续到民国年间亦是如此,像民初上海市政厅即从市场上查获诸多包含吗啡等毒质的戒烟丸。⁸³饶是如此,仍不能阻止这个行业中普遍存在的用吗啡等毒质冒充戒烟丸的做法。加之上海戒烟药的生产药商多集中于法租界,巡捕房对之睁一只眼闭一只眼,只有海关及印局方面对于此种戒烟药物之邮寄和出港有一些限制,但药商仍有办法应付,"惟其寄送药品时则鬼鬼祟祟,用种种秘密方法瞒混印局、海关之检查,或托轮船伙友代送,其方法甚多,难以尽述"⁸⁴。

即使知道是假药,很多消费者依旧置若罔闻,仍继续购药,或许他们看重的是这些药品的暂时刺激效果,而无暇顾及其余。像孙镜湖发明的富强戒烟丸,因掺入吗啡被上海道查处,并通告四方,但在英租界大马路的同德堂总店中,该药销场却没有受到影响,"门常如市,购者纷纷"⁸⁵。甚至如后来的著名史家吕思勉的父亲在上海时(1904年旧历七月初九日)也曾专门跑到大马路华兴公司去购买其发售的戒烟丸。[86]再如清末出版的"商业小说"《市声》,其中说及某"止咳药水",消费者看了广告购服后,发现它根本不起作用。该药也被内行人"老四"认为"实在是滑头买卖",大概是由杏仁露与燕医生化痰药水掺和而成,但最后却赚了大钱,让"老四"对此莫名其妙。[87]无怪乎小说作者感叹:"上海的商家,总要带三分滑头气息,才能做得来哩!"[88]

当然,这些药亦并非全无效果,"在病轻者服之,适逢其会,未尝不稍收成效"[89],可以让消费者验证于当下。如"废物"对"益身汁"(暗指艾罗补脑汁)作用的刻画:

> 那广告中真是说得活灵活现,说什么服这药水以后,一点钟内,便可增长精神;又说什么服这药水以后,一个月内,便可转弱为强。列位须知他所用的这几种药,都是升提之品,同春药一样的功效,聚精神于一时,发大难于后日的,所以他的好处,人人所知,他的坏处,人人所昧。因此轰动一时,风行天下,甚至送官礼、做人情,非此益身汁不为恭敬。[90]

这种奇怪的明知故犯状况,"废物"在《商界鬼蜮记》中有过牵强的解释:"最可怪的,他的假药是人人所知,却又人人要买",即使戳穿其广告中的谎言,"明日说不定也去买他的药","这便是外国人所说的魔力,中国人所说的本领"[91]。

以后见之明来看,"废物"的上述解释太过简单与无奈,事实上,滋补、养生、保健本就是传统中国滋补文化、医疗文化中的重要内容,一直为人们所重视和付诸实践。清代江南社会尤好人参这类补品,富贵之家不管有病无病,均常服用补品补身,"不怕病死,只怕虚死"[92]。滥吃补药是明清以来大众日常生活中很流行的现象,实际上也是一个很坏的消费习惯。恰似清末时人所言:"因为我们中国人有一普通性质,大凡富贵之人,恒多虚弱,所以最喜服的便是补药,不论其为补胃、补脑、补血,只要是带着个补字,他就不问情由,一味乱补。"[93]民国时有人也所见略同:"多数人心理,常以身体不强为憾事,苟睡眠不足,肌肉过疲,即以为大病临身。千思万虑,图所以补全之、诊治之。"[94]所以,在晚清以降的医药广告中,药商经常借助这类"补"的诉求卖药,不管中药西药,都说能"大补",一如后来人之言:"许多假药,就是利用人们相信'补'的心理以补药的形式来大批销售。"[95]

在晚清开始出现的这些新式滋补、医疗产品与有关保养身体、重视卫生的新理念,以及强调补脑、补血、补肾、补肺等打着西方招牌的新做法,无疑是延续了这方面的传统,在被药商加入现代性的元素进行精心包装与宣传后,以新的名义尤其是"西药"和新式补药的身份出现在市场上,成为展现消费者品味与社会地位的工具,对于趋新和有经济能力的男性消费者来说,尤具有"以彼有余补我不足"的象征意义与现实的蛊惑力。就像中法药房的一则"燕窝珍珠牛髓粉"广告标题所说的那样迫切——"补!补!补!"[96]一旦获得相关产品的信息,许多有经济能力而又盲目进补的消费者当然有兴趣购买:

不论其身子强的、弱的、壮的、瘦的,只要有些银钱,他就不管青红皂白,今天也补,明天也补,日复一日,年复一年,补得肠胃虚弱,身子羸瘦,还说是本元不足,才弄出病来呢!这真

是春蚕作茧、自寻烦恼了。因此市上药铺就昧着天良投其所好，把他滑头的补药说得天花乱坠……[97]

受到滋补文化传统的影响，加上药商广告中花言巧语的诱惑，即便购买不起的人也会对广告中的药品产生消费欲望和消费想象。否则，广告不会如此宣传，不会连篇累牍去做，更不会达到效果；广告必须适应顾客，才能获得最大效果。所以说，这些广告中的表述绝非凭空的作伪，而是商家在充分考虑了社会尊西趋新的情况与实际的市场需要，精心构制的，是滋补文化传统在新式商业经营体制下的发展，亦为社会崇洋风气和对自己身体担忧情况的物质化表现，为新的思想资源进一步流行化、商业化和符号化、日常生活化的结果。难怪时人包天笑对此感叹：

迩岁以来，吾国人之效法欧西，可谓至矣！盖我曾未见有一事一物为欧西人所有而吾国人所未步武者。大之无论矣，人曰立宪，我亦言立宪也；人曰革命，我亦谈革命也。即小而至于一起居、一应酬，亦无不自命欧西人也。一饮食、一服饰，亦无不模仿欧西人也。人有谀之曰，有欧美人习者，则喜；詈之曰不脱中国习者，则怒！呜呼，至矣，至矣！虽然，试按之，则未有一事相合者。嗟夫！固知东施而效西子之颦，人皆却走也。[98]

不仅如此，医药广告还充分利用了病患者的心理作用与疾病想象，即所谓的"恐病心理"——"明明无病疑有病，明明轻症疑重症，疑神疑鬼，惶惶不安是也。"[99]如民国时人的分析，药商深知"人常患头痛或背痛或咳嗽等症,所以就用各种方法愚弄人,使人自行想到有这病象,就算重病的根原,就忽然信他的话。然后他们又说有某种药品,灵验得很,必定能疗治这病"[100]。于是,他们就在广告中对病象进行煞有介事、过甚其词的描绘,让没有病的读者也疑心自己业已患病,"恶医最善测人心理,每用巧言妙语,描写此种似病非病之危险,要非用药不为功。于是睡眠多梦者,即有补脑汁;晚梦遗精者,即有补肾丸。诸如此类,指不胜屈"[101]。诸如此类的说辞,均是将某些正常的身体反应或小疾小病无中生有或夸大其词,将其建构为人身体虚弱或将患大病的征兆,引发消费者的紧张感,"引起不病的人也去买药吃"[102]。一如兜安氏药房的这则广告所言:

人身之痛楚,皆有缘起。勿谓身躯尚属强健,即稍有痛楚,亦无甚关碍。殊不知,痛楚即疾病之兆端、亏损之警告,不可不先患预防。如精神不济,人皆视若寻常,苟疏忽不治,即成重症……[103]

药商借此类耸听的危言,警告读者不要讳疾忌医,要马上照症求补、求药、求医,再附以所谓某些病患的保证书,借此吸引一些不明真相与庸人自扰的消费者对号(广告)入座,进行自我诊断,对"症"吃药,从而不知不觉中上当受骗,一药不灵就再换一药,"任凭你生怎样希奇古怪的病,报上就有希奇古怪的药。你买一回药,若不见效,那是因为药性温和了一点,再买一点试试看,总有你不幸而占勿药的一天"[104]。像浙江台州的读书人黄秉义就经常从读上海《申报》《新闻报》《中外日报》的广告中得知或想去购买戒烟药亚弥莲花丸及一些"补品",如参茸卫生丸、艾罗补脑汁等。[105]

利用时人对于西方"科学"特别是"化学"的迷信与一知半解,西药商还会经常在广告中宣称药品经由"科学"研发得来,经过化学分析和试验,非常灵验。像孙镜湖、黄楚九等药商就经常采取此种策略,在广告中都喜欢征引一些西方新兴的"科学"名词来糊弄读者。到了民国时期,药商就更善于用"科学"的包装来欺骗消费者,手法也更为高明:

> 我们舌敝唇焦去把科学知识灌输到社会一般人的脑筋里,刚到了相当程度。那班卖药商人就立刻利用这样的程度去引诱做他们发财的工具。譬如社会上刚有了内分泌的知识,他们就利用这一点知识去卖春药;社会上刚知道食物生活素(Vitamin)的重要,他们便利用这一点知识去卖不知所云的所谓补药;社会上刚知道血液内血色素的原理,他们便利用这一点知识去卖补血药。[106]

可以说,这些最新的医学知识与科学知识的确能有巧妙的欺骗作用,因为它们连许多专门的医生或专业人员恐怕都无法有效掌握,遑论缺乏辨别力的一般民众?恰如时人之言:"即医者亦已目迷神乱,苦难遍志,况当常人,宁复有选别之能力?"[107]

深谙消费者和病人心理及民众社会程度的药商在广告中还会声称其药不但无所不医、无病不治[108],亦可以有病治病、无病补身,所谓"无虚不补,无病不治"[109],"不仅能治百病,抑且强体补身"¹¹⁰。不仅晚清如此,民国时期的医药广告变本加厉。如时人之言:"我常看见报纸上所登卖药的广告,每一种药,必定大书特书他的万能效用……"¹¹¹这些广告药品"大都以其所标题之名目殊异、功效特奇,自称是起死回生之灵丹、补脑造血之妙药,无不万试万验"¹¹²。如果真是如此的话,那中国医学的成就就登峰造极了。故而时人批评道:

> 近几年来,现代医学经无数学者的努力,确有惊人的进步,然而我们仍时时的感觉着"爱莫能助""束手无策"的苦痛。假设那些"鸣谢"式及"介绍"式的广告中所举的例都能实现,那们(么)医学至少在治疗一项,可以算是登峰造极了。那里还有不治之症呢?¹¹³

识货者对此类广告自然是不屑一顾,然而诸如此类的诱人宣传,却很容易让那些缺乏医药卫生常识又"贪便宜"且敏感的读者与一般消费者受到迷惑:

> 人,多半是贪便宜的!很多人都希望能够买到一种能治百病,甚之(至)千病、万病的灵药!因此一般药商便利用了这种心理,在他们的广告上大吹牛皮,不是说他们的药是十灵十效,便在药名上冠上一个堂皇的"万灵"或"万应"的衔头。许多贪便宜的病人就上了他们的大当了!¹¹⁴

图四十九 《时报》
1908年7月3日

图五十 《时事报》1911年2月10日

有时药商则会声称其药来自西藏或遥远的异邦如非洲、印度等地，借此增加药品的原始性、神秘性和诱惑力。[115]像五洲大药房的壮阳药"非洲树皮丸"、中法大药房的外科药"黑鬼血"，即是如此。且看"非洲树皮丸"的广告词：

> 此树皮产于非洲亚破拿山之最高顶，皮厚数寸，气味清香，状如华产之杜仲。新近泰西博物家文生氏游历到此，独具只眼，物色得此树皮，于人身有绝大功用，携之返国，用化法提炼，其汁熬如桂那之霜，制为小丸，色白而洁，用补人身，百试百验，其特别效能，能使劳动之人，补全体筋骨，安逸之人固下部元精。凡阳痿不举，举而不坚，及见色流精，甫交即泄者，连服三日，立见奇效。每瓶一元，每打十元。[116]

再如浙江台州士人黄秉义烟瘾甚大，当他从《新闻报》广告中看到所谓"印度哥其末医生所制"的亚弥莲花销售广告，并附带有"向购亚弥莲花戒烟药之住址"时，就心动想"购试"（后来的确多次托人从上海购买):"顷阅《新闻报》纪印度新到亚弥莲花之名色,生在印度亚弥莲花山上,其花异样,四季不枯,戒烟最为灵验。"[117]黄秉义服用此戒烟药后显然没有断瘾,此后他又让人从上海托购文明戒烟丸,希图用此戒烟:"余之烟瘾屡戒屡吃。今日又戒,未识得能遂愿否也。"[118]后来黄秉义自认为依靠文明戒烟丸烟瘾基本戒除,"余烟瘾自上月廿四日起用文明药丸,顷逾半月,初用十粒,今用七颗,均无窒碍,安乐如恒,想得从此断瘾,深为至幸焉"[119]。故特向朋友推荐该药,可惜的是,从其日记记载中可以看出,其烟瘾实际并未戒除,仍然需要不断购买文明戒烟丸来维持。依赖此类包含吗啡成分的戒烟药,黄秉义们当然不可能断瘾,白费钱财外,反而会对之产生依赖。因此,很多的这类戒烟药只是有夸张的宣传和玩弄玄虚的名词而已,并没有多少实际的正面疗效,消费者服用后不但会浪费金钱,有时还会服药上瘾,把毒品当药品,严重者还会错过有效的治疗时间,危及性命。[120]

药商于广告中会同时再辅以图像示例、外文标识或商标,免费分发医疗手册与医疗咨询,预约券,打折,赠送,将要涨价,刊登打假与悬赏启事,官方或租界工部局或专业人员化验保证,购药助赈,无效赔偿,参与慈善救济等类的促销举措和高自标榜,来吸引消费者。

至于在上海的中医生做广告则一般会宣称自己系儒医、世医、外来名医之类,"托几位名人登报一介绍,就说柳州世医、歙县名宿,如何有名、如何技神,再加上些自制秘方、家传古籍的话,也足以耸人听闻的了"。而上海人迷信"外来的和尚会念经",加上"常识不充足","往往趋之若鹜"[121]。这就让一些伪医、庸医大有施展骗术的空间,出现庞京周所言的"愈劣愈胜,愈优者未必不败"的局面:

因为劣者面皮愈厚,所施的骗人伎俩愈巧。而况医术不是其他货物可比,倘若要淘汰一个庸医,要多少生命去奉陪他呢?[122]

的确,从病者或消费者角度来言,判断疾病的标准往往并非其人的实际身体状况和具体征象,而是自己的主观感受和外来的价值判断。[123]平常人一般都知道"病可死人",但不会完全明白"药足以杀人"的道理,偶感不适,即成惊弓之鸟,抓药看病,甚或对照一些医书或处方进行自我诊疗,"幸而愈可,即沾沾自喜,自信弥坚";还有一些人遇到医生就会杯弓蛇影,担心自己已经患病,"平日或遇医生,辄絮絮问曰:吾有病否?迹者食欲减、睡不酣,无病曷有此噫?盍贻吾药?"[124]这样远不如自己看广告吃药感觉好。加之一些敏感病人,其"神经是非常衰弱的,疾病纠缠的人,因为受过各种治疗的无效,心理更加怯弱,遇着这种动人的广告,为病急的缘故,往往轻于尝试",就容易盲信上当。[125]正如内行人所言:

世之选医为广告所左右者不少,盖社会人士之眼光,大抵不能透视实质,外观之美,未有不为其炫醉者,以是一般医生,莫不讲求眩惑世人之广告术。[126]

还有一些病人是出于两害相权取其轻的角度去购服这些药物的。如长期受困于神经衰弱与失眠症的顾颉刚即是如此,"睡眠服西药后颇愈,然药实有毒,其伤神经弥甚,以竟夜烦躁之苦,不得不饮鸩止渴"[127]。为了睡好觉,他就主动去购服了人造自来血:

今天难过得没有法子了，于是去买自来血。我想，即使他有毒质，也未必毒杀人。吸鸦片的也可长寿，谅自来血总及不到鸦片。[128]

所以尽管顾颉刚深知服用该药的危害，他也不得不"饮鸩止渴"："因此，我竟服了自来血。我明知自来血服了是要成瘾的，但是我想，因瘾而至的病，比身体不任而至的病或者可以轻些。我假使不服药，让他一夜夜的失眠，让他一天天的没有精神……我的身体早已破产了。现在我吃了药，使得许多疾病可以不发，事业亦做得成，固是每月要输出六七元，将来还有成瘾的可能，但我的身子确可支持了，我的心愿和环境亦可对付了，两害相权取其轻，我只有走这一条路了。"[129]自来血当然没有治愈失眠或神经衰弱的能力，只是服用它会带来一定的心理暗示作用，进而可能产生一定的物理效果，就如顾颉刚这里的认知和自我安慰一样："自从我服了药后，就是夜间多写几字，还可成眠，这不啻多供给我许多时间。"

抑有进者，一些业已上当者又不愿意主动揭发，这也给虚假医药广告的愈加流行提供了土壤。如根据余岩对民初医药广告的分析，一些人买了假药或求了伪医发现上当后，"讳莫如深者矣，盖言之，恐适以表暴自己之无常识，耻不由正道而以捷径窘步也。"为此余岩感叹道："嗟夫！医药界欺罔之术巧矣，被其害而终焉不悟者，十居八九，乃觉悟焉，而又讳而不以告人，无怪乎行欺者其层出不穷，而受欺者之不绝踵也！"[130]

另外，再加上政府监管不力、医学界自身纠错能力有限等因素，到了1930年代，虚假医药广告肆无忌惮地流行在上海乃至中国已经成为一个比较严重的社会问题，尤其是绝大多数药商奉行投机式的"卖药主义"，纯以卖药赚钱为目的，结果"蠹民病国"[131]。一些有远见的医生、知识分子对此情形非常注意和警惕，如上所引，他们纷纷发表文章表达忧虑和提出改进措施。一些敏感的地方当局遂制订禁令对此状况进行规范和约束，像"重灾区"所在地上海，当局即曾颁布《中西医药新闻广告管理条例》，对药商或医生在广告中造假和夸诈的现象提出若干处罚措施和预防办法。[132]较之上海更为激进的是广东当局，广州市卫生局一度提出要取缔医药广告，该建议之后为广东省政府变为法令颁布，不过法令在颁布后遭到报界、医药界联合反对，当局被迫不断修改调整放宽，导致法令到最后无疾而终。[133]其他地方如北平、南京、广西等地也先后跟进，出台有类似举措，实践效果也难言佳，不但遭受药商与医生的杯葛，还遇到报刊从业者的反对。[134]

再者，根据学者对1870年德国统一前后成药市场的研究，这些专利成药、便药之所以在德国流行，广为顾客欢迎，一个根本的症结在于当时专业的医疗服务无法治愈困扰人们的多种疾病，有时反倒会出现愈经治疗愈加恶化的情况。在这样的状态下，就不可能消除人们去寻找一些声称特效的万应灵丹之类秘制成药的渴望，也不可能完全阻止药商和医生为迎合这种需求而不惜铤而走险进行造假的行为。[135]再根据美国一个社会史学者的研究：美国19世纪的医疗广告之所以具有吸引力，跟药品供给超过需求，而希望保持健康的人众多有关，这些人总希望看到一些病人服药后病愈的案例和药品有效的证明，借此说服自己购买和希冀有同样的效果作用于己身。[136]"东海西海，心理攸同"，这给我们理解清末民初的相似情况时，也提供了一定的参照和启发。

概言之，某种意义上，这些花招迭出的广告宣传，以其紧扣时代主题及人们身体需要的叙述，攀附欧美日、融合中西方，别出新意，更好地建构了顾客的身体需要和消费需求，乃至对未来的憧憬。如此弄假成真、真假难分的商业操作手法与广告宣传技巧，辅以上至达官贵人、下到平民百姓在广告中言之凿凿的现身说法，应该比那些平实朴素的商品功能介绍，更能蛊惑消费者，更能对读者和消费者造成心理冲击，安得不让那些暗于内情、盲目消费的读者"入吾彀中"呢？

通过以上分析，我们亦可知道在近代中国，精英论述、品味（taste）、西学、国家与种族认同等是如何被商业利用，又以何种样貌被渗透到商品广告及商业经营中。可能这些作假或夸张的广告，对身体的实际作用或未必佳，甚或未必有，但连篇累牍的广告宣传、暗示、引导、示范、诱惑，却适应与促发了人们对相关物质产品，尤其是打着"洋货"或"西药"牌子的医疗产品、滋补用品、医术的真实需求和购买行动，极大影响了近代中国的物质文化与消费文化建构，进而影响了近代中国人对身体的看法与使用，同时也推动了卫生、种族和国民意识、民族主义等观念的广泛传播。

因此，我们似乎不应只从具体的使用价值、物理应用来观察药品的实际功效，更需要从符号意义的展示与顾客的消费角度来透视药品及其广告同社会的复杂连接关系。医药广告的目的固然是为了赚钱，但其自身产生的实际影响和象征意义已经远超过宣传这一行为本身。这在于广告的有效性并不是取决于其许诺能否立即兑现，而是决定于广告中所建构的愿景同读者及消费者所希望愿景之间的关系，医药广告的意义不仅仅是立刻见效于现在，还包括制造出"康复"后的"病人",以给予消费者心理安慰、解决措施和对未来的希望。毕竟,对消费者来说,他们寻求的绝不只是药效或疗效本身,还包括进一步认识与理解药品或医疗同自身、同当下的关系,消费后对他们的身体和生活方式的改变程度,包含消费行为本身可能带给他们的安全感、满足感、虚荣心与品味等心理,以及消费对于消费者自身现实问题的遮蔽或回避——借此可以展示出一个他们正过着或即将过上美好生活的图景,进而影响了他们对医疗行为、物质文化及商业消费的看法,进而又影响了其实践。

故此,看似吊诡的现象,其实是常识,虚假宣传导致真实的社会效果,类似燕窝糖精、艾罗补脑汁这类的假药及其广告对人们的滋补意识和身体观念产生了重大影响,进而又影响了近代中国的消费文化、身体文化之建构,很值得我们对之进行"厚描"(thick description)。接下来,我们以近代医药广告中的"东亚病夫"表述为例,对这种弄假成真的悖论做进一步的探讨。

注 释

1 汪康年:《汪穰卿笔记》,第37页。参看《告白生业》,《中外日报》1899年7月12、13日。
2 包天笑:《上海春秋》,第236页。
3 海上种榆山人胡悦彭:《补药宜慎论》,《申报》1886年11月22日。该文后来以《论补药之弊》为名又在七年后的《新闻报》(1894年3月30日)上全文照发,并引起一个叫程蔼如的读者响应,他特意写了一篇《论嗜服补药之弊》(《新闻报》1894年4月25日),进行补充。

4 《告白生业》，丁福保：《医话丛存》（1910），沈洪瑞、梁秀清编：《中国历代名医医话大观》（下册），第1535页。《中外日报》上的《告白生业》原文没有这段话。
5 儒林医隐：《医界镜》，《私家秘藏小说百部》（第76卷），第127—128页。当时上海医药市场上的各种补血药都在拿铁与补血的所谓科学关系做广告，像韦廉士医生总药局的韦廉士红色补丸、震襄药厂的爱丽士红衣补丸、丁福保的"丁氏精制补血丸"、五洲大药房"人造自来血"、罗威药房"红血轮"等，皆是如此。
6 侯官方擎：《危哉！中国人之生命》，《神州日报》1907年8月31日。
7 顽侠：《质问两则》，《神州日报》1910年6月6日。
8 《续论医生宜考试给凭，市药宜征验定价，并可征医税以充医院暨红十字会之用》，《中外日报》1898年12月23日。
9 余思诒：《楼船日记》（下卷），山东官书局光绪三十二年铅印本，第22页。
10 有关同时期及其前后美国人反对假药及为争取健康食品、饮品的努力，可参看James Harvey Young, *Pure Food: Securing the Pure Food and Drugs Act of 1906* (Princeton: Princeton University Press, 1989); Lorine Swainston Goodwin, *The Pure Food, Drink and Drug Crusaders, 1879-1914* (Jefferson, North Carolina and London: McFarland, 1999); 等等。
11 倪寿龄：《论轻用西药之害》，《医学新报》第2期，第1页。该文来自上海图书馆晚清、民国时期期刊全文数据库。
12 《部准良药》，《神州日报》1908年2月11日。陈存仁在回忆录中说他曾经为"洞庭山人席筱"经销的"一种日本戒烟药"，叫作"哑支那"的写过广告词，该药由日本进口而来，在大卖四十箱后被查禁。陈所说的"哑支那"，应该即是"亚支奶"，该戒烟药约在1905年11月起在上海开始发卖，一直流行到民初时期。陈存仁此处的回忆有误。而且，他的很多回忆看起来都不太准确，如关于上海三个半滑头、关于黄楚九等的回忆，等等。而且，陈存仁自己也被时人称之为"滑头医生"，认为他医品不可靠。参看陈存仁：《银元时代生活史》，上海人民出版社2000年版，第35—36页；司思：《滑头医生陈存仁》，《星光》第3期，1946，第10页。后文来自上海图书馆晚清、民国时期期刊全文数据库。
13 《禀控亚支奶吗啡戒烟丸全案》，《时事报》1909年3月30日。
14 《东瀛尔藤亚支奶克烟药声明》，《时报》1906年5月4日；《声明水野商标》，《时报》1906年5月6日；等等。
15 《海外奇药》，《时报》1907年4月9日。
16 参看《头品顶戴兵部尚书署理两江总督部堂山东巡捕部院周为示谕事》，《南方报》1907年1月16日；《录两江总督部堂发给严禁假冒亚支奶之牌号》，《神州日报》1909年2月21日；等等。
17 《禀控亚支奶吗啡戒烟丸全案》，《时事报》1909年3月30日。
18 有关的处理情况，参看：《差役不认得贿》，《申报》1909年3月2日；《禀复审讯靡差得贿情形》，《申报》1909年3月24日；《日领不允禁售戒烟丸药》，《申报》1909年4月21日；《禀控亚支奶吗啡戒烟丸全案》，《时事报》1909年3月30日；《禀控亚支奶吗啡戒烟丸全案》（一续），《时事报》1909年3月31日；《禀控亚支奶吗啡戒烟丸全案》（二续），《时事报》1909年4月1日；《纪某甲赴验烟所验烟事》，《时事报》1909年4月4日；《禀控亚支奶吗啡戒烟丸全案》（三续），《时事报》1909年4月5日；《苏抚惩罚禁卖亚支奶吗啡戒烟丸之批示》，《时事报》1909年4月8日；《禀控亚支奶吗啡戒烟丸全案》（四续），《时事报》1909年4月10日；《呜呼席裕麒》，《神州日报》1909年7月4日。

19 《日领事致苏抚文》,《神州日报》1909年7月30日;《上海之评论》《华官对于亚支奶则如此》,《神州日报》1909年8月3日。

20 参看《上海会审公堂保护亚支奶,严杜假冒》,《时报》1909年9月10日。

21 《上海之评论》,《神州日报》1909年8月1日。

22 西泠冬青撰,于润琦校点:《新水浒》,黑龙江人民出版社1997年版,第248—249页。

23 《禀控亚支奶吗啡戒烟丸全案》(三续),《时报》1909年4月5日。

24 《亚支奶为人摘发》,《神州日报》1912年8月11日。

25 《上海之评论》,《神州日报》1909年8月16日。曾有文章认为这种挂洋牌、依仗洋势现象,无疑是自易国号、引狼入室,为"亡国之症";但该文也认为:这是商民为躲避赋税、关卡和压迫的无奈之举,根本原因"不得不咎贪官污吏之日见病商而辱国也",正如该漫画所显示。只是该文并未提到华商会借用洋牌来造假害人。参看《华商不宜用外人国号》,《神州日报》1908年11月26日。

26 《论近日官吏专好指民为盗》,《中外日报》1904年12月11日。

27 《论保商》,《中外日报》1899年10月30日。

28 《论近日官吏专好指民为盗》,《中外日报》1904年12月11日。

29 《禀控亚支奶吗啡戒烟丸全案》(一续),《时事报》1909年3月31日。

30 《论沪上流行之害人物》,《时报》1909年11月9日。

31 参看《租界广告管理往来函》,收入上海档案馆编:《上海近代广告业档案史料》,第3—9页。

32 《神州日报》上曾有评论批评道:"年来上海以伪药欺人者,屡见不一矣!而所谓美中丹、种子趣,种种淫药,巧立名色,明目张胆,贩卖于街衢之市,而不闻严禁严罚者,何也?"参看《神州日报》1910年2月20日。

33 参看《道示照登》,《申报》1905年6月25日;等等。后来华人入籍日斯巴尼亚的人太多,借此为非作歹的人也多,上海道瑞澄遂照会该国领事,希望能将"以前入籍华民一律注销册档,并以后永除华人入籍之例"。参看《瑞观察照会日斯巴尼亚正领事文》,《时报》1906年5月19日。

34 包天笑:《上海春秋》,第241—242页。可以佐证包天笑此观点的还有朱瘦菊(即海上说梦人)的小说《歇浦潮》中的叙述。该书中也讲起一位到上海居住的老太太"李氏",带孩子坐车发生车祸受伤后,"跌破了头",结果肇事马车逃走,路人将其与受伤更重的孩子送往西医院,"李氏见医院中有外国人,吓得魂不附体,情愿让她伤着,不敢留医医治,连伤药都不肯服,决意出来"。参看海上说梦人:《歇浦潮》中册,第473页。

35 包天笑:《上海春秋》,第243页。

36 汪企张:《箴明知故犯之卖药杀人者》,《新医与社会汇刊》1934年第2集,第300页。

37 像《新闻报》馆即曾代售过多种药品。参看《药到病除》,《新闻报》1896年3月9日;《立止肝胃气痛散》,《新闻报》1908年5月23日;《上海新闻报馆账房经售唐乃安先生秘制十二种良药》,《新闻报》1908年8月10日;等等。其他报馆如《中外日报》馆、《同文沪报》馆等等代售药品。参看《京都仁寿主人秘制万金不换神丸》,《同文消闲报》1901年3月6日;《泰西异大医生化学法制燕窝珍珠牛髓粉》,《同文沪报》1903年1月1日。

38 包天笑:《钏影楼回忆录》(上册),第544页。

39 徐铸成:《报海旧闻》,第180—181页。

40 汪有龄函(九),《汪康年师友书札》(第1册),上海古籍出版社1986年版,第1069页。标点有所更动。此材料蒙林盼博士提示。

41 参看猷先:《秘制药之宣传费》,《医学周刊集》第 2 卷,第 265—266 页;猷先:《新闻界还不醒觉么?》,《医学周刊集》第 3 卷,第 198—199 页。
42 商务印书馆编:《张元济全集》第 6 卷《日记》,商务印书馆 2008 年版,第 76 页。
43 《时事报》如此关注亚支奶造假被查一事,很可能是因为席裕麒的亚支奶与黄楚九的天然戒烟丸,在戒烟药市场上是激烈的竞争对手关系,所以为黄楚九所控制的《时事报》才会如此愿意刊发关于亚支奶的负面消息。而席裕麒也视黄楚九的天然戒烟丸为主要竞争对手,稍早时曾攻击过黄楚九及为黄楚九大吹法螺的王楚芳。参看《慎防五月八日〈新报〉捏造民政部批,渔利惑众》,《中外日报》1907 年 6 月 23 日。
44 《沪事评论》,《神州日报》1910 年 2 月 20 日。
45 《沪事评论》,《神州日报》1910 年 5 月 2 日。
46 《黄楚九致神州报馆函》,《舆论时事报》1910 年 5 月 4 日;《黄楚九致神州报馆函》《本馆覆黄楚九函》,《神州日报》1910 年 5 月 4 日;《本馆再覆黄楚九函》,《神州日报》1910 年 5 月 5 日;《本馆启事》,《神州日报》1910 年 5 月 7 日;《本馆与黄楚九涉讼案》,《神州日报》1910 年 6 月 11 日;《黄楚九敬告旅沪皖省路矿公会》《黄楚九驳神州报馆覆函》《黄楚九再驳神州报馆登报之覆函》,《舆论时事报》1910 年 5 月 5 日;《黄楚九驳神州报馆覆函》《黄楚九再驳神州报馆登报之覆函》,《申报》1910 年 5 月 5 日;《黄楚九驳神州报馆第三函》《黄楚九敬告旅沪皖省路矿公会》,《申报》1910 年 5 月 6 日;《黄楚九致神州报馆函》《黄楚九驳神州报馆覆函》《黄楚九再驳神州报馆登报之覆函》,《天铎报》1910 年 5 月 5 日、《新闻报》1910 年 5 月 5 日;《黄楚九驳神州报馆第三函》《黄楚九敬告旅沪皖省路矿公会》,《新闻报》1910 年 5 月 6 日;等等。
47 《艾罗补脑汁》,《神州日报》1910 年 5 月 4 日;等等。
48 此种报刊边指责药商广告造假边刊登这些假广告的情形,到了民国年间更形普遍,《妇女杂志》的做法就是一个典型。参看猷先:《对于新闻界之希望》,《医学周刊集》第 3 卷,第 197—198 页。
49 中央档案馆、中国革命博物馆、中共中央党校出版社编:《恽代英日记》,中央党校出版社 1981 年版,第 265 页。
50 《新开美商〈笑林报〉馆》,《中外日报》1901 年 3 月 4 日;等等。
51 参看马光仁主编:《上海新闻史(1850—1949)》,复旦大学出版社 1996 年版,第 360—362 页。
52 《新闻报》上曾连续刊出一则《〈时事报〉有益》的广告,该广告表面上是夸奖读《时事报》的好处,实际上最主要的目的是在为《时事报》上刊登的中法药房的药品广告进行鼓吹。参看《〈时事报〉有益》,《新闻报》1908 年 10 月 8 日。
53 天公:《呜呼,〈舆论时事报〉》,《中国报》1910 年 5 月 11 日。
54 胡安邦:《国医开业术》,第 51—52 页。
55 《卫生杂志》第 3 期,第 13—14 页。
56 胡安邦:《国医开业术》,第 51 页。
57 四明遯庐:《医林外史》,《医学新报》第 1 期,第 71 页。
58 《不可思议之发财事业》,《中外日报》1908 年 6 月 26 日。
59 四明遯庐:《医林外史》,《医学新报》第 1 期,第 73 页。据说黄楚九也讲过这样的话:"只要全中国人民,都上当一次,我就够了。"参看便:《从商业不景气谈到医药广告诳妄》,《康健世界》第 4 期,1936 年,第 265 页。而 1930 年代的一个药商据说也讲过类似的话:"上海人多,在大幅的广告招徕之下,如果一百个人里有一个人上当,那末以四百万人口计算,便有四万人上当，以一件货物二块钱来计算，他便有八万块钱收入了。如果上当的人不至（止）百分之一，那末便更可观了。所以那种欺骗的生意，还是有人做的。"参看叶山：《新药业广告与〈新闻报〉》，《上海评论》第 1 期，1939 年 9 月，第 13 页。

60 范守渊：《新闻界应有的觉醒》，《社会医报》第 180 期，1932 年，第 3508—3509 页。该文来自上海图书馆晚清、民国时期期刊全文数据库。

61 父近：《尊屁篇》，《竞业旬报》第 31 期，第 5—6 页。

62 《论沪上流行之害人物》，《时报》1909 年 11 月 9 日。民国时也有专业人士认为当时上海市面上畅销的药品，其效用"全靠鸦片类的毒剂"。参看陈志潜：《零碎》，丙寅医学社编辑：《医学周刊集》第 1 卷，第 217 页。

63 《沪事评论》，《神州日报》1910 年 5 月 2 日。

64 《卫生白话报》一记者：《王太太忍耐勉强的戒烟》，《卫生白话报》第 1 期，光绪三十四年五月，第 30 页；参看《论戒烟丸之害人》，《南方报》1906 年 6 月 15 日。

65 西泠冬青撰，于润琦校点：《新水浒》，第 248 页。

66 《普益药房经理尅烟亚弥莲花》，《新闻报》1907 年 6 月 8 日。

67 参看《祸者福之倚》广告，《时报》1907 年 2 月 28 日。

68 参看《工部局管理卫生事务处化验单》，《寰球中国学生报》第 2 期（丙午七月），第 2 页。

69 有关情况可参看《化验戒烟丸有无吗啡法》，《中外日报》1907 年 5 月 16 日。

70 《湖北调验烟员之黑幕》，《时报》1911 年 1 月 11 日。参看《禀控亚支奶吗啡戒烟丸全案》，《时事报》1909 年 3 月 30 日；《禀控亚支奶吗啡戒烟丸全案》（一续），《时事报》1909 年 3 月 31 日；《禀控亚支奶吗啡戒烟丸全案》（二续），《时事报》1909 年 4 月 1 日；《纪某甲赴验烟所验烟事》，《时事报》1909 年 4 月 4 日；《禀控亚支奶吗啡戒烟丸全案》（三续），《时事报》1909 年 4 月 5 日；《苏抚惩罚禁卖亚支奶吗啡戒烟丸之批示》，1909 年 4 月 8 日；《禀控亚支奶吗啡戒烟丸全案》（四续），《时事报》1909 年 4 月 10 日。

71 陆士谔：《六路财神》，收入《中国近代小说大系·胡雪岩外传等》，第 465 页。

72 传教士办的《汇报》上有一个答读者问即曾提出这个问题：如系戒烟西药，大约即是吗啡，因吗啡外别无灵验之品也。参看《汇报》第 492 号，1903 年 7 月 8 日，第 6 册，第 548 页。

73 戴季陶（天仇）：《烟毒药毒》（原刊上海《天铎报》1911 年 3 月 4 日），收入桑兵等编：《戴季陶辛亥文集》（上册），香港中文大学出版社 1991 年，第 570 页。

74 参看《上海近代西药行业史》，第 46、51 页。

75 《论考验戒烟药》（录《新闻报》），《卫生学报》1906 年第 5 期，第 29 页。

76 《论考验戒烟药》（录《新闻报》），《卫生学报》1906 年第 5 期，第 29 页。

77 《沪商禀准化验戒烟丸药》，《南洋商务报》1906 年第 4 期，第 3 页。该文来自上海图书馆晚清、民国时期期刊全文数据库。

78 彭养鸥：《黑籍冤魂》，上海改良小说社出版"说部丛书"1909 年本（http://club.xilu.com/wave99/msgview-950484-14466.html）检索日期 2009 年 7 月 5 日。

79 李宝嘉：《官场现形记》（上册），第 332 页。

80 李宝嘉：《官场现形记》（上册），第 346 页。

81 李宝嘉：《官场现形记》（上册），第 344 页。

82 《来函》，《时报》1907 年 5 月 17 日。

83 《戒烟丸贻害无穷》，《天铎报》1912 年 7 月 17 日。

84 《上海之成药店(1932年9月30日)》,中国征信所报告书,上海档案馆藏,资料号: 275-1-2018,第308页。
85 《沪城琐语》,《申报》1903年12月17日。
86 转见李永圻、张耕华:《吕思勉先生年谱长编》(上册),第98页。
87 姬文:《市声》(1908),收入董文成、李勤学主编:《中国近代珍稀本小说》(第10册),春风文艺出版社1997年版,第74页。
88 姬文:《市声》(第10册),第242页。
89 侯官方擎:《危哉!中国人之生命》,《神州日报》1907年8月31日。
90 废物:《商界鬼蜮记》,《中外日报》1907年10月25日。
91 废物:《商界鬼蜮记》,《中外日报》1907年11月3日。
92 参看蒋竹山:《"非参不治,服必万全"——清代江南的人参药用与补药文化初探》,常建华主编:《中国社会历史评论》第8卷,天津古籍出版社2007年版,第114—127页。
93 张织孙:《医林外史》,《医学新报》第2期,第74页。
94 勋:《广告药之内容》,《协医通俗月刊》第4卷第7期,第5页。
95 宫乃泉:《坚决取缔伪药,保障人们健康!》,原见《解放日报》1951年11月16日,转见《医药学》第4卷第12期(1951年12月),第455—457页。
96 《新闻报》1904年10月11日。
97 张织孙:《医林外史》,《医学新报》第2期,第74页。
98 笑:《欧化主义》,《时报》1908年7月26日。
99 大莽:《补药狂的心理》,《中美周刊》第2卷第18期,1941年1月25日,第7页。
100 《滑头药品》,《卫生报》第13期,第103页。该文来自上海图书馆晚清、民国时期期刊全文数据库。
101 勋:《广告药之内容》,《协医通俗月刊》第4卷第7期,第5页。
102 济:《吃药》,《协医通俗月刊》1927年第4卷第3期,第19页。该文来自上海图书馆晚清、民国时期期刊全文数据库。
103 《切勿因小患而忽之》,《时报》1911年5月8日。
104 枚:《医药与广告》,《医药评论》第5期,1929年3月1日,第42页。参看徐如一:《看报吃药的危害》,《中华健康杂志》第3卷第5期,1941年9月10日,第26—27页;单英民:《看报吃药的危害》,《中华健康杂志》第3卷第6期,1941年11月12日,第28—29页。
105 参看周兴禄整理:《黄秉义日记》,第1册,第382、384—385、389、391、401、467页;等等。
106 程瀚章:《卖药的伪科学化》,《新医与社会汇刊》1934年第2集,第418页。该文来自上海图书馆晚清、民国时期期刊全文数据库。
107 汪于冈:《打倒卖药主义之一解》,《新医与社会汇刊》1934年第2集,第108页。
108 黄克武教授在其研究中认为当时的医药广告可以分为两类:第一类是综合性,宣传宣称药品无所不治、无所不补;第二类是专门针对某些身体部位如肾、血、脑的药品。但事实上,即便是号称主要针对某些部位的药品,在广告中也会宣传自己百病可医、有病治病、无病补身。参看黄克武:《广告与跨国文化翻译:20世纪初期〈申报〉医药广告的再思考》,收入王宏志主编:《翻译史研究》2012年号,第132页。
109 《世界第一种完全补品——美而特益寿胶》,《时报》1908年2月29日。

110 《日光铁丸》,《时事报》1908年2月29日。
111 雨三:《卖药的广告》,《通俗医事月刊》1919年第2期,第41页。该文来自上海图书馆晚清、民国时期期刊全文数据库。
112 参看宓锡盘:《论中国流行之外洋射利药品》,《广济医报》第3卷第2期(1917年11月),第8页。1870年代前后的一些德国药商也经常在广告中采用此类说辞,但到了20世纪初,由德国医疗术士发布的医疗广告中这类病人谢函,主要彰显的是术士能够治疗某些平常医生和药品所不能治愈之病的神奇能力。参看 Jmmes Woycke, "Patent Medicines in Imperial Germany," *Canadian Bulletin of the History of Medicine*, 9:1 (1992), p. 46; Carsten Timmermann, "Rationalizing 'Folk Medicine' in Interwar Germany: Faith, Business, and Science at 'Dr. Madaus & Co.'," *The Society for the Social History of Medicine*, 14:3 (2001), p. 466。
113 猷先:《鸣谢、介绍、宣传》,《医学周刊集》第3卷,第207页。
114 许尚贤:《不要被药商的广告欺骗了》,《田家半月报》第10卷第18期,1943,第23页。该文来自上海图书馆晚清、民国时期期刊全文数据库。
115 19世纪的美国也存在这种情况,有药商曾声称药品来自遥远的中国,借此吸引美国普通消费者。参看 James Harvey Young, *The Toadstool Millionaires: A Social History of Patent Medicines in America Before Federal Regulation*, Chapter 11.
116 《新创五洲大药房》,《时报》1908年3月14日。
117 黄秉义乙巳七月初六日日记,周兴禄整理:《黄秉义日记》(第1册),第325页。
118 黄秉义戊申八月廿四日日记,周兴禄整理:《黄秉义日记》(第2册),第920页。
119 黄秉义戊申九月十三日日记,周兴禄整理:《黄秉义日记》(第2册),第926页。
120 参看钟惠兰:《秘制药与专卖药》,《医学周刊集》第3卷,第190—192页。
121 参看庞京周:《上海市近十年来医药鸟瞰》,第20—21页。
122 参看庞京周:《上海市近十年来医药鸟瞰》,第21页。
123 参看罗伯特·汉(Robert Hahn) 著, 禾木译:《疾病与治疗:人类学怎么看》,东方出版中心2010年版,第6页。
124 参看吴宣:《勿轻服药说》,《广济医报》第6卷第3期(第33册),1921年6月,第4—5页。
125 参看壮克:《医药广告与卖药取缔》,《市政评论》第2卷第1期,1934年5月25日,第87页。
126 胡安邦:《国医开业术》,第32页。
127 顾颉刚:《致叶圣陶(1918年5月17日)》,收入《顾颉刚书信集》(卷一),第32页。
128 顾颉刚1922年5月14日日记,《顾颉刚日记》(第1卷),第234页。
129 顾颉刚:《致潘家洵(1922年5月28日)》,收入《顾颉刚书信集》(卷一),第171—172页。
130 参看余云岫:《日报上夸诈广告与医药前途之关系》,《新医药》第3卷第9期,1935年9月,第740—741页。
131 汪于冈:《打倒卖药主义之一解》,《新医与社会汇刊》1934年第2集,第107—108页。
132 参看《上海市卫生局重申报纸刊登医药广告禁令》,《新医药》第3卷第8期,1935年8月,第735—736页;吴铁声、朱胜愉编译:《广告学》,中华书局1946年版,第312—314页;陆梅僧:《广告》,第197—198页。
133 参看《取缔医药广告新规则》,《医林一谔》第4卷第3号,1934年3月,第28页;岳:《取缔医药广告之反响》,《医林一谔》第4卷第11期(1934年11月),第33页;《修正取缔医药广告规则》,《广东省政府公报》第 277 期(1934 年 11 月 20 日),第 20—22 页;《广州卫生局取缔医药广告之反响》,《国医砥柱月刊》1937 年第 6 期,第 58 页。

134 参看龙伟:《民国广告的自律与他律:以医药广告为中心的观察(1927—1949)》,《新闻与传播研究》2010 年 5 月号,第 73—81 页;张孙彪、林楠:《中国近代政府医药广告管理探析》,《中华医史杂志》2011 年第 2 期,第 86—89 页。唯龙文未加说明地直接使用一些晚清的材料来证明民国医药广告的乱象,且未注意到这类医药广告造假的情况在晚清时就已非常严重。

135 参看 Jmmes Woycke, "Patent Medicines in Imperial Germany," *Canadian Bulletin of the History of Medicine*, 9:1 (1992), pp. 52-53。

136 James Harvey Young, *The Toadstool Millionaires: A Social History of Patent Medicines in America Before Federal Regulation*, Chapter 11.

第七章
弄假成真：近代中国"东亚病夫"形象的商业建构

第一节 建构论的视角

随着新文化史研究的日渐流行，正如其主将之一的彼得·伯克（Peter Burke）所言："将'表象'视为现实（包括知识的、领土的、社会阶层的、疾病的、时间的、认同的各种现实）的'建构'或'生产'来加以思考和讨论，逐渐成为一个普遍的现象。"[1]其中尤其值得关注的问题，伯克认为主要有三个："谁在进行建构？在什么范围内建构？从何处建构出来的？"因此，我们如果想更好地理解历史，就必须重视其中"发明"或"制造"的成分。而从建构论（Constructionism）的角度对中国近代史进行研究的作品也为数甚多，在近代中国的民族主义研究方面，成果尤其突出，像王明珂、杜赞奇（Prasenjit Duara）、沈松侨、潘光哲、刘人鹏、杨瑞松等学者都有相关的作品。其中，杨瑞松教授的《想象民族耻辱：近代中国思想文化史上的"东亚病夫"》一文[2]，对于近代中国"东亚病夫"形象的来源及形成情况，从思想史角度，进行了深入研究。美国学者韩依薇

(Larissa N. Heinrich)则主要从医学史与视觉文化的角度,来探讨"东亚病夫"形象的医学来源和视觉建构情况。[3]日本学者高岛航则从体育的角度回应与修正了杨瑞松的研究,重点通过引入西方和印度学者的男性特质论述来揭示"东亚病夫"被建构过程中出自体育层面的考量。[4]还有学者以小说文本为中心考察了晚清中国的"病体"隐喻与疗治想象。[5]以上这些论述和具体的研究成果给笔者以很大启示,也促成本人进一步的思考,特别是从笔者正在关注的医疗广告作用与"再现政治"(the politics of representation)的角度[6]。

我们暂且搁置"东亚病夫"在近代中国的思想起源或视觉起源情况究竟如何,或者其形成是否同中国人吸食鸦片、缠足、早婚、不讲卫生、轻视体育等议题有关。毫无疑问,在最初的知识脉络里,有关东亚病夫或东方病夫的叙述与想象,都不是一种客观中立的精英论述和足以"反映""真实"的历史认知,而是一种极富有涵义的"再现政治"。最典型的是,在晚清开始出现的这些再现中国"病夫"形象的图像或者叙述中,指涉的基本都是中国男性的形象(参看图四十一),所谓"吾国人数号四万万,而纤弱缠足之女子去其半,其余二万万,羸瘠吸烟之病夫又去其半,自余乞丐、盗贼、僧道、纨绔子弟、土豪乡绅、废疾罪人、优伎之类、逋群之负者,又去其十之二三焉。而其余利群而不害群,于四万万之中殆不及十分之一耳!"[7]这种无意识中透露出来的男性霸权地位与国家的男性化想象显而易见。恰如伯克所言:"知识的选择、组织和陈述不是中立和无价值观念的过程。相反地,它是由经济和社会及政治制度所支持的一个世界观的表现。"[8]

到后来,"东亚病夫"(当时更多是说"东方病夫"或"亚东病

图四十一 《时报》1910 年 3 月 23 日

夫")这样一种认同和想象广被中国人接受[9],被普遍视作中国落后腐朽、西方贬低轻视中国的"真实"指谓:"居今之世,觇国势者莫不曰东方老大病夫,至中国已极。"[10] "外国人不骂为东方病夫,就骂为野蛮贱种。"[11] 诸如此类的自我东方主义化想象还有很多,"视中华为垂危之病夫,床笫呻吟,罔然自主。"[12] "西人谓我中国为东方病夫,吾中国实有四万万之众,则是国中乃一容四万万人之病院也。"[13] 在这样的表述中,"东方病夫"又与"老大帝国"画上了等号:"今者兵费偿矣，险要割矣，主权夺矣，利权失矣，诋我曰野蛮，诟我曰喜旧，目我曰亚东病夫，呼我曰老大支那，几不以我为国矣。"[14] "文明人指而目之曰老大帝国，或相与谥之曰东方病夫，重其辞则曰行尸走肉。悲夫，我中国乃真无可望矣！"[15]更有时论挖苦清末政府的老人政治，正坐实了病夫之国和老大帝国的名号："西人之讥中国者，谓之为东方病夫之国，又谓之老大帝国。夫曰病夫、曰老大，是病而且老矣。以病且老之国，而用病且老之人为之当国，方不愧东方病夫之佳号，方可副老大帝国之隆称。"[16]与此同时，同病入膏肓的"老大帝国"相对应的摆脱病夫之困的"少年中国"的建构与想象也成为口头禅："'老大帝国'，近世新学家所最恶之名词也；'少年中国'，近世新学家所乐闻之名词也。"[17]

在类似这样振振有词、颇具危言耸听之感的病夫建构与想象中，清政府、梁启超这样的知识精英和大众传播媒体在其中都起了很大的作用，这也在杨瑞松、颜健富等人的研究中都得到了重视与体现。但关于商业力量（即医药广告的作用）之于近代中国的"东亚病夫"形象和记忆的传播与建构作用，及其所导致的社会后果，却没有引起既有研究者的注意和重视。

因之，本研究或正如法国史家诺哈（Pierre Nora）所言的那样：我们不探究往事如何发生，而是了解它如何持续地被利用，它的应用与误用，以及它对于当下造成的影响。[18]在此意义上或可说，近代中国最初是如何生产出"东亚病夫"知识的本身，就不再那么重要，重要的是它作为一种符号资源，在出现之后，被人们特别是上海药商使用与再现的方式，以及由此造成的社会影响。

由此，笔者希望在之前学者的研究基础上，主要利用近代报刊上的一些医药广告资料，从接受与传播的角度分析药商对于"东亚病夫"或"东方病夫"这个表述的攀附和挪用情况，以及这种使用方式所导致的"弄假成真"效果。

第二节　商业广告中的"病夫"再生产

清末民初的上海商业报刊广告，据时人所言，大概可分为四类：

> 一戏馆，闻之伶界中人言，其初戏馆及初到艺员，按日刊登广告，其用意或虑报纸之讥毁，故借此以为联络之具，而今已成为巨款之月收。二医药，医药之销场，全在广告之传播。三书籍，新出书籍，非广登启事，购者无从知悉。四杂项，商界往来出入及人事上之声明陈述。此事在沪上，几与别国之登录、吾国之存案有同等之效力。故荟萃全埠一岁之所入，其数亦至为不少。此又沪报之特别情形也。[19]

此分类未必能概括当时报刊广告的实际种类，但大概可给我们一个总体的认识。在这些林林总总的广告中，其中数量最多和占有版面面积最大的，或属医药广告。[20]民国时期其他学者对报刊广告的抽样研究也得出类似见解，均认为医药广告为最大宗。[21]这种情形也让一些评论家和读者印象深刻，如晚清的《新闻报》上即曾发表评论，说该报及其他上海报纸广告中，医药广告为最大宗："近闻各报后幅告白，以售卖丸散膏丹者为最多。药名之繁，不胜枚举。自西药盛行，药水精粉，每获奇效。药房之开,日增月盛,于是争登告白,以为招徕之计。"[22]民初蔡元培也曾对包括报刊中八卦新闻和春药广告泛滥情形批评道:"吾国新闻,于正张中无不提倡道德,而广告中,则诲淫之药品与小说,触目皆是。"[23]罗家伦(志希)回应了蔡元培这个批评,他对当时报纸版面内容也有类似观感:"我每拿起一张报纸来,无论前面后面,常有'卖春药''医梅毒'的广告,'血肉模糊'一大片。"[24]之后更是有评论者认为:"我国的报纸占广告页的三分之二的亦无非是药。"[25]文学家柯灵也有此观感,他在1939年发表的文章中说:"内地还好,上海可真正成了药的世界。马路上、屋顶上、电车和公共汽车上,满布天地之间,备具动静诸态,接触着我们眼睛的,大抵是药品广告;翻开报纸,药品广告也常常占到十分之四五。这大约是一个'进步',现在我们市上流行的不是中药,而是西药了;不仅可以'延年益寿',而且能够'多子多孙'了。"[26]为何如此呢?像第二章的研究所显示的,因为药商推销药品的最重要办法,就是靠广告宣传。药商所登广告的版面越大,生意就越多,药房就越赚钱。[27]

从第三章的研究中我们知道自黄楚九的艾罗补脑汁广告开始,近代报刊上的医药广告出现了一种新的变化,即广告叙述的泛政治化现象。而在医药广告宣传中采用"东亚病夫"这样的叙述,黄楚九亦是导夫先路者,像前引由黄楚九本人署名的《补脑汁文》所说的:"……东亚病夫,委顿已无生气,此非人种有劣优之别,其实脑筋有强弱之分也。"[28]

再如下面这则中法药房广告叙述,它不仅宣示改造病夫、强种的措施,同样建构了未来"强盛之国"的图景:

处二十世纪竞争之时代,而中国力图自强,犹未能克底于强者,曷故乎?因人民体质既柔,智虑又弱,每办一事,必观望不前,每兴一利,必迟疑不决所致。是故欲求强国,必先强种,天下固未有种不强而国可强者。然亦未有种既强,而国仍不强者。本药房经理之艾罗西医补脑汁,服之能使人精神焕发,智虑泉涌,纵屠如病夫,拙如呆汉,亦能由孱弱而化为精壮,由拙笨而化为聪明。久之,非但与不病不呆之人无异,且较寻常之不病不呆者,其精力思想尤一一过之。可知此汁发明,实与强国强种问题大有关系……凡曾服过补脑汁,已得此汁之益者,固宜多服,永保健康,而未服者尤应赶紧购服,庶几数年之后,可无柔弱之民,渐跻强盛之国,不禁跂予望之……[29]

图四十二 《舆论时事报》1909年9月24日

此种模式的广告手法在黄楚九稍后发明的假药日光铁丸、月光铁丸的广告中,也经常被采用,其广告同样是利用人们关于"东方病夫"的想象与记忆作为卖药的噱头:

中国积弱已久,由国民于体育一事,素来不甚研究,致多疾病之故。况复一经患病，医药杂投，凉热补泻，毫无把握，如是而病焉得愈？体焉得强？今本药房发明日光铁丸、月光铁丸，治男女各病，同胞服之，不特愈疾可操左券，且能转弱为强，免东方病夫之诮，而世界遂如铁铸，措国本于磐石之安。我同胞其有意自强乎？曷速购服毋观望！[30]

另外一个著名上海药商席裕麒在 1905 年底开始发卖戒烟药亚支奶时，亦采取了同黄楚九卖艾罗补脑汁一样的广告手法，强调和描绘因为鸦片导致中国人成为"东方病夫"的现实，以及自家戒烟药发明的意义和效用：

天下之变岌岌哉！夫挽世变，在立除烟害，扫尽烟毒；在搜罗奇方，采取良药。药方良，则戒脱瘾取效奇，能使一戒永绝，拯我嗜烟同胞于不知不觉之中，咸出陷阱，万众一心，增爱国之思想，振尚武之精神，群策群力，安见吾国不雄飞于二十世纪帝国经济主义竞争之时代乎？洗垢涤污，挽回东方病夫之诮，浮嚣嗜好，摈斥除净，共保黄炎之华胄不致沦胥而斯灭，此则仆朝夕馨香默祷者也……[31]

不止席裕麒，当时模仿黄楚九的药商众多，在上海的中外药商纷纷跟进，竞相采取类似的广告策略。

实际上，上述广告中药品多为粗制滥造的假药，根本不具备实际的疗效，当然更不具备治疗所谓东亚病夫的功能，却形象揭示了一些药商为何愿意将中国的整体形象和中国人的个体身体进行病夫化宣传的内在原因，即有利于药商卖药赚钱。

高岛航反对杨瑞松等认为"东亚病夫"的称号是清末才固定下来的说法，并列举了一些精英材料来表明这个说法主要在民初时才慢慢确立并流传开来，并说一些医药广告中援引的"东亚病夫""只是单纯指病体，与国家民族问题无关"[32]。但根据以上笔者引述的广告资料，高岛教授的判断显然存在问题。因为上引医药广告中的材料充分表明，"东亚病夫"论述与中国国家和种族论述之间，业已被建立起密切的关系。

再结合其他一些清末史料也可以发现，"东方病夫""东亚病夫"或"病夫国"这样的说法在当时已经比较普遍，至少在时论中就经常能够看到。如有人痛心于清政府的腐败无能、苟且偷生，以及受困于中国人的个体身体不够强壮、种族衰败这类的想象与警惕，感慨说："今中国无人非病夫，无在非病院。"[33]"我民方病痿，举中原皆病夫。"[34]类似表述还有：

> 吾中国非各国羡为生齿最繁之国乎？吾中国又非各国嗤为东方病夫之国乎？夫合全国而皆为病夫，虽多亦奚以为？故人虑中国将来有人满之患，吾虑中国将来有人少之患，何则？无医学以发明卫生之法则，病夫永为病夫，而社会何由改良；无医学以发明强种之法，则病夫生病夫，生殖愈繁，种类愈弱，弱必病，病必死，而社会何由繁盛？[35]

因此，就有时人借小说家言，视中国为一个病夫国，中国人每一个都患病，亟须"医国手"对之进行治疗，不过，"咳讳忌医，本是我病夫国的通病，不料到这临终的时候，旧性依然未改，列位想我病夫国还有救么?"³⁶接着,该小说还讽刺卖假药发家的药商沈金吾(影射晚清上海著名药商孙镜湖及其发明的燕窝糖精)声称发明出一个补药"鹿茸精"。其功能:"可以医贪痨病,如病夫国人,人人都能购置一副,包你病根立去,精力陡生。"³⁷而当晚清著名知识分子宋恕在1910年去世后,有人于挽联中也说"东方病夫丧一良医"³⁸。类似例子所在多有,从这些关于"东方病夫""东亚病夫""病夫国"的想象和表述中,我们可以很容易发现它们的指谓基本相同,都是在说中国不仅作为一个国家或种族的整体形象生病了(如图四十一所示),每一个民众个体的身体也处于不健康的状态,必须改变现状。简言之,以上这些想象与建构之间并没有像高岛教授所言的那样存在明显区别(其实高岛教授在文章中并没有指出其明确区别到底何在)。

民初的医药广告中,对"东亚病夫"(或"东方病夫""病夫")的使用方式亦大致相仿。首先都默认中国作为受外国人讥诮的"病夫"现实,进而宣称改变病夫现状的必要性与可能的解决方案,从而展现服用药品即是便捷有效的救治之道。如这则戒烟药"益身粉之露布"的广告,就专门讲起能疗救"东亚病夫"的功效:

此粉为医家华什而先生所发明,已有年矣。始因未能研究尽善,尚未出而问世,继由各国医药博士考验,去其霸烈之品,加以王道药材,配制的当,于戒烟一道,诚独一无二之良药也。本经理处请其运销中国,以救东亚病夫。……³⁹

五洲大药房的招牌成药"人造自来血"的广告亦声称:

本药房人造自来血……次第证明确为补血添精圣药,及各省官厅给示保护,允为唯一之良好制品,故得通都僻壤,三尺童子,莫不知名。持此补虚疗瘵,东方病夫之诮,庶几其一洗之乎?同胞之幸福,亦本药房之光宠也。[40]

再如另外一则上海药房的广告,由黎元洪赠送匾额来阐释卫生与强种的关系,以及宣扬通过卫生途径来改变"东亚病夫"现状的必要性和重要性,借机展示自家药房的社会责任与道德担当:

前大总统黎黄陂先生,为中国第一伟人,功成身退,隐居津门,不闻政治,惟对于国民卫生,殷殷注意。盖吾国为东亚病夫,见讥列强久矣。欲强国必先强种,欲强种必先卫生,黎公注意卫生,诚洞见症结,救时之良图也。兹因本药房迁地开幕,特赐以"经方浩博"四字匾额,不胜荣幸。同人等深惭谫陋,敢诩浩博,惟有诸本经方,加意调剂,以期万病回春,同登寿域,庶不负黎公提倡卫生延年美意也乎![41]

亦有医药广告结合当下时事,将中国沦为"东亚病夫"的"现实"想象,作为帝国主义侵略中国的肇因所在,从而表彰该药房推出疗救"东亚病夫"药品——"健脑补血米"的意义:

民强则国强,民弱则国亦弱。五卅惨案即因同胞体质孱弱,号为东亚病夫,是以启外人轻侮之心。居今日而欲谋补救与雪耻,当以起衰补弱、助长同胞体力与智谋为先,健脑补血米力能

滋补血液以壮身，强健脑筋以益智，润肺祛痰以旺气，固精益髓以强种……[42]

另外一个"西药""鹦鹉老牌育亨宾固本片"还打出"为民除害"的口号，直接说该药功能强大，服用后即可以洗雪"病夫之耻"：

国家之弱，弱于民之羸尫，体力消耗，黄金不继，其害为何如？西人称吾人为东方病夫，虽近谑而虐，要亦非无因也。鹦鹉老牌育亨宾固本片，为健体强生、挽救衰弱、铲除痨根之返老还童第一圣药。凡有阴虚、阳亏、力弱、精枯、阳萎无能，或好色狂淫、房劳过度、精薄精冷，悉可统治。持此与我同胞，一雪病夫之耻焉……[43]

一个补血药在广告中更是直接呼吁，消费者服用该药后可以马上洗雪"东亚病夫之耻"（参看图四十三）："欲雪东方病夫之耻乎？请速服强体大王的血中宝，服之确能反弱为强，精神百倍。无论男女老幼，均可服食，诚强体之至宝也。"[44]

图四十三　《申报》1932年9月23日

还有药商在广告中配以比较形象的插图（参看图四十四），借以凸显改变"东亚病夫"现状的重要性，由此搭便车，突出自己药品对于消费者避免成为东亚病夫的作用："外人谓我国民为东亚病夫之一，耻也，宜雪之。惟雪此耻，并不甚难，仅须于平时努力卫生，讲求健康之道。倘患病症，宜服著名灵药。永安堂秘制之四种灵药，凡经服过者，无不盛称灵验。"[45] 后更有外商韦廉士西药房打出煽情广告——《为何忍受病夫之耻》（参看图四十五），直接提出服西药的

图四十四 《申报》1928年11月19日

解决方法,借此宣传其主打药品红色补丸,并在广告中配以插图增加效果,借图中人之一戴眼镜、拿文明棍的西化男性语——"我现非病夫了,我已强健矣!"[46]借此向读者昭示该药的极大效力及其对于改变"病夫国"现实的重要性。

图四十五 《女青年》1937年7月号封底广告

一些中药制造商也在广告中采取类似伎俩,宣称常服自家药品,即能洗刷"东亚病夫"之耻,如这则"彭公救命水"的夸张广告所言：上海嵩山路寿源公司发行未久，凡得服者，无论男妇老幼，新久百病，立著功效，弱随转强……国人能常服，东亚病夫之耻雪矣……[47]

广告兜售的不仅是商品，更包括经由广告中的说辞体现出来的展示与观看世界的方式。在当时，很多人都乐观地认为在西药及西方药物学知识纷纷东来的情况下，中国人所患的"病夫"症会很快依靠西药得到治愈，"东亚之病夫将愈，卫生强种借得南针"[48]。受到传统的滋补观念影响和中国现实的刺激，越来越多的中国人开始迷信西药和科学，加上药商广告中花言巧语的诱惑，即便购买不起的人也会对广告中的药品产生消费欲望和消费想象，特别是一些男性，他们尤其易被那些补肾壮阳类药品的广告所吸引，许多药商就是依赖人们相信和追求滋补的心理来制造假补药骗人。

实际上，这些广告的效用就在于它简化了问题的复杂性，突出强调和建构出现实世界中的某一面向、某一问题，再将商品所要突出的价值在此单一面向的基础上重新编排组织想象，并援引某些抽象的原则或理论，经过一番故弄玄虚的论证，从而制造出新的诉求与意义，医药广告中对于"东亚病夫"符号的使用即是如此。所以从清末最后几年，一直延续到民国时代[49]，很多报刊医药广告，都采用了类似的策略，大肆利用卫生、强种的论述做文章，不少广告甚至直接宣称中国人是"东亚病夫"，或声称外国人视中国人为"东亚病夫"，这样就亟须通过提倡卫生和推出新药

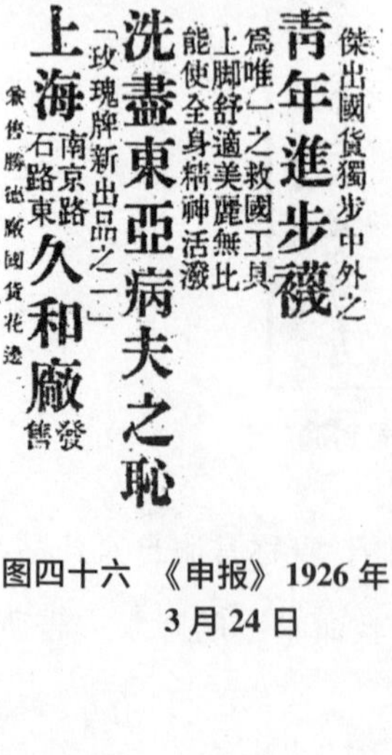

图四十六 《申报》1926年3月24日

品进行医治,由此洗刷"病夫之耻"。

　　抑有进者,不只是医药广告,当时很多商业广告都在利用"东亚病夫"的符号做生意,像书报、戏曲演出、体育会、武馆、体育用品等的广告中都存在这种情形,甚至在袜子、香烟的广告中,也有利用"东亚病夫"字样。1944 年在日伪统治下的上海上映的《霍元甲》电影,亦主打"东亚病夫"的论述,其影评宣称:"《霍元甲》是洗雪东亚病夫唯一英雄,《霍元甲》新片的完成,是充满兴奋的感觉,是强国强种的先锋号声。"[50]无论这些商品的广告中所建构和想象的自身同所谓东亚病夫的关系如何正当和自然,或者如何牵强与荒唐,这些广告的大量存在,自然同药商广告及知识精英关于东亚病夫、卫生、体育等的叙述政治(narrative politics)一样,无疑都再生产和传播了时人已有的"东亚病夫"认知与想象。

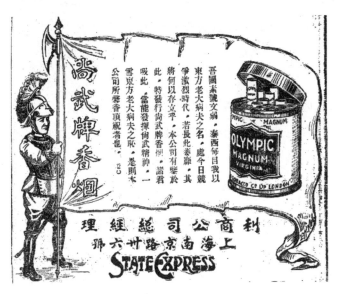

图四十七　《申报》1922 年 2 月 14 日

广告中的说辞固然动听，但现实生活中的情形却是不容乐观。在很多时人看来，中国的"身体"正在每况愈下，所患的"东亚病夫"之病似乎并没有得到有效疗治，人们只能在广告上冷眼旁观药商如何将"强种""保国"说得天花乱坠。遂有人评论道：

> 现在报纸中大半皆是药房告白，怎么补精补脑、强种强原，五花八门，无非信口吹牛而已。阅之令人实在生厌。再看到国家大事，更不能耐……[51]

可也有人赞成药房这样的广告策略：

> 须知保身即所以保国，人人自当选择补品，且喜各处药房繁兴，告白林立，虽系营业性质，其中亦不无至理，既能挽回权利，又可富国强民。况当此文明时代，各业竞进，则药房虽多，尽可择其善者为吾民补益之用，愈多愈妙！君何厌为？[52]

无论时人对于这类医药广告的看法如何，它们的大量存在都意味着这是一种关于中国人身体出了问题的展示，只要类似广告充斥于报章杂志中，就会塑造出"病人"在中国无所不在的"真实效果"（reality effect），不言而喻会向人呈现中国人身体集体出了问题的"病夫"形象，特别是广告中大量涌现的诸如"强国根源""去病强种""却病强种""改良人种""强种圣品""强种开智""强种补肾""转弱为强""强我黄种"之类的语汇与暗示，皆极具有教化作用和象征意义，非常有助于建构与强化时人关于"东亚病夫"刻板印象的想象与记忆。正如日伪统治下出版的《大上海》一书所言："中国人是东方的病夫,病人要吃药,无病的也要吃补药,所以勿论中西的药业,在中国是极其发达的。"[53]在此意义上或可说,近代中国的"东亚病夫"的的确确是被论述制造出来的"想象的真实",药商就是一个举足轻重的生产者,而大量存在的医药广告就是一个非常关键的展示橱窗。那么,当时的人们又是如何看待这些广告呢?这样的想象和展示到底达到了怎么样的结果与影响?

第三节　广告建构现实

论述足以建构现实,广告亦能塑造人们的观念。事实上,在时人眼中,那些利用"东亚病夫"符号的广告同其他类型的医药广告并没有多大分别,它们共同构成了近代中国作为"病夫之国"的证据与表现方式。如有人认为正是由于太多的药品广告充斥上海报刊,才让来中国的外国人误认中国为"病夫国","昔有外人,初至上海,见报纸上药房广告之多,遂予我国以'病夫国徽号'"[54]。这种看法虽然是一种想当然的认知和建构,或出自对外人态度的一种想象,但响应者却不乏其人。五四时的一个激进青年即有类似看法,他甚至认为中国的报刊广告就是中国社会恶浊形象的再现:

> 中国报纸的广告就是中国社会恶浊颓靡的广告。随便拾一张报来看看,上边的广告,除了纸烟、颜料,就是药品。药品之中,最占多数的,不是治花柳病的,就是治虚弱疗伤的。至于那些新事业的广告,是看不见的。从前有个英国人看见中国的报

纸，就笑起来说道："原来中国果然都是病鬼和烟鬼。"[55]

亦有清华学堂的学生结合国内政局，同样认为是诸多报刊上的医药广告堆积出了中国人的"病夫"形象：

> 外人讥我国为病夫国，确乎不差。余肄业省立某中学校，时常看其告白，则不曰某先生目疾，即曰某先生头痛。此等病家单张于告白版上，几无日无之。及课罢阅报，则不曰某总长因病辞职，即曰某次长有病告假。辞职书之唯一措辞曰因病，几乎千篇一律。迨翻后面一看，则红色补丸、自来血、咳喘丹种种色色之广告，几乎全篇皆是，并附以可厌之证明谢函，及百病皆治之效用。呜呼！此多年老病夫，何日得占勿药？[56]

较之前述诸人的看法，学者徐珂则认为中国的"病夫"形象来源于城市中药店之多和人们不讲卫生："外人称我国为病夫国，闻者斥之，然有实例焉，未可幸免也。卫生之道不讲，欲求完全健康之人，百无一二，以是戚串朋好，书札往还，必以健康颂祷。而繁盛都会之商肆，医药独多，岂非病夫国之明证耶？"[57]后来，名记者戈公振目睹报刊上医药广告之多的情况，也有过类似感触："外人以东亚病夫谥我国，诚非诬也。"[58]之后，还不断有人表达类似见解，他们的出发点都是鉴于上海报刊上登载的医药广告如此之多：

> 中国人是东亚病夫，这句话的确不错，你但看报纸登的广告，就拿可以代表全中国的大报《申》《新》两报来讲，每天这

么多的广告，医药广告倒占了十分之七八，无疑的，先有了许多看病吃药的人，才有了这许多供应的医药。[59]

还有时人与之所感略同："那时候的流行语，说中国是东亚病夫，诚然不错。要不是病国，何以报纸上全是药的广告呢？何以报纸与药房互倚为生呢？"[60]另有时人则担心《申报》《新闻报》上刊登的梅毒淋病广告之多，不但"最贻害一般社会"、危害"社会善良风俗"，还会让外国人印象不佳，"使外人见之，不将以我为梅毒、淋病之国乎？"[61]

这时，由于医药界愈加缺乏自律，加上缺乏有效的政府监管，假药及其广告肆无忌惮的流行在上海乃至中国已经成为一个比较严重的社会问题，绝大多数药商奉行投机式的"卖药主义"，纯以卖药赚钱为目的，结果"蠹民病国"[62]。无怪乎有学者就感叹："伪药之流行，殆无过于今日之中国者。合市场上所销售中西制造之伪药，每年人民所消耗者，将以千万计。"[63]其对服用者身体的危害自然无须多言。

抗战结束后，百业凋敝。即便如此，药品广告尤其是补药广告的声势并未随之稍减，相反却更加嚣张，这也让人愈发意识到中国人的身体和中国社会的病情严重性。如时人的评论：

> 触目惊心的，神药广告是近数年中国报纸上的新纪元。从前我们有"百龄机"一类的补品，后来为什"命"一类的补品所代替。现在最普遍的则为九种维他命、鱼肝油……这一类新补品所占。补品广告如此类繁而动人，足证我们的社会上需要进补的

人特别多,否则无利可图,何必化(花)那末大的代价,占那末大的地盘?这是反映着中国社会生物基础的脆弱,中国人的人口品质本已成问题,经过八九年战争,更孱弱得可怜,于是稍有余资的人,便设法利用补品来弥补身质上的缺点,补品在中国社会里也成为时代的宠儿。我们相信一个需要补品的社会,绝不会是一个健全的社会。报纸的广告告诉我们,中国人的人口品质,正遭遇着严重的打击,正需要有特殊的改进。[64]

故此就有人认为这些药品广告对展示中国人"病夫"形象的效果非常好,特别是在对学生这个群体的影响上,"许多中学生不晓得谁是王安石,谁是胡政之,但是少有不知道'维他赐命'的!这就不得不感谢药商广告教育潜入之深,不得不佩服药商广告宣传威力之大"[65]。

不仅如此,直到最近,还有人持有类似看法,其针对的同样是当前内地媒体上药品、补品的广告之多:"要是看现在报纸、电视或媒体广告,中国人还真是'东亚病夫',什么都缺,缺维生素、缺锌、缺钙、缺铁、缺碘、缺硒……各种补益的保健品琳琅满目,令人眼花缭乱、无所适从。"[66]

以上这些出自不同时段的观察者记录,虽然不无夸张与故意耸人听闻的成分,但不约而同的观感,仍可作为我们管窥药商通过医药广告再现中国"病夫"情况所获效果的参考,同样也说明近代报刊上的医药广告对于展示中国人"病夫"形象的建构作用与传播效果。

进言之,近代中国报刊广告中的药品,包括那些所谓从外国进口的药品,事实上,很多是添加"霸道"的吗啡或兴奋剂之后的综合物，对身体的实际作用不但无益反而有害，根本就没有滋补和治病的效果。[67]所以就有人感叹，中国人这么喜欢吃补药，"日日补，年年补，末了还被外人称为'东亚病夫'，岂不是既愧且恨吗？"[68]还有人认为这些广告药品要是真有如其所吹嘘的效果，中国早就不再是东亚病夫之国了。[69]更有人认为，中国沦为东亚病夫的一个重要原因，就是一方面不讲卫生，轻视医药；一方面却又相信卖药广告，"为卖药广告所掀动"，乱吃补药造成的。[70]

只是广告中宣传的多数药品，完全不像药商吹嘘的那样有效，很多药品干脆就是变相的毒品，根本不能服用。清末甚至有评论认为正是由于吃了上海药商制造的诸多掺有吗啡的假戒烟药，才使得本来强壮的中国人变为病夫，"胥一国博硕强壮之民族，尽化为尪羸疲软之病夫。转悔夫未厉行烟禁之前，尚不至尽通国之民系沉沦于烟毒之孽海也"。[71]民国时也有人认为药品及其广告在增多，"然而我们的病却并没有减少，死的人亦比各国要多好几倍"。[72]甚至还有人认为当时上海市面上畅销的药品，其效用"全靠鸦片类的毒剂"，不但救不了人，反而害人。[73]《大公报》也曾发表评论，认为天津市面上所谓的戒烟社，其实就是诱骗人抽大烟的吸烟社。[74]而专业化验结果也表明，一些所谓滋补健康丸之类的戒烟药的确含有大量的吗啡成分，其他一些大作广告的秘制药，服用后对健康的危害亦非常之大，甚至还会延误病情。[75]柯灵更是夸张地说，上海报刊广告中的药品不是性药就是春药，"这些药品流行的结果，谁都看得出来。正相反，春药是使人们变成病夫，而性药却使人绝嗣。它们做的是疏散人口的工作，直通的路是死灭——从这些药品广告看去，正是一个黑洞洞的深渊，底下是无数的死人与病人"。[76]由此，我们亦可说，所谓成为"东亚病夫"

的现实确实是被药商生产出来的。

第四节 结 论

有意思的是，正是因为存在"东亚病夫"这样一个迷思，很多人根本不考虑"东亚病夫"被制造的论述层面与商业层面的原委，反而认为现状的改变确实需要通过吃药进补来实现，于是这又更加刺激药商在广告中夸大其词，滥用各种似是而非的所谓科学或者卫生做幌子，致使那些打着"科学""卫生"名义的大量外国药品在中国都会大卖，可结果却是"外国人骗了我们白花花的银、黄澄澄的金，还笑我们为东亚病夫！"[77]拿鼎鼎大名的外商韦廉士药房的红色补丸来说，该药从清末起开始在中国市场上销售，"几乎遍满了中国的市场，各大日报都有他的广告。行销之广也可想见了"，但它在广告中从不宣示其真正的成分，实际根本"不能补血，也不能健脑"[78]，完全不是如其在广告中说的那样可以养身健体、包治百病、能使中国人摆脱"东亚病夫"之耻。再如另外一个美商药房兜安氏的名药兜安氏补肾丸，也在清末就开始大卖，但它和韦廉士红色补丸，分别经过20世纪初英美学者的专业化验，其成分非常简单，几乎起不到补肾与补血效果，反倒容易滋生副作用。[79]在1920年代的美国，兜安氏补肾丸甚至被认定为假药。[80]靠这些真真假假的药品怎么能解决"东亚病夫"的困境？只会不断制造出新的"东亚病夫"与盲信的消费者，让药商的药品更有市场而已。

由此不难看出，在医药广告乃至其他商业广告中出现的所谓"东亚病夫"的想象与认同，不过是廉价的政治符号和拙劣的营销手段，是商人用之掩盖其追逐商业利益的幌子，亦是商家攀附、挪用知识精英的自我想象的结果。饶是如此，商人在广告中连篇累牍的宣传、暗示、引导、诱惑告诉我们，本来作为精英表达的"东亚病夫"论述经由商业途径发散后，所具有的符号效力和导致的弄假成真效果。

当然，这些广告中关于"病夫"的表述绝非商人的一时狡黠，而是他们有意的挪用和改编，自觉复制了知识精英等首要定义者（primary definers）的宰制论述，借由商业广告，直接把有关"强种"与"东亚病夫"的叙述政治和集体想象借助商业的力量迅速通俗化、物质化和日常生活化。这自然也说明在近代中国身体建构过程中，商业因素所发挥的重要作用，如它之于近代中国像"东亚病夫"之类认知与想象的扩散、生效提供了物质条件，这些情况或许已经远远超过此前既有的认知，有必要对之深入探讨。

概言之，民族主义经常是由论述建构出来的认同，其本质是历史记忆的制造或再现过程，势必需要通过一定的符号、媒介形式与物质凭借展开或实现。作为近代中国民族主义中的一个重要内容，人们关于"东亚病夫"符号的认识与想象及有关的知识再生产，涉及到人们的集体记忆、认同建构和再现历史的方式，以及当下的生活情境与政治环境，乃至面对疾病和医治的因应之道。故此，与其说"东亚病夫"这样的认识和想象反映或再现了近代中国历史的"真实"与近代中国人的集体记忆，毋宁说它是一套受害者叙述的"发明"，是对集体记忆及中国现实的一种想象方式，经由媒介与商业力量的传播，最后弄假成真，"制造"出了中国是"东亚病夫"的"真实"，进而呈现出中国被帝国主义列强羞辱侵略的悲情。这种"真实"和悲情又被人们视为实际发生过的"真实"与应该铭记的集体记忆，具有了无可置疑的霸权地位，经由政治、商业、传媒和历史书写的有意无意操弄和再现，时刻在召唤着人们的认同及为此付诸相应的缅怀过去、改变现实的实践，影响至今。

注 释

1 有关的研究情况，可参看 Peter Burke, *What Is Cultural History?*, Cambridge, U.K.; Malden, Mass.: Polity Press, 2004, pp. 75-90。引文见中译本彼得·伯克著，蔡玉辉译：《什么是文化史?》，北京大学出版社 2009 年版，第 85 页。

2 杨瑞松：《想象民族耻辱：近代中国思想文化史上的"东亚病夫"》，《政治大学历史学报》第 23 期，2005 年 5 月，第 1—44 页。该文稍作修改后被收入作者的专书《病夫、黄祸与睡狮："西方"视野的中国形象与近代中国国族论述想像》，台湾政治大学出版社 2010 年版，第 17—67 页。对杨瑞松该文的一些批评，可参看高岛航著、张雯译：《"东亚病夫"与体育——以殖民地男性特质为视点的观察》，收入狭间直树、石川祯浩编：《近代东亚翻译概念的发生与传播》，社会科学文献出版社 2015 年版，第 331—369 页。

3 Larissa N. Heinrich, *The Afterlife of Images: Translating the Pathological Body between China and the West*, Durham and London: Duke University Press Books, 2008. 韩著讨论医学图像与东亚病夫形象之间关系的部分，缺乏可靠的依据，过于牵强附会。对于韩著的批评，可参看杨瑞松：《病夫、黄祸与睡狮："西方"视野的中国形象与近代中国国族论述想像》，第 6—9 页；高岛航：《"东亚病夫"与体育——以殖民地男性特质为视点的观察》，收入狭间直树、石川祯浩编：《近代东亚翻译概念的发生与传播》，第 354—356 页。

4 高岛航：《"东亚病夫"与体育——以殖民地男性特质为视点的观察》，收入狭间直树、石川祯浩编：《近代东亚翻译概念的发生与传播》，第 331—369 页。高岛该文有些理论先行与过于求新，另外，高文对史料的掌握似乎不够，存在的问题颇多。如高文主要根据圣约翰学校一个校刊中的相关资料(主要是英国人或近乎英国人立场的中国学生的看法)，在研究中将晚清语境中的体育与男性特质直接建立关系，认为缺乏体育锻炼即是缺乏男性特质，这或是研究者以偏概全的想象或受到后来概念的误导所致。因为晚清人对当时中国人身体的反省与批判，更多是针对重文轻武、早婚、缠足、吸食鸦片、一夫多妻、不讲卫生等面向,所针对的对象不仅有中国男性,还有中国女性,其中的一些指责其实往往来自对西方或日本富强经验的片面认知与误解,以及对中国人身体状况的担忧和想象。而高岛只取针对中国男性批判的一面,就得出晚清人认为中国人缺乏所谓的"男性特质"的大而化之结论,那么时人针对女性批评的那一面应该怎么归类?是不是当时的女性也缺乏"男性特质"呢?进言之,高文所谓的男性特质,根本是后来的概念,源于西方和印度的经验,未必符合近代中国的情况。因为从当时的材料中,似乎看不出近代中国人认为自己(包括男女)缺乏"男性特质"。而在笔者看来,当时的中国男性根本不缺乏"男性特质",在他们的论述中,反而充斥着男性的话语霸权与自我东方主义化想象。

5 参看颜健富:《从"身体"到"世界":晚清小说的新概念地图》,台湾大学出版中心2014年版,第209—244页。
6 "再现政治"是文化研究中的主要关注点。"再现"是指借助于语言描述以指谓过去乃至现在世界中的事件、物体或社会实践,但并不能完全代表或反映其所指,因其本身就充满利益和权力的纠葛,且语言本身亦非透明客观。组合在一起的"再现政治"则是指再现过程中存在的各方关系及相关建构乃至权益竞争,以及再现本身或再现的结果本身打算实现或者能够实现的政治/文化效果与结果。西方理论界有关"再现政治"的含义和应用的讨论非常多且复杂,不细申述。
7 《地方自治政论(录八月二十一日〈时报〉)》,转见《东方杂志》第1卷第9号,第109—110页。
8 彼得·伯克(Peter Burke)著,贾士蘅译:《知识社会史:从古腾堡到狄德罗》,台北麦田出版社2003年版,第289页。
9 曾有学者从量化角度关注了从"东方病夫"到"东亚病夫"的转变情况,这样的研究颇值得商榷。参看苏全有:《论"东方病夫"到"东亚病夫"的流变》,《求索》2014年第6期,第160—164页。
10 华生:《论外患之由起》,《东方杂志》第1卷第7号,第130页。
11 陈天华:《警世钟》(1903年秋),收入《陈天华集》,湖南人民出版社1982年版,第69页。
12 杨俊英函:《汪康年师友书札》(第3册),第2392页。
13 巽昂:《第一病院》,《晋阳公报》1908年11月2日。
14 《论中国人人有救亡之责》,《大公报》1902年6月19日。
15 榖生:《利用中国之政教论》,《东方杂志》第2卷第4号,第78页。
16 《闲评一》,《大公报》1911年1月2日。
17 《时评》,《汉口中西报》1908年8月17日。
18 皮耶·诺哈(Pierre Nora):《如何书写法国史》,收入诺哈编,戴丽娟译:《记忆所系之处》(第1册),台北行人文化实验室2012年版,第18—19页。
19 姚公鹤:《上海闲话》,第136页。
20 戈公振则把当时广告分为五类:商务、社会、文化、交通、杂项,内中又细分为十六个小项。再根据他对1925年四地报纸的抽样调查,十六类中的"医药"类广告,其出现次数、所占版面,在上海、北京、天津、汉口的几个著名报纸上,都是最多、最大。参看戈公振:《中国报学史》,第214—217页。
21 参看《广告与道德》,《科学》第4卷第2期,1918年10月,第202—204页;余湘林等:《五种报纸的广告分析》,《清华学报》第 2 卷第 2 期,1925 年 12 月,第 643—650 页;沙秋:《我国报纸广告之分析研究》,《总商会月报》第 6 卷第 5 号,1926 年,第 10—14 页;林一岁:《从报纸广告中所见的上海社会》,《世界文化》第 2 卷第 2 期,1941 年 2 月 15 日,第 49—55 页;徐如一:《看报吃药的危害》,《中华健康杂志》第 3 卷第 5 期,1941 年 9 月 10 日,第 26—27 页。

22 《论药局告白之有益》,《新闻报》1896 年 1 月 26 日。
23 蔡元培:《北大新闻学研究会成立演说词(1918 年 10 月 14 日)》,收入高平叔编:《蔡元培全集》(第 3 卷),中华书局 1984 年版,第 199 页。
24 志希:《今日中国之新闻界》,《新潮》第 1 卷第 1 号,1919 年 1 月 1 日,第 120 页。
25 济:《吃药》,《协医通俗月刊》第 4 卷第 3 期,1927 年 2 月,第 15 页。
26 唐文一编选:《柯灵代表作·长相思》,华夏出版社 1998 年版,第351 页。
27 单英民:《看报吃药的危害》,《中华健康杂志》第 3 卷第 6 期,1941 年 11 月 12 日,第 28 页。
28 《艾罗补脑汁保证书第五页》,《中外日报》1905 年 3 月 1 日。
29 《艾罗补脑汁强国强种之关系》,《舆论时事报》1909 年 9 月 24 日。
30 《铁世界》,《申报》1908 年 6 月 18 日。
31 《亚支奶戒烟奇效足征》,《申报》1906 年 1 月 28 日。
32 参看高岛航:《"东亚病夫"与体育——以殖民地男性特质为视点的观察》,狭间直树、石川桢浩编:《近代东亚翻译概念的发生与传播》,第 363 页。
33 僇:《病夫国之病夫》,《神州日报》1907 年 12 月 18 日。
34 孤行:《论中国必不能破坏中立》,《东方杂志》第 1 卷第 2 号,第 28 页。
35 海蠛:《医学与社会之关系》,《东方杂志》第 2 卷第 4 号,第 8 页。
36 废物:《商界鬼蜮记》,《中外日报》1907 年 10 月 18 日。
37 废物:《商界鬼蜮记》,《中外日报》1907 年 11 月 2 日。
38 《宋恕集补编》,见胡珠生编:《东瓯三先生集补编》,上海社会科学院出版社 2005 年版,第 143 页。
39 《益身粉之露布》,《申报》1916 年 6 月 12 日。
40 《人造自来血历史》,《申报》1919 年 12 月 24 日。
41 《前大总统黎公赠额"经方浩博"》,《申报》1921 年 2 月 11 日。
42 《同胞注意救国与雪耻》,《申报》1925 年 7 月 24 日。
43 《为民除害》,《申报》1927 年 3 月 9 日。
44 《血中宝》,《申报》1932 年 9 月 23 日。
45 方:《病夫》,《申报》1928 年 11 月 19 日。
46 《为何忍受病夫之耻》,《女青年》第 16 卷第 7 期,1937 年 7 月,封底广告;又见《申报》1937 年 7 月 11 日。
47 《国产圣药灵芝还少宝药片》,《申报》1929 年 7 月 13 日。
48 屠药:《论普通西药之用法》,《医学世界》第 7 期,光绪三十四年十一月二十日,第 1 页。
49 根据曾在香港求学过的华中师大承红磊兄的提醒,知道现在还有香港药商在利用"东亚病夫"和李小龙在电影《精武门》中击碎"东亚病夫"匾额的场景做广告,如一则 2013 年 5 月 27 日的新闻说道:艺人张国强(KK)昨日在清水湾为保健产品"衍生至尊感冒止咳冲剂"拍摄电视广告,一身李小龙打扮的 KK 手执"东亚病 flu"牌匾,大玩李小龙名句的谐音:"中国人,唔系东亚病 flu!"创意十足!……http://www.kuangaitvb.com/club/viewthread.php?tid=52514(检索日期,2014年3月1日)。

50 《荣誉献映——〈霍元甲〉:洗雪东亚病夫耻辱!》,《华影周刊》第39期,1944年3月29日。
51 寄恨:《告白乃强种之原》,《小说新报》第1期,1917,第10页。该文来自上海图书馆晚清、民国时期期刊全文数据库。
52 寄恨:《告白乃强种之原》,《小说新报》第1期,第11页。
53 鸡笼生:《大上海》,台北南方杂志社1942年版,第151—152页。
54 陈伯熙编著:《上海轶事大观》,第202页。
55 王咏霓:《中国报纸的广告》,《曙光》1919年第1卷第2号,第60页。
56 《随感录·病夫国》,《清华周刊》第150期,1918年11月21日,第8—9页。
57 徐珂:《清稗类钞》(第4册),中华书局1986年版,第1750页。
58 戈公振:《中国报学史》,第214页。
59 方便:《警告病家们》,《康健世界》1935年创刊号,第36页。
60 铁庵:《谈中西医》,《人间世》第20期,1935年1月20日,第217页。
61 文夫:《报纸的广告》,《文化建设月刊》第2卷第5期,1936年2月10日,第3页。
62 汪于冈:《打倒卖药主义之一解》,《新医与社会汇刊》第2集,1934年10月,第107—108页。
63 胡先骕:《医师有协助社会取缔伪药之责任》,《中西医药》第3卷第1期,1937年1月,第6—7页。
64 陈定闳:《从报纸广告看中国社会》,《民主与统一》第11期,1946年8月20日,第8页。
65 陈鹄:《补药》,《医潮月刊》第2卷第2期,1948年2月5日,第22页。
66 苑嗣文:《父母锦囊·教你养个壮小孩》,天地出版社2010年版,第142页。不过,有很多的人则认为,因当下严重的食品安全与环境污染问题,使得中国人有再度沦为"东亚病夫"的可能。
67 大莽:《补药狂的心理》,《中美周刊》第2卷第18期,1941年1月25日,第6页。
68 吴子琨医师:《谈谈补药》,《康健世界》第3期,第184页。
69 参看勋:《广告药之内容》,《协医通俗月刊》第4卷第7期,第5页。
70 参看徐相任:《卖药与民族之利害关系》,《医药年刊》,1940年,第40页。该文来自上海图书馆晚清、民国时期期刊全文数据库。
71 《论沪上流行之害人物》,《时报》1909年11月9日。
72 济:《吃药》,《协医通俗月刊》第4卷第3期,1927年,第15页。
73 陈志潜:《零碎》,《医学周刊集》第1卷,第217页。
74 晋笙:《青天白日下之戒烟社》,《大公报》1928年7月2日。
75 范守渊:《由"滋补健康丸"连想到秘制药》,《民众医药汇刊》1935年第2卷,第56—57页。该文来自上海图书馆晚清、民国时期期刊全文数据库。
76 唐文一编选:《柯灵代表作·长相思》,第351页。
77 吴子琨医师:《谈谈补药》,《康健世界》第3期,1936年,第185页。
78 参看贾魁:《照妖镜》,《医学周刊集》第1卷,第246页。
79 参看勋:《广告药之内容》,《协医通俗月刊》第4卷第7期,第3—4页。
80 参看黄克武:《广告与跨国文化翻译:20世纪初期〈申报〉医药广告的再思考》,收入王宏志主编:《翻译史研究》2012年号,第140页。

第八章
余　论

从身体的角度研究历史，特别是研究政治史、医疗史、性别史、社会史，是近三十年来国际史学界的一个研究热点。[1]既有关于近代中国身体史的研究，这十几年来，也已有诸多成果，但大都侧重于知识精英、政治、军事和国家在近代中国身体建构过程中所扮演的主要角色，关注现代性、政治、思想文化和医疗、宗教、艺术对近代中国身体及身体观的影响，不太注意商业和消费在近代中国身体建构及政治文化塑造中的重要作用。[2]

众所周知，在近代中国，许多时候，官方、政治权力倒经常羁绊新思想、新思潮的推进和壮大，这时，商人扮演的角色就显得重要，特别在其中有利可图的情况下。如高家龙指出的那样："自然，某种程度上，在利用直接来自西方的思想、形象、形式和论述方面，外在于思想精英群体的中国商人并非这个文化变化的导夫先路者；但在一定程度上，他们是这个文化变化的卫道者，是他们机敏地利用了来自其他中国人那里的'西方的'思想、形象、形式和论述，并极具进取性地将之普及于中国城乡的各阶层。"[3]可以说，在近代中国的身体建构过程中，商人和商业的作用，非常值得重视。因为思想、观念或理论只有与物质力量结合、只有通过一定的载体才能发挥作用,没有一定的物质条件和社会载体,思想、观念或理论只能是空中楼阁,难以发挥力量。思想、观念或理论要物质化,要社会化,政治权力固然是最常用也是最有效的手段,但往往,商人出于经济利益的考虑,将文化、思想转化为商品的实践,亦是一个便捷、有效的途径。商人的投入、生产、包装、宣传、销售达到的效果,经常好于政治权力的强迫推广,药商着力打造的燕窝糖精、艾罗补脑汁之弄假成真就是如此,近代中国"东亚病夫"形象和记忆的形成亦是如此。

自从黄楚九的艾罗补脑汁广告及相关中法药房的药品广告,横空出世且大量散播之后,引发了无数商品广告的仿效,特别是类似戒烟药、滋补药之类药品广告,它们纷纷效法艾罗广告的政治化修辞策略,将商品作用同种族、国家等政治层面问题联系起来,同时配以大量消费者的谢函来佐证。这样的广告策略在初期对于宣扬西医、卫生、民族主义、种族和国家认同等观念,自然有其一定作用。但效果能持续多久,有没有反作用,就值得探究了。

事实上,近代报刊广告,特别是各式各样真假难辨的保证书与感谢信,在不断地呈现与复制此种关系,在不断引导和规范消费者,就足以佐证一些消费者的确在追求或已经认同了这样的做法,尤其是在一些人为自己的不正当"消费"寻找合法性的时候,商品及商品广告所建构出来的宏大意义就会弄假成真,立即派上用场,从而使消费具有了最大的正当性,如只要将消费的理由赋予"救国""强种"等重大的政治使命,即使醉生梦死、花天酒地,也问心无愧。结果就可能会出现消费就是爱国、一举一动都是爱国这样的极端现象,所谓"说救国,什么都可以是救国,经济救国,标语口号救国,宣言通电救国，长期抵抗救国，打拳救国，航空救国，造路救国，名教救国，教育救国，坐汽车救国，穿草鞋救国，乃至吃饭拉夫，无一不可救国……"[4]因此，一定意义上，此种情形无疑是消费者与商家的一种共谋，通过将商品和消费赋予政治意义，哪怕是牵强附会、风马牛不相及，商家同消费者就可以心安理得地为自己找到生产、发售与消费的合法性。这样行事的结果，就是让民族主义之类宏大叙述彻底商业化、庸俗化、形式化与空洞化，最后非但不能促进民族主义事业的发展及凝聚国家认同，倒往往戏谑化或消解了民族主义论述及其实践的意义。[5]

即便这样，我们亦不能否认商家的这种经营方式和广告策略，具有的一箭双雕效应，既为自己获得了直接的经济利益，又为其形象增加了不少"符号资本"（symbolic capital），更为顾客的消费提供了正当性。某种程度上，这正显示了卫生与身体、种族、国家勾连在一起的近代中国消费文化建构特色及其融合传统滋补文化和现代卫生观念的色彩，自然也说明在近代中国身体建构与政治文化的形成过程中，商业因素的重要作用不应为我们忽视。如有人在五洲大药房的三十周年纪念辞中所言："在过去三十年中，制造国产肥皂，销行全国，人皆仅以为抵制外货、挽回权利，有功于实业者匪浅。不知训练民众注意清洁，有益于民众卫生，其功盖尤大。前者之成绩可以计算，而后者之成绩不易估计。今国人之言肥皂者，莫不言固本，可见固本肥皂深入民间，用之者众。"[6]此言虽有些夸大固本肥皂的流行性与影响力（固本肥皂厂乃是五洲药房在1921年收购德国公司得来的，引者注）[7]，但却很好揭示出商业作用和消费文化建构对人们的卫生观念、身体观念的长远影响。毕竟我们的身体并非仅仅是一个自然的身体、生物学意义上的身体，它更是一个社会建构的产物。我们对自己身体的看法与使用情况，我们打算消费的想法与实践，绝大部分取决于文化和社会因素的作用，而非来自身体实际的自然需求。故此，一定程度上，商家在广告宣传中对消费及商品功效的建构，乃至顾客对商品的购买、使用是次要的，重要的是这样的宣传带给消费者观念上、实践上和身体上的感受及示范作用，乃至对消费文化"卫生化""政治化"的定位与引导。

饶是如此，我们不能因此就无限夸大广告与商业力量对近代中国身体建构的效果，影响近代中国身体建构的因素很多，我们决不能全归于商业的作用，尤其是就那些交通不便、报刊发行、商业广告不容易到达的内地、边远地区，以及不识字的下层百姓、女性而言，商业力量对他们的影响就要大打折扣。而在某些特殊年代，当政治力量强烈介入大众消费和私人领域之时，甚至连广告都不被允许发布之时，商业力量对身体文化、消费文化乃至政治文化的建构作用乃至对卫生观念的传播效果，就更加受到掣肘，不过，这已是另外的问题了。

如上所论，近代报刊中登载的上海医药广告如此出炉、如此虚构故事，其可靠性和真实度自然不言而喻。然而，一些研究者在使用此类报刊广告资料、面对此种广告文化时，不从知其所以然角度解构广告，竟纷纷相信这些医药广告所言为真，相信医药广告对消费者与病人的影响巨大，药品功用和医生医术确如保证书中所言的那么神奇；甚至还有学者用广告中的读者来函来说明广告商品受到消费者欢迎的情况[8]；诸如此类的取径，实在有些过犹不及。因为在现实生活中，这些研究者都未必会相信自己身边广告中的宣传，未必相信广告中的消费者反应属实，可是在对过去报刊广告的研究或使用中，他们因利乘便居然采信广告中的表述,相信消费者对广告中的表达会照单全收,全然无视广告中的虚构及时人的消费反应与造假揭发,这样的做法就太过简单化和想当然了。充其量,这些商品,特别是医药广告叙述只是表达或建构了它们理想的效果与期望的消费者反应情况,并不能代表商品的真正价值和实际的消费者响应,两者之间,存在极大区别,绝不应等同视之。

因此,在广告或类似文本、类似问题的使用中,应该重视与警惕广告论述背后的社会因素、广告表达和实际商品之间的落差、广告叙述同商品的真实功用之间的复杂关系。我们必须意识到广告叙述或广告中的表达,其本身即是对现实和商品的建构与诠释,并经由传播媒介不断地进行复制和扩散。同小说一样,广告叙述本身自然难以"如实反映"当下的"现实"或商品功用的"真实",但一定程度上,它们即为当时"历史意见"与"信仰结构"的组成部分,创造或再现了对"现实"和"真实"的想象与规划,尽管其实质仍是以利益考虑为最大追求的商业炒作和时髦文化表演。

换言之,这些报刊广告资料仍然有重要的学术价值,它们亦是被知识精英精心构制的文化文本,目的在于影响大众的消费选择与塑造大众的消费需求,进而制造出品牌和形象,打造出商品的附加价值与顾客的消费品味。假如我们洞悉了其建构过程与可能导致的社会效果,再加强对其他类型资料如日记、书信、小说和图像等文类的使用,注意寻找与结合实际中的广告读者和商品消费者的响应资料,就有利于弥补对报刊广告的读者反应及商品的消费者响应这两个重要环节研究的不足与空缺,进而可以更好地讨论近代中国的精英论述之于社会大众的影响力与渗透程度,以及大众具体的在地回应情形,乃至近代中国的商业文化、消费文化之建构状况,特别是其建构效果。

注 释

1 有关的研究情况,可参看刘宗灵:《身体之史:历史的再认识——近年来国内外身体史研究综述》,收入复旦大学历史系等编:《新文化史与中国近代史研究》,上海古籍出版社2009年版,第287—322页。
2 参看黄金麟:《历史、身体、国家:近代中国的身体形成》,台北联经出版公司2001年版;黄金麟:《政体与身体:苏维埃的革命与身体,1928—1937》,台北联经出版公司2005年版;杨瑞松:《病夫、黄祸与睡狮:"西方"视野的中国形象与近代中国国族论述想象》,台湾政治大学出版社2010年版;Frank Dikötter, *Sex, Culture, and Modernity in China: Medical Science and the Construction of Sexual Identities in the Early Republican Period* (Honolulu: University of Hawaii University, 1995); Frank Dikötter, *Imperfect Conceptions: Medical Knowledge, Birth Defects and Eugenies in China* (New York: Columbia University Press, 1998); Yuehtsen Juliette Chung, *Struggle for National Survival: Eugenics in Sino-Japanese Contexts, 1896-1945* (New York and London: Routledge, 2002);等等。不过,祝平一教授的研究已经涉及身体的商业建构问题,但他谈的是1990年代的中国台湾。参看祝平一:《塑身美容、广告与台湾九〇年代的身体文化》,收入卢建荣主编:《文化与权力——台湾新文化史》,麦田出版社2001年版,第259—296页。
3 Sherman Cochran, *Chinese Medicine Men: Consumer Culture in China and Southeast Asia*, p. 162.
4 章克标:《杂谈三》,《论语》半月刊第9期,1933年1月16日,第304页。
5 有研究者不太了解晚清以来以卫生商品广告为中心的消费文化塑造情况,误将政治史的一些分期等同于商业和消费的分期,无视清末以来的广告泛政治化情况,以及造成此种情形的商业因素与连续性,亦不从消费者角度考察,仅仅根据某些广告的内容、一些先行的但其实非常值得商榷的观点,就认为近代上海医疗卫生广告中的身体呈现出的政治化现象,"是亡国灭种危机下所引发的另外一种民族救亡运动",人民"对于日常生活的物质与精神世界的需要与欲望","在亡国灭种的独特历史场景下,被以救亡与启蒙为中心的建立现代民族国家的话语体系所压制"。参看杨祥银:《卫生(健康)与近代中国现代性——以近代上海医疗卫生广告为中心的分析》,《史学集刊》2008年第5期,第52—59页。但依笔者之见,恰恰相反,当时人们的消费和物质需求,往往正是寄托在政治话语体系下,才得到更好释放与满足。换言之,即使真有所谓压制，那么此种情况的出现离不开商业力量的推波助澜。实际上，在笔者看来，广告中的政治化现象表明的，更多或许是商家与消费者对启蒙及民族国家话语的主动挪用和攀附，当然也有传播，甚至借此进行的消解与戏谑。抑有进者，在当时启蒙精英及政治权力动员能力有限的情况下，其对大众消费及日常生活的控制力、渗透力，或者说所谓压制，可能就远不如无孔不入的商业力量。

6 朱恒壁：《五洲大药房三十周年纪念献言》，《五洲大药房三十周年纪念刊》，1936年，上海档案馆藏，第40—41页。
7 《五洲固本厂及制皂部之今昔》，《五洲大药房三十周年纪念刊》(1936)，第138—151页。
8 参看 Juanjuan Peng, "Selling a Healthy Lifestyle in Late Qing Tianjin: Commercial Advertisements for Weisheng Products in the *DaGong Bao*, 1902 – 1911," *International Journal of Asian Studies*, 9: 2 (2012), pp. 211-230; 等等。

参考文献

一、报刊类史料

《安徽俗话报》
《报学杂志》
《采风报》
《长沙日报》
《大公报》
《大共和日报》
《东方杂志》
《贡献》
《广济医报》
《汉口中西报》
《华商联合会报》
《健康报》
《江苏》
《讲卫生》
《晋阳公报》
《晶报》
《警钟日报》
《竞业旬报》
《科学》
《论语》
《每周评论》
《民国日报》
《民立报》
《南方报》
《农工商报》
《女青年》
《女学报》
《清华学报》
《人间世》
《三六九画报》
《商务官报》

《上海评论》
《上海亚细亚日报》
《申报》
《神州日报》
《时报》
《时事报》
《时事新报》
《世界文化》
《市政评论》
《曙光》
《顺天时报》
《天铎报》
《天义》
《同济医学季刊》
《同文沪报》
《同文消闲报》
《图画日报》
《卫生白话报》
《文化建设月刊》
《笑林报》
《新民丛报》
《新青年》
《新闻报》
《新闻记者月刊》
《新医药》
《须弥日报》
《医界春秋》
《医林一谔》
《医学新报》
《医药评论》
《医药学》

《益世报》(北京)
《游戏报》
《舆论时事报》
《寓言报》
《知新报》
《中国报》
《中华健康杂志》
《中美周刊》
《中外日报》
《中西医药》
《紫罗兰》
《字林沪报》
全国图书馆文献缩微复制中心:《晚清珍稀期刊汇编》。全国图书馆文献缩微复制中心, 2009 年影印本。
桑兵主编:《近代报刊汇览·汇报》。广东教育出版社, 2012 年影印本。
以上为本书使用过的原版或影印版报刊。
《国货商标汇刊》
《国医砥柱月刊》
《华影周刊》
《康健世界》
《民声》
《民众医药汇刊》
《民主与统一》
《南京医学报》

《南洋商务报》
《秦风周刊》
《清华周刊》
《商报》
《社会三日刊》
《社会医报》
《盛京时报》
《太平洋报》
《田家半月报》
《铁报》
《通俗医事月刊》
《万国商业月报》
《卫生报》
《卫生杂志》
《卫生学报》
《小说新报》
《协医通俗月刊》
《新医与社会汇刊》
《星光》
《兴华》
《医潮月刊》
《医学世界》
《医学新报》(第 2 期)
《医药年刊》
《中华新报》
《总商会月报》

二、期刊类文献

边和:《西方医疗史研究的药物转向》,《历史研究》2015 年第 2 期。

丙寅医学社编辑:《医学周刊集》第 1 卷, 丙寅医学社 1928 年版。

丙寅医学社编辑:《医学周刊集》第 2 卷, 丙寅医学社 1929 年版。

丙寅医学社编辑:《医学周刊集》第 3 卷, 丙寅医学社 1930 年版。

丙寅医学社编辑:《医学周刊集》第 4 卷, 丙寅医学社 1931 年版。

黄克武:《从申报医药广告看民初上海的医疗文化与社会生活》,《"中研院"近代史研究所集刊》第 17 期下，1988 年 12 月，第 141—194 页。

黄克武：《广告与跨国文化翻译：20 世纪初期〈申报〉医药广告的再思考》，见鸡笼生：《大上海》，南方杂志社 1942 年版。

姜明秋：《黄楚九》，《余姚文史资料》第 13 辑。余姚市政协文史资料委员会 1995 年版。

姜明秋：《我所了解的黄楚九先生》，《余姚文史资料》第 5 辑。余姚市政协文史资料委员会 1988 年版。

雷祥麟：《负责任的医生与有信仰的病人——中西医论争与医病关系在民国时期的转变》，《新史学》第 14 卷第 1 期（2003 年 3 月）。

李健祥：《清末民初的物价与医疗》，《中医药杂志》第 24 卷第 1 期，2013 年 12 月，第 123—128 页。

龙伟：《民国广告的自律与他律：以医药广告为中心的观察（1927—1949）》，《新闻与传播研究》2010 年 5 月号。

苏全有：《论"东方病夫"到"东亚病夫"的流变》，《求索》2014 年第 6 期。

吴方正：《二十世纪初中国医疗广告图像与身体描绘》，《艺术学研究》第 4 期(2009 年 4 月)。

杨祥银：《卫生（健康）与近代中国现代性——以近代上海医疗卫生广告为中心的分析》，《史学集刊》2008 年第 5 期，第 52—59 页。

张宁：《阿司匹灵在中国——民国时期中国新药业与德国拜耳药厂间的商标诉讼》，《"中研院"近代史研究所集刊》第 59 期（2008 年 3 月）。

张宁：《脑为一身之主：从"艾罗补脑汁"看近代中国身体观的变化》，《"中研院"近代史研究所集刊》第 74 期。

张孙彪、林楠：《中国近代政府医药广告管理探析》，《中华医史杂志》2011 年第 2 期。

朱英：《近代中国广告的产生发展及其影响》，《近代史研究》2000 年第 4 期。

祝平一：《君官异位：传教士、朱方旦与明清之际的心脑之争》，台中中国医药大学，"医家与史家的对话——中医学术知识的历史传承与变革"国际学术研讨会会议论文，此文蒙祝平一教授惠允引用，特此感谢。

祝平一：《药医不死人，佛度有缘人：明、清的医疗市场、医学知识与医病关系》，《"中研院"近代史研究所集刊》2010 年 6 月号。

三、 图书、 档案类文献

Tim Dent 著，台湾编译馆主译，龚永慧译：《物质文化》(Material Culture in the Social Word)，书林出版有限公司 2009 年版。

阿英：《晚清小说史》，人民文学出版社 1980 年版。

包天笑：《钏影楼回忆录》，山西教育出版社、山西古籍出版社 1999 年版。

包天笑:《上海春秋》,漓江出版社 1987年版。

彼得·伯克(Peter Burke)著,贾士蘅译:《知识社会史:从古腾堡到狄德罗》,麦田出版社 2003 年版。

彼得·伯克著,蔡玉辉译:《什么是文化史?》,北京大学出版社 2009 年版。

蔡玉麟:《解放前涵江商业概况》,收入氏著《琐忆杂记》,莆田晚报印刷厂 2002 年版。

曹聚仁:《傅雷、大世界》,收入《万里行记》,生活·读书·新知三联书店 2000 年版。

曹聚仁:《黄楚九其人其事》,收入《上海春秋》,生活·读书·新知三联书店 2007 年版。

曾宏燕:《上海巨商黄楚九》,人民文学出版社 2004 年版。

陈伯熙编著:《上海轶事大观》,上海书店出版社 2000 年版。

陈存仁:《我的医务生涯》,广西师范大学出版社 2007 年版。

陈存仁:《银元时代生活史》,上海人民出版社 2000 年版。

陈天华:《警世钟》(1903 年秋),收入《陈天华集》,湖南人民出版社 1982 年版。

陈无我:《老上海卅年见闻录》,上海大东书局 1928 年版。

陈湘涵:《近代中国的征婚广告》,"国史馆"2011 年版。

晨菡:《我的蝴蝶兰》,作家出版社 1991 年版。

"筹办巴拿马赛会出品协会事务所"编译:《广告法》,1914 年版,上海图书馆藏。

崔复生:《太行志》,河南人民出版社 1977 年版。

戴维斯著,杨逸鸿译:《档案中的虚构——十六世纪法国司法档案中的赦罪故事及故事的叙述者》,麦田出版社 2001 年版。

丁福保:《医话丛存》(1910),沈洪瑞、梁秀清编:《中国历代名医医话大观》,山西科学技术出版社 1996 年版,下册。

丁福保:《增订第四版卫生学问答九章》,辛丑九月无锡畴隐庐重印本。

东海觉我:《新法螺先生谭》,收入于润琦主编:《清末民初小说书系·科学卷》,中国文联出版公司 1997 年版。

杜艳艳:《中国近代广告史研究》,厦门大学出版社 2013 年版。

范守渊:《范氏医论集》,上海九九医学社 1947 年版。

傅崇矩编著:《成都通览》(1909—1910),天地出版社 2014 年版。

陈光熙点校:《符璋日记》,中华书局 2018 年版。

高平叔编:《蔡元培全集》(第 3 卷),中华书局 1984 年版。

戈公振:《中国报学史》,生活·读书·新知三联书店 1955 年版。

顾颉刚:《顾颉刚日记》,台北联经出版公司2007年版。

顾廷龙、戴逸主编:《李鸿章全集》,安徽教育出版社2008年版。

顾亦礼、王琳蒂:《白俄珠宝行劫案》,浙江文艺出版社1990年版。

灌阳县社员新德:《管得紧》,桂林地区文艺创作组:《迎春集——庆祝广西壮族自治区成立二十周年(短篇小说集)》,桂林1978年版。

广东省中山图书馆编:《旧粤百态:广东省立中山图书馆藏晚清画报选辑》,中国人民大学出版社2008年版。

顾颉刚:《顾颉刚书信集》,中华书局2011年版。

桂勇:《私有产权的社会基础》,立信会计出版社2006年版。

海风主编:《吴趼人全集》,北方文艺出版社1998年版。

海上说梦人:《歇浦潮》,上海古籍出版社1991年版。

何宗逊:《何宗逊日记》,韩宁平、夏亚平整理,凤凰出版社2019年版。

胡安邦:《国医开业术》,胡氏著医室1933年版。

胡祥翰:《上海小志》,《上海小志·上海乡土志·夷患备尝记》,上海古籍出版社1989年版。

胡珠生编:《东瓯三先生集补编》,上海社会科学院出版社2005年版。

黄金麟:《历史、身体、国家:近代中国的身体形成》,台北联经出版公司2001年版。

黄金麟:《政体与身体:苏维埃的革命与身体,1928—1937》,台北联经出版公司2005年版。

姬文:《市声》(1908),收入董文成、李勤学主编:《中国近代珍稀本小说》,春风文艺出版社1997年版,第10册。

季羡林主编:《胡适全集》,安徽教育出版社2003年版,第23、31卷。

蒋建国:《消费意象与都市空间——广州报刊广告研究》,花木兰出版社2013年版。

蒋竹山:《"非参不治,服必万全"——清代江南的人参药用与补药文化初探》,常建华主编:《中国社会历史评论》第8卷,天津古籍出版社2007年版。

老上海:《绘图滑头世界》,上海改良小说社印行,光绪三十四年七月初版。

老舍:《赵子曰》,商务印书馆1928年版。

李宝嘉:《官场现形记》,人民文学出版社1963年版。

李宝嘉:《文明小史》,上海古籍出版社1982年版。

李劼人:《暴风雨前》,作家出版社1963年版。

李永圻、张耕华:《吕思勉先生年谱长编》,上海古籍出版社2012年版。

梁其姿:《近代中国医院的诞生》,收入祝平一编:《健康与社会:华人卫生新史》,台北联经出版公司2013年版。

梁启勋:《曼殊室随笔》,林庆彰主编:《民国文集丛刊》,文听阁图书有限公司,第一编103种。

林盼:《清末新式媒体与关系网络——〈中外日报〉(1898—1908)研究》,复旦大学博士学位论文,2013年。

刘家林:《新编中外广告通史》,暨南大学出版社2004年版。

刘声木:《苌楚斋随笔 续笔 三笔 四笔 五笔》,中华书局1998年版。

刘宗灵:《身体之史:历史的再认识——近年来国内外身体史研究综述》,收入复旦大学历史系等编:《新文化史与中国近代史研究》,上海古籍出版社2009年版。

鲁迅:《偶感》,《花边文学》,人民文学出版社1973年版。

陆梅僧:《广告》,商务印书馆1947年版。

陆士谔:《六路财神》,收入《中国近代小说大系·胡雪岩外传等》,百花洲文艺出版社1993年版。

陆士谔:《新上海》,上海古籍出版社1997年版。

罗伯特·汉(Robert Hahn)著,禾木译:《疾病与治疗:人类学怎么看》,东方出版中心2010年版。

马光仁主编:《上海新闻史(1850—1949)》,复旦大学出版社1996年版。

马阳:《回龙山庄》,中国文联出版社2002年版。

庞京周:《上海市近十年来医药鸟瞰》,上海中国科学公司1933年版。

佩:《艾罗补脑汁在国外空前荣誉》,《戏世界》,1937年。

彭林祥:《中国新文学广告研究》,秀威科技公司2012年版。

彭养鸥:《黑籍冤魂》(上海改良小说社,"说部丛书"1909年本)(http://club.xilu.com/wave99/msgview-950484-14466.html)(检索日期2009年7月5日)。

皮耶·诺哈(Pierre Nora)编,戴丽娟译:《如何书写法国史》,收入诺哈:《记忆所系之处》,行人文化实验室2012年版。

平襟亚、陈子谦:《上海广告史话》,《上海地方史资料》(3),上海社会科学院出版社1984年版。

钱玄同:《钱玄同文集》,中国人民大学出版社1999年版。

秦绿枝:《海派商人黄楚九》,上海书店出版社1999年版。

裘可桴:《可桴文存》,裘翼经堂藏版,铅印本,1946年版,上海图书馆藏。

儒林医隐:《医界镜》(初版为1908年嘉兴同源祥书庄铅印本),收入金成浦、启明主编:《私家秘藏小说百部》(第76卷),远方出版社、内蒙古大学出版社2001年版。

桑兵等编:《戴季陶辛亥文集》,香港中文大学出版社1991年版。

山本武利著,赵新利等编译:《广告的社会

史》,北京大学出版社 2013 年版。

商务印书馆编:《张元济全集》,第 6 卷《日记》,商务印书馆 2008 年版。

上海档案馆馆藏:《上海中法药房有限公司概况》(1948 年 5 月),资料号:S65-1-33-32。

上海档案馆藏:《中法药房股份有限公司概况调查报告》(1946 年 5 月 8 日),资料号:Q78-2-14798。

上海档案馆藏:《中法药房股份有限公司主要出品生产及营业情形统计表》(1946 年上期,即一月至六月),资料号:Q78-2-14798。

上海档案馆藏,中国征信所报告书,资料号:Q275-1-2018。

上海市特别社会局编:《上海之工业》,1930 年,无其他出版信息。

上海市医药公司、上海市工商行政管理局、上海社会科学院经济研究所编著:《上海近代西药行业史》,上海社会科学院出版社 1988 年版。

上海图书馆编:《汪康年师友书札》(第 1、2 册),上海古籍出版社 1986 年版。

上海图书馆编:《汪康年师友书札》(第 3 册),上海古籍出版社 1987 年版。

上海图书馆编:《汪康年师友书札》(第 4 册),上海古籍出版社 1989 年版。

上海图书馆藏:《卫生指南》,五洲大药房 1915 年印。

邵之棠辑:《皇朝经世文统编》,宝善斋石印,光绪辛丑年秋月。

舒新城:《舒新城自述》,安徽文艺出版社 2013 年版。

宋教仁:《宋教仁日记》,湖南人民出版社 1980 年版。

苏士梅:《中国近现代商业广告史》,河南大学出版社 2006 年版。

孙宝瑄:《忘山庐日记》,上海古籍出版社 1983 年版。

孙会:《〈大公报〉广告与近代社会》,中国传媒大学出版社 2011 年版。

孙秀蕙、陈仪芬:《被框架的女性意象:上海月份牌广告画的图像符号分析》,《广告学研究》第 34 集,2010 年 7 月。

孙玉声:《退醒庐笔记》,收入沈云龙主编:《近代中国史料丛刊》第 80 辑,文海出版社 1972 年版。

唐文一编选:《柯灵代表作·长相思》,华夏出版社 1998 年版。

汪康年:《汪穰卿笔记》,上海书店 1997 年版。

王后哲:《上海宝鉴》,世界书局 1925 年版。

王儒年:《欲望的想像:1920—1930 年代〈申报〉广告的文化史研究》,上海人民出版社 2007 年版。

网蛛生:《人海潮》,湖南文艺出版社 1998 年版。

吴趼人:《二十年目睹之怪现状》,人民文学出版社 1981 年版。

吴铁三:《中国旧式广告之探讨》,收入上海档案馆编:《上海近代广告业档案史料》,上海辞书出版社 2012 年版。

吴铁声、朱胜愉编译:《广告学》,中华书局 1946 年版。

吴晓峰主编:《中国近代文学史证:郭长海学术文集》,吉林人民出版社 2005 年版。

吴县藜床卧读生编:《绘图上海杂记》,文宝书局 1905 年版。

吴学昭整理:《吴宓日记》,生活·读书·新知三联书店 1998 年版。

西冷冬青:《新水浒》,于润琦校点,收入陆士谔等著:《新水浒》,黑龙江人民出版社 1997 年版。

狭间直树、石川桢浩编:《近代东亚翻译概念的发生与传播》,社会科学文献出版社 2015 年版。

夏晓虹:《彭寄云女史小考》,收入《晚清上海片影》,上海古籍出版社 2009 年版。

萧琢如:《遯园医案》,湖南省中医药研究所整理,湖南科学技术出版社 1960 年版。

徐珂:《清稗类钞》(4、8、11),中华书局 1986 年版。

徐铸成:《报海旧闻》,四川人民出版社 1981 年版。

颜健富:《从"身体"到"世界":晚清小说的新概念地图》,台湾大学出版中心 2014 年版。

杨瑞松:《病夫、黄祸与睡狮:"西方"视野的中国形象与近代中国国族论述想像》,台湾政治大学出版社 2010 年版。

杨瑞松:《想象民族耻辱:近代中国思想文化史上的"东亚病夫"》,《台湾政治大学历史学报》第 23 期,2005 年 5 月。

姚公鹤:《上海闲话》,上海古籍出版社 1989 年版。

姚永概:《慎宜轩日记》,黄山书社 2010 年版。

佚名:《补脑汁之畅销》,《汉文台湾日日新报》明治四十年(1907)十一月十日。此材料来自台北"中研院"《台湾日日新报》全文检索数据库。

佚名:《五洲大药房三十周纪念刊》,1936 年印,上海档案馆藏。

由国庆:《民国广告与民国名人》,山东画报出版社 2014 年版。

余思诒:《楼船日记》,山东官书局,光绪三十二年铅印本。

袁养和:《秦淮之恋》,新华出版社 1989 年版。

袁允樨:《积矩斋日记》未刊稿,不分卷,上海图书馆藏。

苑嗣文:《父母锦囊·教你养个壮小孩》,成都天地出版社 2010 年版。

张静庐:《在出版界二十年》,江苏教育出版社 2005 年版。

张一凡主编:《国药业须知》,中华书局 1949 年版。

——
张哲嘉:《〈妇女杂志〉中的药品广告图像》,收入罗维前(Vivienne Lo)、王淑民编:《形象中医:中医历史图像研究》,人民卫生出版社 2007 年版。
——
张仲民:《出版与文化政治:晚清的"卫生"书籍研究》,上海书店出版社 2009 年版。
——
赵学敏:《本草纲目拾遗》,中国中医药出版社 1998 年版。
——
中国韬奋基金会、韬奋著作编辑部编:《韬奋全集》,上海人民出版社 1995 年版。
——
中华书局编辑部等编:《南长街 54 号梁氏档案》,中华书局 2012 年版。
——
中央档案馆、中国革命博物馆、中共中央党校出版社编:《恽代英日记》,中共中央党校出版社 1981 年版。
——
中央人民政府卫生部编印:《全国卫生情况参考资料》,中央人民政府卫生部 1950 年版。
——
周桂笙:《新庵随笔》,上海古今图书局 1914 年版。
——
周兴禄整理:《黄秉义日记》,凤凰出版社 2017 年版。
——
朱炯整理:《朱鄂生日记》,凤凰出版社 2021 年版。
——
祝平一:《塑身美容、广告与台湾九〇年代的身体文化》,收入卢建荣主编:《文化与权力——台湾新文化史》,麦田出版社 2001 年版。
——
祝帅:《中国广告学术史论》,北京大学出版社 2013 年版。
——
邹弢:《海上尘天影》,民族出版社 1994 年版。
——
邹振环:《〈泰西人身说概〉与"脑主记忆说"》,收入《晚明汉文西学经典:编译、诠释、流传与影响》,复旦大学出版社 2011 年版。
——
祖述宪编:《余云岫中医研究与批判》,安徽大学出版社 2006 年版。
——
左上:《硝烟下的广告:以抗战初期的〈申报〉广告为中心》,复旦大学硕士论文,2013 年。

四、英文文献

Baum, Emily, "Health by the Bottle: The Dr. Williams' Medicine Company and the Commodification of Well-being in Liangyou", in Paul Pickowicz, Kuiyi Shen, and Yingjin Zhang, eds., Liangyou, Kaleidoscopic Modernity and the Shanghai Global Metropolis, 1926–1945, Leiden: Brill, 2013, pp.71–94.

Burke, Peter, What Is Cultural History?. Cambridge, U. K; Malden, Mass.: Polity Press, 2004.

Chung, YuehtsenJuliette, Struggle for National Survival: Eugenics in Sino-Japanese Contexts, 1896–1945. New York and London: Routledge, 2002.

Cochran, Sherman, Chinese Medicine Men: Consumer Culture in China and Southeast Asia, Cambridge, Mass.: Harvard University Press, 2006.

Dikötter, Frank, Imperfect Conceptions: Medical Knowledge, Birth Defects and Eugenics in China, New York: Columbia University Press, 1998.

Dikötter, Frank, Sex, Culture, and Modernity in China: Medical Science and the Construction of Sexual Identities in the Early Republican Period. Honolulu: University of Hawaii University, 1995.

Gerth, Karl, China Made: Consumer Culture and the Creation of the Nation.Cambridge and London: Harvard University Asia Center, 2003.

Goodwin, Lorine Swainston, The Pure Food, Drink and Drug Crusaders, 1879-1914. Jefferson, North Carolina and London: McFarland, 1999.

Heinrich, Larissa N., The Afterlife of Images: Translating the Pathological Body between China and the West. Durham and London: Duke University Press Books, 2008.

Juanjuan, Peng, "Selling a Healthy Lifestyle in Late Qing Tianjin: Commercial Advertisements for Weisheng Products in the DaGong Bao, 1902-1911," International Journal of Asian Studies, 9: 2（2012）, pp. 211-230.

Maza, Sarah, "Stories in History: Cultural Narratives in Recent Works in European History," The American Historical Review, 101: 5（Dec. 1996）, pp. 1493-1515.

Smith Allen, James, "History and the Novel: Mentallité in Modern Popular Fiction," History and Theory, 22: 3（Oct. 1983）, pp. 233-252.

Timmermann, Carsten, "Rationalizing 'Folk Medicine' in Interwar Germany: Faith, Business, and Science at 'Dr. Madaus &Co.'," The Society for the Social History of Medicine, 14: 3（2001）, pp. 459-482.

Wendy Siuyi, Wong, "Establishing the Modern Advertising Languages: Patent Medicine Newspaper Advertisements in Hong Kong, 1945-1969," Journal of Design History, 13: 3（2000）, pp. 213-226.

Woycke, Jmmes, "Patent Medicines in Imperial Germany," Canadian Bulletin of the History of Medicine, 9: 1（1992）, pp. 41-56.

Young, James Harvey, The Toadstool Millionaires: A Social History of Patent Medicines in America Before Federal Regulation.Princeton: Princeton University Press, 1961.

Young, James Harvey, Pure Food: Securing the Pure Food and Drugs Act of 1906. Princeton: Princeton University Press, 1989.

五、 网络资源

http://www.kuangaitvb.com/club/viewthread.php? tid=52514（检索日期，2014年3月1日）。

索 引
（按笔画排序）

一画

一帆 193

二画

丁仲杰 163，183

丁福保 3，21，41，48，49，77，82，
148，163，169，170，183，212，224，
225，245

人乳燕窝珍珠牛髓粉 64，79

人参燕窝汁珍珠粉 63

人造自来血 71，102-104，150，161，
167，195，203，224-226，240，245，
261，262，278

九福公司 146，170

三画

三头案 124

三德洋行 199

三鞭丸 212

工部局管理卫生事务处 229，248

大上海 269，279

大中华医院 171，183

大公报 19，147，183，273，277，279

大世界 146，153

大共和日报 162，164，183

大众医学 173

大爱国香烟 107，150，201

大隈重信 197

大隆公司 64-67，79，80，175

大隆燕窝糖精公司 63，113

万国大药房 102，138

万国商业月报 12，21

上海 1，3，4，6，10-16，18-24，26-
29，32-38，40-43，45-48，50-52，
54，56，59，60，63，65，68-80，84-
88，91，98，102，106，108，110，
113，115，117，120，122，124，126，
127，130-132，134，135，140，142，
144，146-157，161-164，169-172，
175，179，180，182-184，186-193，
195-199，201-203，207-212，215-
220，222，225，226，228，231，232，
235，238，239，241，242，245-250，
255-257，259，261，262，265，267，
269-271，273，277-279，283，285，
286

上海卫生局 146

上海市医药工业公司 146

上海春秋 25，34，135，153，244，246

上海道 229，231，246

山崎帝国堂补强脑丸 142

广东 6，21，40，41，49，76，118，153，
193，208，242，251

广东保寿堂 176

广西 141，147，154，185，242

广州 19，242，251

广报 60

广告 1-16，18-21，23-43，46-48，50，
52，54，59，61-79，81，84，85，87-
89，92，94，95，97-110，113，114，
117-122，124，125，127-130，132-
139，142，144-161，163，164，166-
191，193-199，201-212，215，216，
219，221-226，228，229，232-251，
253，255-275，277-279，281-286

广告之必要 3

广告之适切 4，20

广告丛谈 3，20，21

广告价目 13

广告法　2，180，224
广英公司　64－66，80
广英燕窝糖精公司　63
广济祥　142
卫生杂志　224，247
卫生补元汁　27
卫生学问答　82，148
卫生学报　80，88，99，150，224，248
卫生指南　167，168，183
卫生常识　164，173，225，237
女学报　81，148
女界宝　105，106
马占山　201
马相伯　206

四画

王人文　163
王仁俊　60
王正廷　163，167
王芝祥　163
王明珂　252
王承照　112
王闿运　167，168
王湘皋　72，73，132，133，212，213
王湘绮　167
王湘衡　150
王蓉甫兰台药局　177
王楚芳　97，98，116，150，185，247
王韬　42，54，174，175
王璋　32
天宝斋　176
天然丸　228
天然戒烟丸　73，117，118，120，141，142，151，189，229，230，247
无零丸　228
韦廉士　30，147，169，179，183，203，245，264，274
韦廉士红色补丸　147，203，209，226，245，274
韦廉氏　169

云水　177
五城总厅　118，151
五洲大药房　27，102－105，167，168，176，183，195，202，203，224，225，238，245，250，261，282，286
五鞭丸　212
区承和　177
戈公振　18，20，270，277，279
日本广告物取缔法　4
日光铁丸　141，212，250，258，259
日夜银行　146
中日大药房　142
中外日报　3，21，34，60，62，68，76－78，88，99，107，110，115，116，120，132，144，149－154，182，184，186，188，195，208－210，222，223，235，244-249，278
中西大药房　146，177
中西医学报　169，224
中西医药新闻广告管理条例　242
中英大药房　142
中国公学　1
中国医药工业公司上海分公司　146
中国商务报　176
中法大药房　73，80，84，118，128，134，140，141，144，146，152，155，161，170，177，189，238
中法制药厂　145
中法药房　24，74，93，96，98，100，115，117，119，120，124，126，130，137，140－142，144－146，151，154，155，159，160，163，189，190，223，224，229，230，233，247，257，281
中将汤　147
贝祖荫　189
水浒传　216
水野正太郎　197，215
长沙　6，145，203
长沙日报　3，5，6，20
仁丹　25，30，163，183

月月红 105，106
月光铁丸 141，212，258，259
丹平商会大药房 142
六路财神 194，209，229，248
文汇报 12
文苑撷新 4，19
文明戒烟丸 239
方振武 69
为何忍受病夫之耻 264，278
为商人演说登广告的益处 4，20
心一 3，20，21
尹寿人 206
劝商界刊登告白启 3，6
双城 203
书方药奇验事 175

五画

玉声 177，182
世医回沪 177
艾罗 87，88，90，91，93，94，97，98，100，110-114，116，118，120-122，124-132，136-138，140-142，144-146，152，154，159，161，258，281
艾罗白灼丸 141
艾罗疗肺汁 141，154
艾罗补汁 145，146，155
艾罗补脑汁 24，25，33，71，72，75，81，84，87，88，90，92-95，97-100，110，113-120，122-132，134-142，144-147，149-154，158-161，170，176，178，182，184，185，223，226，232，236，244，247，257，259，278，281
艾罗补脑汁功用录 88，121
艾罗补脑汁能保寿险之奇特 176
艾罗解毒药 141
本馆改良广告之启事 3，20
左宗棠 38，39，42，190
石门 188
东方杂志 4，277，278

东亚公司书药局 147，163，179
东亚病夫 95，96，107，244，252，253，255-257，259-279，281
东海觉我 125，152
北平 242
北京 19，21，35，69，120，144，170，183，276，277
北京同仁堂 37，39，40，164
申报 1，3-5，13，18-20，31-33，35-43，56，59，60，67，68，74，76-80，82，84，85，88，99，110，130，148-155，159，164，165，168，173，175，178，179，182-184，187，188，197，200，201，208-210，221，235，244-247，249，250，264-266，268，271，278，279
四川仁济堂 177
四明山人 32
生殖灵 174，199
白云词人 60，61
白鹤诞 141
包天笑 17，21，22，25，34，135，153，207，210-212，219，220，234，244，246
市声 15，232，249
冯国璋 164
半夏 212
汇报 21，33，77，81，148，176，184，248
宁垣吕聘怀辩诬告白 203
永安堂 177，264
民政部 118，151，215，247
发财秘诀 15
台中 140，148
台湾 19，111，140，153，276，277，285

六画

式良医局 177
老舍 129，152
老德记 177

老德记药房 32, 77, 84
亚支奶 27, 34, 72, 132, 150, 161, 176, 197, 198, 211, 215-217, 223, 228, 245-248, 259, 278
亚支奶戒烟丸 71, 163, 217
亚支奶戒烟药 25, 27, 185, 194, 197, 215, 217, 223, 226
亚弥莲花丸 236
吏隐医馆 177
西泠冬青 216
西泠冷叟 110, 112
百补贡邦药水 84, 85, 87, 149
百龄机 170, 203, 271
有正书局 144
成都 145, 196, 209
光裕 128, 129
吕宋 45
吕思勉 2, 19, 25, 34, 231, 249
吕聘怀 203
同仁半济药局 177
同文沪报 13, 21, 56, 60, 77, 79, 80, 136, 176, 184, 246
同德堂 40, 43, 59, 68, 77, 231
吗啡 68, 117, 118, 131, 151, 158, 161, 163, 170, 189, 215-218, 220, 227-231, 239, 245, 246, 248, 272, 273
朱鄂生 130, 152
朱鄂基 130
伟罗保寿汁 142
休宁 37, 47, 61
伍廷芳 163
华兴公司 53, 54, 56, 61, 64-66, 69, 78, 79, 231
华兴公司燕窝糖精 57, 59, 61, 66, 77-80
华兴公司燕窝糖精有益于世 61
华兴公司燕窝糖精论 61
华兴公司燕窝糖精说 61
华兴公司燕窝糖精跋 61

华兴燕窝糖精三首 61
华兴燕窝糖精辨 56, 78
华字日报 60
华报 116, 149
华佛大药房 73
华佛药房 190
华英大药房 142, 177
华益大药房 27, 35
华商联合会报 4, 77, 208
华隆药房 229
自来血 30, 102, 103, 167, 203, 225, 241, 270
自来补血药 29, 202
伊藤博文 197
血中宝 263, 278
全体须知 83
名医正宗 177
名医来沪 177
壮阳药 104, 130, 238
冰燕汤 63
刘人鹏 252
刘大侉子 190, 191, 230, 231
刘声木 78, 206, 210
刘坤一 69, 190
刘学诠 61
刘学洵 177
刘紫贞 58, 60
江宁 110
江夏 61
汤丙臣 61
汤寿潜 163, 164
守知大药局 177
字林沪报 32, 33, 35, 38, 76, 188, 190, 208
安道全 216, 217
安徽 18, 22, 34, 37, 77, 147, 149, 154, 206, 215
许承绶 112
论戒烟药注意尔藤亚支奶 176
论告白与商业之关系 3, 5, 20

论作告白文法　3，20
论枢垣诸公当有幕僚赞助　113，151
论服亚支奶者不可不一辨　176
论药局告白之有益　175，176，184，278
论脑　81，82，148，151，176，184
论商业广告　2，3，20
论商业广告之效力　3，20，21
农工商报　3，4，20
农工商部　118，151
异授堂　32，35，74
阮元　39，42
孙中山　164-167
孙玉声　110，116，157-159，170，182，223
孙宝瑄　83，149
孙洪伊　167
孙家振　182
孙瑞　39
孙镜湖　33，36-50，52-54，56-73，75-77，110，113，115，116，120，121，132，142，147，157，158，164，179，189，190，218，223，224，230，231，236，261
孙镜湖司马以新法制燕窝糖精　61
孙镜湖司马赠燕窝糖精，作此谢之　61
阳光铁丸　133
阴阳铁血丸　133，212，213
红血轮　30，147，245
红色补丸　30，129，172，270，274
红色补片　29

七画

寿世药言　65，79，175
寿全堂　177
寿荣斋　177
寿源公司　266
麦精燕窝牛髓糕　64，79
麦精燕窝清补糖汁　63
麦精燕窝糖精汁　63
戒洋烟精粉　190

戒烟丸　73，150，217，228，231，245，246，248
戒烟精粉　174，208
戒烟糖引言　40，164
坎拿脱生髓厂　64
报纸是商业广告机关　3，21
报国聚精　104
花柳油膏　29
花柳毒片　29
严复　178
严信厚　177
严独鹤　171
严筱舫　61
克烟片　29
苏州　21，144，154
苏报　60，176
杜同甲　162，183
杜威　201
杜赞奇　252
杏仁露　232
杏林轩　177
极品补脑药　142
李之芳　113
李平书　178
李伯元　116，170，176，177，190
李劼人　129，152
李宝嘉　51，62，79，80，126-128，152，161，189，208，230，248
李孟符　178
李济深　199，209
李济琛　199，209
李根源　61
李梅伯　191
李鸿章　44，77，190，206，210
李漢制　61
李翰章　61
杨子辰　72
杨志洵　3，20
杨杏佛　207，210
杨度　163

杨瑞松 252，253，255，260，276，285
杨嵩 163
医林外史 34，37，48，50，72，73，76，78-80，226，247，249
医国药言 65，175
医学新报 34，73，76，78-80，164，183，245，247，249
医药指南 173
医药顾问 173
医药常识 173
医界镜 48，50，52，72，73，78，80，86，132，149，153，189，208，212，245
时报 3，7，14，20，21，28，34，35，88，89，97，99，110，113，116，121，122，124，131，142-144，149-155，159，160，182-185，187，195，196，208-210，222，227，237，245，246，248-250，253，256，257，277，279
时事报 30，35，152，153，176，202，205，210，223，224，238，245-250
时事新报 4，19，183
吴大澂 63，79
吴芝瑛 62
吴沃尧 17，116
吴昌言 61
吴宓 17，22
吴菊舫 177
吴趼人 17，36-38，41，57，58，61，76，78，157，159，160，170，177，183
岑远村 110
告白 2，4-10，12-15，19，21，24，26，27，37，41，71，77，78，107-109，153，176，192-196，202，209，212，216，222，223，256，257，268，270，279
告白之价值 4
告白刊例 10，21
告白生业 3，15，21，24，76-78，195，208，209，244，245

告白学专家 3
利济为怀 105，174，175
何材植 60
何宗逊 147，155
何桂笙 39，175，184
何廉臣 224
佛罗补脑汁 142
佛罗斯贡邦药水 86，87，149
余岩 34，181，185，203，204，210，241
邹韬奋 178，184
饮食不忘 61，176，184
闵小楼医室 177
汪有龄 222，246
汪初益 134，135
汪信儒 61
汪康年 9，20，21，71，78，131，132，149，152，153，177，188，208，221，244，246，277
汪惕予 106，150
沪江大学 2
沈仲礼 178，184
沈仲芳 168
沈松侨 252
沈征五 226
沈金吾 37，43，44，49，223，261
沈定一 167
沈经武 37
沈葆桢 190
沈敬学 61
沈毓桂 52-55，57，60，62，157
沈徽五 50，51
宋美龄 199
宋哲元 201
宋恕 261，278
宋教仁 83，149
补丸 30，245，265
补园主人 61
补肾丸 226，235，274
补脑汁 30，84，90-95，97，98，100，111，112，114-116，121，126，127，

129,130,132,136-138,140,142,
149,150,152-154,159,212,227,
235,257,258
补脑汁跋 97
补脑液 25,135
社会资本 157
译英国〈伦敦报〉 3
张子甫 110,112
张元济 1,18,206,222,247
张丹斧 170,183
张园 48
张国华 203
张笏卿 116
张静庐 17,22
张謇 163,164
陆士谔 26,31,34,35,191-194,208,
 209,225,229,248
陈子文 110,112
陈老六 135,211,219,220
陈存仁 181,185,245
陈苏生 168,183
陈其美 163,164
陈独秀 108,109,150
陈梦湖 61
陈景韩 14
陈锦山 124
陈璠 1
邵氏 128,129

八画

招刊告白引 3,4
招登告白广告 12,21
英京伦敦伟罗有限公司 142
范氏医论集 173,183-185,209
范守渊 173,179-181,183-185,196,
 209,248,279
林乐知 52,59,61
林奋志 110,112
林贺峒 61
林道生 61

卧庐生 61
雨香 191,192
欧美实业家利用广告之法 3,20
欧美商家扩充商业之卓见 4,208
非洲树皮丸 238
味莼园 45,48
味雪主人 61
昆明 145
国医指南 173
固本肥皂 282
固本肥皂厂 282
咏燕窝糖精七古 61
咏燕窝糖精七古一什五律二章 61
岸田吟香 175
岸吟香 175,184
罗威药房 147,163,245
罗素 109,201
罗家伦 257
图画日报 21,80,99,223,224
图画旬报 176
彼得·伯克 252,276,277
金鸡纳 30
采风报 54,60,76-80,177,184
贫弱戒烟善会 189,230,231
周士达 215
周明清 72,137
周桂笙 177,182,184,185
周病鸳 56,60,161,178
周馥 119,189,215
京都同仁堂 37-42,76,164
京都同德堂 33,36,41-43,45,47,54,
 59,69,71,76,77,80,176
庞京周 21,179,184,239,250
育亨宾固本片 263
郑观应 54,148,167
郑孝胥 161
郑君 169,170
郑曼陀 167
法政杂志 4
官场现形记 80,126,152,189,190,

208，230，231，248
空气船 123
实劤 45
录〈万国公报〉主人谢惠燕窝糖精 61，78
屈臣氏 38，70，174，175，177，188，208
屈臣氏药房 32，174，188，190
参茸卫生丸 236
细参化学新法 64
绍兴医药学报 224
经济资本 157

九画

毒草 124
项世澄 167，168
项松茂 167，171
赵子日 129，152
赵凤昌 177
赵同春堂 177
赵南公 171
胡适 1，18，22
胡淑芳 122
胡淑芳女史小说 122
胡镜荪 50，72，73，78，132
南京 35，41，127，199，242
南洋兄弟烟草公司 107-109，201
南洋华兴 47，59，77，78
南洋华兴公司燕窝糖精 61
相关 2，3，10，15，16，69，100，133，145，156，199，233，243，252，276，277，281
柳州 239
树皮丸 104
鸦片 49，106，129，131，136，157，164，174，187，216，217，229，230，241，248，253，259，273，277
贵阳 145
钟府卿 168
钟惠兰 179，184，250

选报 3
适盦老人 61
香山 61，93，150
香港 10，34，44，140，141，174，184，208，248，278
科学 2，18，21，24，33，34，47，75，83，87，90，92，93，109，116，117，122-124，139，147，152，167，172，179，199，209，224，229，236，245，249，266，274，276-278
重庆 145
顺天时报 3，21
保安施医局 188
皇朝经世文统编 10，21，83，148
侯官 34，35，110，245，249
须弥日报 13，21
俞樾 42，54，55，62，78，157
剑公 4，20
食物生活素 236
食品小识 57，61
胜因 3
施云山药局 177
养元堂 176
养身培元补脑药 142
美商塞勃列子论广告之价值 3
济世堂 177
济生公司 64，79
神州二宝 142，154
神州日报 3，9，14，20-22，28，34，35，76，80，149，150，152，153，183，184，209，215，216，223，228，245-249，278
说广告 3，20，21
说广告之效力 3，20
说脑 81，133，148，149
费晓春 188
姚永概 37，76

十画

泰西括打药房 64

袁世凯　103，170
袁克文　170，171
袁树勋　37
耆英　187
壶中妙　177
壶中隐名医　177
莫友芝　42
晋阳公报　4，20，277
档案中的虚构　135，153
格尔士原牌补脑汁　142
格致新报　10
夏霸喜　194，229
原牌补脑汁　142
顾维钧　163
顾颉刚　33，87，149，240，241，250
钱梦花　192
钾溴　124
积善堂　177
笑林报　79，150，182，185，223，247
笑鸳　136
俾斯麦　90
健脑丸　84，142
健脑补血米　262
健康报　145，155
息园诗老　61
息园居士　61
徐世昌　167
徐庆沅　177
徐念慈　125，126
徐庚吉　61
徐珂　17，22，193，202，209，270，279
徐景明　167，183
徐锡骥　163，164，183
徐锡麟　163，164
爱乐补脑汁　142，154
爱理士红衣补丸　147
脑气筋说　82
脑精代谢　82，148
高丽　169，170，183
高岛航　253，260，276，278

高昌寒食生　39，40，164，175
席文光　25
席芝孙　217
席紫荪　194，229
席裕麒　24，27，132，163，194，197，198，215-217，219，223，229，245，247，259
病鸳　177
益乏堂　176
益身汁　232
浦江野吏　61
消闲录　13，21，56，182，184
海昌　61
海落补脑粉　134
悦庵主人　61
家庭医学　173
诺哈　255，277
被难家属转忧为喜　124

十一画

培元养身玉液　29
勒喊大药房　142
黄冈　61
黄国英　91，92，94，150
黄知异　32，74
黄秉义　131，152，235，238，239，249，250
黄宗麟　61
黄胜　144，219
黄彭年　42
黄楚九　32，33，36，72-75，79-81，84，87-89，91，92，94，95，97-100，110，112，113，115-122，124，125，131-135，138，139，141，142，144-147，149，150，153-155，157-160，164，170，179，189，190，203，212，219，223，224，236，245，247，257-259，281
黄遵宪　9，20
萧德明　112

梅兰芳　172，184
梅飓仁　126，127
曹聚仁　131，153
戚刚　223
盛宣怀　54
盛康　54
银耳糖精　212
符号资本　109，157，282
兜安氏　147，179，226，235，274
兜安氏秘制保肾丸　147
康太尊　127，128
章乃炜　3，10，20
章太炎　168，169，183，207，210
商业广告之用途　3，9，20
商务印书馆　1，18，21，152，222，247
商务官报　3，20
商界现形记　15
商界鬼蜮记　15，17，24，34，37，43，48，49，76－78，132，133，149，150，153，190，208，223，232，249，278
清臣　193
清快丸　25
清醒丸　164，183
梁启超　14，19，21，54，93，255
惜秋生　116
寄　3，17，20，36，37，45，46，48，63，66，76，98，112，144，169，193，194，199，230，231，279，285
矮慕禄固本片　29
维磷补汁　146
巢崇山　59，60，79

十二画

彭公救命水　265
彭养鸥　230，248
敬业旬报　1
蒋一桂　61
蒋介石　199，201，209
蒋廷均　110，112
蒋智由　167

韩依薇　252
辜鸿铭　161
晶报　154，155，170，171，183
黑龙江　203，246
黑鬼血　141，238
黑籍冤魂　230，248
鹅郎草　228
程瑶笙　207
程霭　61
程麟　61
傅兰雅　83
粤省保寿堂　177
循环日报　174，175，184
鲁迅　109，150
普太和　177
普济老药房　177
普惠大药行　28
普惠药行　195，202
普惠药房　202
道异说　82，148
曾少卿　207，210
曾纪泽　42，77，86，119，137
曾国藩　38，39，42，86
曾超　110
渣砵多补脑丸　85
温宗尧　163，167
游戏报　51，60，62，65，67，77－80，176，177，184，196，209
富强戒烟丸　68，70，158，218，231
富强戒烟善会　68，80，157，158，182，189，218
寓言报　60，79，153
谢孙镜湖司马惠制燕窝糖精　61
谢雅堂　164
登载广告之功效　4

十三画

瑞澂　189
瑞澄　119，246
蓝天蔚　163，183

颐寿堂 177
赖肖仁 194, 229
雷祥麟 203, 210
虞洽卿 161, 171, 187
歇浦潮 69, 80, 128, 152, 246
嗳呤补脑汁 142
锡克思 46, 47, 58
詹枢世 69
詹诚德堂 32, 38, 40, 41, 76
詹垲紫 61
新上海 34, 35, 191, 208
新加坡卫生公司 64
新竹 140
新安 37, 61, 77
新安江干独钓客 37
新法螺先生谭 125, 152
新闻报 13, 14, 21, 32, 35, 36, 39, 42, 43, 60, 65, 74, 76, 79, 80, 88, 97, 99, 113, 115, 116, 149–151, 153, 159, 173, 175, 176, 178, 179, 182–184, 188, 208, 209, 218, 221, 235, 238, 239, 244, 246–249, 256, 271, 278
新闻报馆主人 61, 176
福昌烟公司 146

十四画

静怡轩 81
蔡元培 162, 163, 183, 257, 278
蔡廷锴 201
毓朗 120
舆论时事报 4, 35, 159, 182, 210, 223, 224, 247, 258, 278
遯园医案 128, 152
瘦 3, 20, 102, 152, 171, 233
端方 215
漱石斋 177
蜜陀华阁主人 37

十五画

增广燕窝糖精谱 62

撰述广告之价值 4
震东牙科医院 167, 183
震旦丸 25
震寰药厂 147, 245
题华兴公司燕窝糖精记 59, 79
题燕窝糖精谱 61
暴风雨前 129, 152
暹罗 44, 45, 47, 51, 56, 64, 79, 80, 184
暹罗同兴公燕窝庄 63, 79
黎元洪 163–165, 262
德济医局 177
潘光哲 252
潘祖荫 42

十六画

燕医生化痰药水 232
燕屑参末牛髓粉 64, 79
燕窝玉液 64, 79
燕窝肥儿饼杏仁露 63
燕窝珍珠牛肉汁之类 74
燕窝珍珠牛髓粉 63, 66, 74, 79, 233, 246
燕窝糖精 33, 36, 37, 43–72, 75–80, 100, 132, 142, 147, 157, 159–161, 175, 176, 178, 184, 204, 211, 223, 226, 244, 261, 281
燕窝糖精小引 61
燕窝糖精文 61
燕窝糖精花 63
燕窝糖精条 63, 79, 80
燕窝糖精珠 63
燕窝糖精粉 63, 66, 79, 80
燕窝糖精谱 54, 62
霍元甲 267, 279
鹦鹉老牌 263
赠药鸣谢 39, 164
錬云大药房 202, 209
錬云堂 202
歙县 239

濂制牛脑汁　142

十七画

戴季陶　230, 248
戴鸿慈　119
戴维斯　135, 153
徽州　37
徽州孙家存德堂　177

十八画

藜床卧读生　130, 152

癖花禅　61

十九画

孽海花　17

廿四画

衢州幸楼主人　61

后 记

本书大陆版早在计划之中，不过因一直对书稿不甚满意，事情就拖延下来。这次蒙复旦大学出版社不弃，热心邀约，愿意将该著纳入麾下，特致谢忱。

在收集资料和撰写本书的过程中，本人得到诸多学者和朋友的指导与帮助，在此也须表示感谢。他们是：复旦大学的张广智、邹振环、戴鞍钢等老师，金菊园、周永生、林秋云、夏静、孙煜、姬凌辉等同学，"中研院"的黄克武、潘光哲、祝平一、张哲嘉、张宁等教授，上海交通大学的刘士永教授，华东师范大学的邬国义教授，台湾政治大学的杨瑞松、陈秀芬两位教授，中国社科院近代史所的马忠文、刘文楠教授，南开大学的余新忠教授，苏州科技学院的顾少华博士，上海师范大学的陈思言博士，上海社联的周奇兄，中央大学的皮国立兄，中国医药大学的李健祥教授，"中研院"近代史所的陈建守兄，原政治大学的林志晟兄，香港城市大学中国文化中心林学忠老师、黄海涛兄、陈莹博士，香港浸会大学的罗婉娴博士，中国社科院经济所的林盼教授，上海社科院的潘玮琳、徐佳贵、蒋宝麟诸教授，湖南大学的张晓川教授，华中师范大学的承红磊教授，上海古籍出版社的张祎琛博士，上海师范大学的周育民教授，以及各位匿名评审人，还有与我一起讨论过有关主题的上过我课或听过我演讲的同学们。

在成书过程中，本研究曾获得过教育部人文社会科学研究青年项目（项目批准号：11YJC770089）、复旦大学亚洲研究中心的资助，书中的部分内容也曾先后在不同演讲、会议或学术期刊上发表过，这里也需要特别向资助方、主办方或杂志社致谢。

还应该向复旦大学历史系资料室、复旦大学图书馆、上海图书馆、上海辞书出版社图书馆、上海档案馆、中国社科院近代史所图书馆、北京大学图书馆、"中研院"各图书馆尤其是郭廷以图书馆、香港大学图书馆、香港城市大学图书馆、台湾政治大学"中国近代思想史专业资料库"办公室等各个学术机构致谢，这些地方丰富的馆藏及热情的服务为学者的研究提供了最基本的保障，像我这样的后进即从中深深获益，挖掘到不少有用的资料及研究信息。

接着，还要对我所在的学术机构复旦大学历史学系及其中的各位同仁表达我的感谢。自2007年7月留系工作以来，不管是在学术研究方面，或是在生活与工作方面，本人有幸生活在一个较为良好的教学科研环境中，并有幸受到多位老师的关照与提携。在这样一个单位工作，实在值得珍惜！

同样，还要感谢一帮志同道合的朋友，以及曾先后鼓励帮助过我的师长们（恕我不一一提他们名字了），以及我的家人。有了他们的支持，个人的学术研究之路才不致走得太过艰难。

最后，依然需要附上一句必须的"老生常谈"：本书的完成依赖了很多人的指点与帮助，唯书中存在的任何疏失，概有作者本人负责，与其他人无关。

张仲民

2022 年 12 月

图书在版编目(CIP)数据

弄假成真:近代上海医药广告造假现象透视/张仲民著.—上海:复旦大学出版社,
2023.5(2023.11重印)
(大观书系)
ISBN 978-7-309-16587-6

Ⅰ.①弄… Ⅱ.①张… Ⅲ.①医药学-商业广告-研究-上海-近代 Ⅳ.①F713.841

中国版本图书馆CIP数据核字(2022)第204445号

弄假成真:近代上海医药广告造假现象透视
张仲民 著
责任编辑/顾 雷

复旦大学出版社有限公司出版发行
上海市国权路579号 邮编:200433
网址:fupnet@fudanpress.com http://www.fudanpress.com
门市零售:86-21-65102580 团体订购:86-21-65104505
出版部电话:86-21-65642845
江阴市机关印刷服务有限公司

开本890毫米×1240毫米 1/32 印张10.125 字数227千字
2023年5月第1版
2023年11月第1版第2次印刷

ISBN 978-7-309-16587-6/F·2948
定价:88.00元

如有印装质量问题,请向复旦大学出版社有限公司出版部调换。
版权所有 侵权必究